北京大學《儒藏》編纂與研究中心 編

《儒藏》精華編選刊

# 楊氏易傳

〔南宋〕楊簡 撰

曾凡朝 校點

北京大學出版社
PEKING UNIVERSITY PRESS

圖書在版編目(CIP)數據

楊氏易傳 /（南宋）楊簡撰；北京大學《儒藏》編纂與研究中心編. -- 北京：北京大學出版社，2025.10. --（《儒藏》精華編選刊）. -- ISBN 978-7-301-36668-4

Ⅰ. B221.2

中國國家版本館CIP數據核字第20250B6V86號

| | |
|---|---|
| 書　　名 | 楊氏易傳<br>YANGSHI YIZHUAN |
| 著作責任者 | 〔南宋〕楊簡　撰<br>曾凡朝　校點<br>北京大學《儒藏》編纂與研究中心　編 |
| 策劃統籌 | 馬辛民 |
| 責任編輯 | 周　粟 |
| 標準書號 | ISBN 978-7-301-36668-4 |
| 出版發行 | 北京大學出版社 |
| 地　　址 | 北京市海淀區成府路205號　100871 |
| 網　　址 | http://www.pup.cn　　新浪微博：@北京大學出版社 |
| 電子郵箱 | 編輯部 dj@pup.cn　總編室 zpup@pup.cn |
| 電　　話 | 郵購部 010-62752015　發行部 010-62750672<br>編輯部 010-62756694 |
| 印 刷 者 | 三河市北燕印裝有限公司 |
| 經 銷 者 | 新華書店 |
| | 650毫米×980毫米　16開本　18.5印張　210千字<br>2025年10月第1版　2025年10月第1次印刷 |
| 定　　價 | 80.00元 |

# 目録

# 校點説明

《楊氏易傳》二十卷，南宋楊簡撰。楊簡（一一四一——一二二五），字敬仲，明州慈谿（今屬浙江）人。曾築室於慈谿德潤湖濱，將湖易名爲慈湖，學者因稱其爲慈湖先生。宋孝宗乾道五年（一一六九），舉進士，授富陽主簿，紹熙中，召爲國子博士，嘉定初授秘書郎，出知温州。官終寶謨閣學士、太中大夫，卒謚文元。《宋史》有傳。他爲官公正廉儉，倡行仁政，民心敬愛。爲人恭謹謙讓，常省己非，聞過即改，兢兢敬謹，齋明嚴恪，其行可師，平生履踐無一瑕玷，廣受稱頌。事詳《寶謨閣學士正奉大夫慈湖先生行狀》、《宋史·楊簡傳》。

楊簡自幼清夷古澹，淵乎受道之器，承其父訓迪，恪守忠孝仁義，克己勤學善思，爲文務明聖經，慕尚象山學問，官富陽主簿時會陸九淵，問答有契，遂定師徒之禮，卒爲陸門大宗。楊簡作爲陸學的重要接續者和發揚光大者，對象山學説主要見解作了較爲詳細的説明，發揮了陸氏學説的核心部分，在相當程度上，可以説是他與陸九淵共創了「心學」。

楊簡著述十分豐富，是陸門弟子中著述最多的一位。《宋史》楊簡本傳和《宋史·藝文有《慈湖著述考》稱有二十四種，民國張壽鏞《慈谿縣志》收録有二十四種，民國張壽鏞《慈湖著述考》稱有三十種。現存有《慈湖詩傳》、《楊氏易傳》、《先聖大訓》、《五誥解》及《慈湖遺書》等。

《楊氏易傳》書名有不同稱謂。《慈湖遺書》有《〈周易解〉序》，其書名或曰《周易解》；明焦竑《國史經籍志》、明末清初錢謙益《絳雲樓書目》稱爲《慈湖易説》；清朱彝尊《經義考》、清王亶望《浙江採集遺書總録》作《慈湖易解》。大概因傳鈔者互有竄易而至此。《楊氏易傳》共計二十卷，卷一至卷十九爲説解經文，卷二十爲泛論《易》學的雜論。解説《周易》以「人心」爲主，通過解《易》進一步發展了「心性」之學。雖後儒對其觀點毁譽不一，但楊氏之説影響甚大，特别是到了明代末期，其説大行。

《楊氏易傳》的宋刻本今已不傳，今存有明萬曆二十三年（一五九五）刻本（簡稱「明刻本」）、清文淵閣《四庫全書》本（簡稱「四庫本」）、張壽鏞《四明叢書》本（簡稱「四明本」）。明刻本卷端署「宋寶謨閣學士慈谿楊簡敬仲著，明後學廬陵劉日升、豫章陳道亨校，漳浦林汝詔、豫章饒伸仝校」，框作雙線，半葉十行，行二十二字。四庫本採用清吴玉墀家藏書。四明本乃張壽鏞抄自杭州文瀾閣《四庫全書》，由馮貞羣用明刻本校讎。比較而言，四明本優於其他兩種版本，一是四明本内容完整全面，明刻本和四庫本中，渙卦末皆脱文六百五十六字；二是四明本錯訛較少。因此，此次校點以四明本爲底本，以明刻本和四庫本爲校本。

校點者　曾凡朝

# 贊❶

贊一　明黄潤玉　孟清

慈湖啟教，象山是宗。一誠貫澈，萬象昭融。臨民若神，處己即易。巍然宫祠，四方是式。

贊二　明李堂　堇山

先生之學，徹微究玄。教承忠信，象山嫡傳。守正不阿，穆陵之對。處己臨民，維禮爲配。

民國二十一年正月三原于右任録

❶「贊」，原無，今據下文補。

# 四庫全書提要

《楊氏易傳》二十卷。

宋楊簡撰。簡字敬仲，慈谿人。乾道五年進士，官至寶謨閣學士、大中大夫，事蹟具《宋史·道學傳》。是書爲明劉日升、陳道亨所刻。案：朱彝尊《經義考》載《慈湖易解》十卷，又《己易》一卷，書名、卷數皆與此本不合。所載《自序》一篇，與此本卷首題語相同而無其前數行，亦爲小異。明人凡刻古書，多以私意竄亂之，萬曆以後尤甚，此或日升等所妄改歟？其書前十九卷皆解經文，第二十卷則皆泛論《易》學之語，亦間有與序文相複者。今既不覩簡之原本，亦莫詳其何故也。簡之學出陸九淵，故其解《易》惟以「人心」爲主，而象數事物皆在所略，甚至謂《繫辭》中「近取諸身」一節爲不知道者所僞作，❶非孔子之言，故明楊時喬作《傳易考》竟斥爲異端，而元董真卿論林栗《易解》，亦引《朱子語録》稱「楊敬仲文字可毀」云云，實簡之務談高遠，有以致之也。考自漢以來，以老莊説《易》始魏王弼，以心性説《易》始王宗傳及簡。宗傳，淳熙中進士，簡，乾道中進士，皆孝宗時人也。顧宗傳人微言輕，其書僅存，不甚爲學者所誦習。簡則爲象山弟子之冠，如朱門之有黄榦，又歷官中外，政績可觀，在南宋爲名臣，尤足以籠罩一世，故至於明季，其説大行。紫



❶ 「僞」，原作「爲」，今據通行本《四庫全書總目》改。

溪蘇濬解《易》，遂以《冥冥篇》爲名，而《易》全入禪矣。夫《易》之爲書，廣大悉備。聖人之爲教，精觕本末兼該，心性之理未嘗不藴《易》中，特簡等專明此義，遂流於恍惚虚無耳。昔朱子作《儀禮經傳通解》，不删鄭康成所引讖緯之説，謂存之正所以廢之。蓋其名既爲後世所重，不存其説，人無由知其失也。今録簡及宗傳之《易》，亦猶是意云。

# 序

清《四庫》以楊慈湖之學出陸象山，故其解《易》惟以「人心」爲主，而象數事物皆在所略，明楊時喬作《傳易考》竟斥爲異端，而元董真卿至謂慈湖文字可毁，且以慈湖與王宗傳宗旨相同，祖尚玄虚以闡發義理。宋儒掃除古法，實從是萌芽。然胡、程祖其義理而歸諸人事，故似淺近而醇實。慈湖與宗傳祖其玄虚而索諸性天，故似高深而幻窅。余竊以爲不然。夫《易》之學，事物、象數、義理三者，固不可廢者也。慈湖偏於義理則有之，必謂其幻窅，則門户之見也。慈湖既作《己易》，以天地萬物備於一己，己有其易，則易道由一己而充之者也，悟諸己而易理皆備。孔子言性不可得聞，蓋恐門弟子所不及，非不言性也。曰「余欲無言」，又曰「天何言哉？四時行焉，百物生焉」，然則孔子亦將譏以幻窅乎？慈湖開宗明義曰：「物有大小，道無大小；德有優劣，道無優劣。其心通者，洞見天地人物盡在吾性量之中，而天地人物之變化，皆吾性之變化，尚何本末、精麤、大小之間？」其傳《易》之旨，盡此矣。且其釋乾卦也曰：「唐虞之三事：曰『正德』，曰『利用』，曰『厚生』。『厚生』者養生之事，『利用』者器用於人爲利，是二者皆有正德焉。」「因明人之道心，是謂『正德』。人心即道，故舜曰『道心』，孔子曰：『夫易，所以崇德而廣業也。』」慈湖之意，利用、厚生以正德爲先，而廣業以崇德爲本。所以事親，所以事長，所以臨下，所以使民，所以應酬萬端，何莫不由此乎？民生蚩蚩，安知易道？人惟見事而不見道，聖人於是乎不得不推窮其始，導人思其所始，而忽覺焉，則乾在我矣，天在我矣。雲之所以行者，我也。雨之所以施者，我也。天與人通，其易之精藴乎？非慈湖發之而誰發之？且曰：「天地之間，羣分類聚，各有所欲，其勢必至於争，争而不已，必至於相傷，其甚者相殺相亂，其勢必相與爲公，以求決於公明之人。」嗚呼！今日之天下，知有事而不知有道之天下也，亦相殺相亂之天下也。天下之變，固有不得已。消息盈虛，咸有其勢。芒芒萬物，難於辨明。「復，其見天地之心乎」，人心即天地，其公明固自在也。讀慈湖《易傳》，庶有以救之，因書以爲序。

時民國二十一年二月後學張壽鏞

# 楊慈湖先生易傳敘

昨秋，余入南銓選部，陳君以所刻蘇長公《易傳》相示，余讀而卒業，已謂奇矣。頃之，封司劉君、功司陳君復刻楊敬仲《易傳》成，屬余敘，余讀之，又一奇也。獨斯傳也，明所學也。余不學，其何敢敘？然學不可以終棄，則傳言學者不敢不致意也，敘何可已？夫易道大矣，自周孔而後，微言絶，而程朱傳行，謂可以盡《易》，而易有所不可盡也。今觀蘇氏傳，雖未必盡合易旨，然借《易》以發其自有之奇，其識雋，其文雄，往往道人所未經道，其卒傳，宜也。楊氏因《易》之理，以發攄其所學，精深融貫，要在一而能通示人，專事内而不外，非直探本原者能之乎？要之，蘇即事以明理，楊溯源以該流。譬之，蘇如樝梨橘柚雜陳而皆適於口，楊則即一樝梨橘柚，而凡爲樝梨橘柚之類者，皆可推而味之也。是二氏俱深於《易》，求其有補於學，楊視蘇爲要焉。抑楊氏始因象山先生舉扇訟而得其本心，遂悟所學，乃發爲《易傳》。於乾有曰：「君子自强不息者，即天行之健也，非天行之健在彼，而君子效之於此也。」又曰：「子思不曰『誠者自誠』而曰『自成』，是於誠實之外復起自成之意，失其誠矣。」斯語也，亦猶是心也。唯是健不必效，而誠不必成。或疑允若兹，是人皆天也，不必復益以人力也，不幾於溺人以虚乎？然善語道者必反其本，善察言者必抉其要。慈湖先生嘗云：少讀《易大傳》，唯愛「無思也，無爲也，寂然不動，感而遂通天下之故」。故其傳益則以善之不能爲、過之難改「皆始於意，意本於我」，知我本無體，復何遷而何改？傳震又曰：人唯知恐懼脩省，學者事耳。謂易道精微不在是。持是見者，不惟不知易，亦不知恐懼脩省。夫曰「不能爲」，曰「難改」，曰「恐懼脩省」，則何嘗不責人之致力？特其所以致者，在何思何慮而不失其寂然者耳。蓋用力於其本而不泛用者也。譬之操舟者然，順流帆風，楫櫂隨之，瞬息千里，是不操之操，操更力耳。庸可以無操之迹，遂謂其不操舟也？審然者不惟益《易》，且益學者哉。吁！此與蘇傳，均《易》之羽翼也，顧湮没久矣，待三君而始傳，信大寶之顯晦有時哉。然一時並顯，而三君與諸同官之志於《易》及易道之益明，可覘矣。獨愧余莫爲倡，其獨無入山舍玉之懼乎？兹敘也，并以自勗云。

乙未上月人日南京吏部尚書蔡國珍書❶

❶「書」，四庫本作「序」。

# 楊氏易傳目録

右《楊氏易傳》二十卷，約園主人從杭州文瀾閣鈔得。刻既成，屬爲校讎，乃發篋出萬曆乙未刻本校之。蓋閣本原出於此，蔡國珍序佚去，涣卦末脱文六百五十有六，訛奪衍文，多見閣本。萬曆本卷署宋寶謨閣學士慈溪楊簡敬仲著，明後學廬陵劉日升、豫章陳道亨、漳浦林汝詔、豫章饒伸校刻。匡作雙線，半葉十行，行二十二字。校讀卒業，爲補目録、文元公遺像、贊文於首。其書號或曰《周易解》，《慈湖遺書》。

或曰《慈湖易説》，焦竑《國史經籍志》、錢謙益《絳雲樓書目》。或曰《慈湖易解》，王亶望《浙江採集遺書總録》。朱彝尊《經義考》作十卷，疑誤。殆傳鈔者互有竄易歟？錢時撰《文元行狀》：「築室德潤湖上，更名慈湖，館四方學子於熙光詠春之間而啟迪之，於是始傳《詩》、《易》、《春秋傳》、《曾子》。」據此，則其名《易傳》也固宜。文元别有《己易》、《易學啟蔽》之作，《己易》編入《遺書》，《啟蔽》未見傳本，約園儻能訪求之乎？

二十年九月七日縣後學馮貞羣校訖題記

# 楊氏易傳卷一

宋慈谿楊簡敬仲撰

今《易經》乃漢費氏所傳古文而不立於學者，劉向以中古文《易》校施、孟、梁丘經，或脱去「無咎」、「悔亡」，惟費氏經與古文同。《漢・藝文志》《易經》十二篇，謂上《經》、下《經》、《彖》、大《象》、小《象》、《乾・文言》、《坤・文言》、上《繫》、下《繫》、《説卦》、《序卦》、《雜卦》。晁氏云：老儒謂費直專以《彖》、《象》、《文言》參解《易》爻。以《彖》、《象》、《文言》雜入卦中者，自費氏始。不然，則其徒陳元、鄭康成之爲歟？孔穎達謂輔嗣之意，《象》本釋經，宜相附近，分爻之《象》辭各附當爻，則費氏初變亂古制，時猶今乾卦《彖》、《象》繫卦之末歟？夏后氏之易曰《連山》，《連山》者以重艮爲首。商人之易曰《歸藏》，《歸藏》者以重坤爲首。周人之易曰《周易》，以重乾爲首。《周禮》大卜之官曰「其經卦皆八，其别皆六十有四」，則卦之重也久矣。先儒謂文王重之，非也。孔子之時，《歸藏》之易猶存，故曰「之宋而得坤乾焉」。於戲，至哉！合三易而觀之，而後八卦之妙，大易之用，混然一貫之道，昭昭於天下矣。而諸儒言《易》，率以乾爲大，坤次之，震、坎、艮、巽、離、兑又次之。噫嘻，末矣！⚊者，易之⚊也。⚋者，易之⚋也。其純⚊者名之曰乾，其純⚋者名之曰坤，其⚊⚋雜者名之曰震、坎、艮、巽、離、兑，其實皆易之異名，初無本末、精麤、大小之殊也。故孔子曰「吾道一以貫之」，子思亦曰「天地之道，其爲物不貳」。八卦者，易道之變也，而六十四卦者，又變化中之變化也。物有大小，道無大小；德有優劣，道無優劣。其心通者，洞見天地人物盡在吾性量之中，而天地人物之變化，皆吾性之變化，尚何本末、精麤、大小之間？雖《説卦》有父母六子之稱，其道未嘗不一。《大傳》曰「百姓日用而不知」，君子小人之所日用者，亦一也，惟有知、不知之分爾。

☰ 乾下乾上

乾，元亨利貞。初九，潛龍勿用。九二，見龍在田，利見大人。九三，君子終日乾乾，夕惕若，厲，无咎。九四，或躍在淵，无咎。九五，飛龍在天，利見大人。上九，亢龍有悔。用九，見羣龍无首，吉。

夫道一而已矣，三才一，萬物一，萬事一，萬理一。唐虞之三事，曰「正德」，曰「利用」，曰「厚生」。「厚生」者養生之事，「利用」者器用於人爲利，是二者皆有正德焉，故《大禹謨》曰「正德、利用、厚生，惟和」。和，同也。卜筮者，民之利用，聖人繫之辭，因明人之道心，是謂「正德」。人心即道，故舜曰「道心」，孔子曰：「夫易，聖人所以崇德而廣業也。知崇禮卑，崇效天，卑法地，天地設位，而易行乎其中矣。」明三才皆易之道，崇廣效法，蓋以人心未能皆悟本一之妙，姑因情立言曰「效法」，而進至於果與天地相似無間，則自信其本一矣。此心人所同有，故易之道亦人所日用。上《繫》曰「百姓日用而不知」，惟其不知，故背吉趨凶。

大哉,《易》乎！ 天之所以高明者此,地之所以博厚者此,人之所以位乎兩者之間與夫萬物之所以生生而不窮者又此,三才中萬變萬化至於不可勝紀無非此。 某之所以聽者此,某之所以説講與今在堂之人所以聽者亦此。 所以事親者此,所以事君者此,所以事長者此,所以臨下、所以使民、所以應酬萬端,皆此。 誰能出不由户,何莫由乎此? 包犧氏深明乎此,既不能言,又欲以明示斯世與萬世,而無以形容之,乃畫而爲一。 於戲,庶幾乎近似之矣！ 是可畫而不可言,可言而不可議,但覺其一而不二,一而能通。夫孰得而測識,又孰得而究窮?❶

必三畫而成卦者,明乎所以爲天者此也,所以爲人者此也,所以爲地者此也,是爲三也。 聖人又欲以發明其道,繫之以辭曰「乾」,言乎此至健至剛、亘萬古而未嘗息也。 然則坤何以⚋?❷ 清濁未分,混然而已,迨乎重濁嚴凝而後清濁始分而爲二。 然所以爲清者此也,所以爲濁者亦此也。 坤者兩畫之乾,乾者一畫之坤也。 子思曰「天地之道,其爲物不貳」,《乾·彖》曰「大哉乾元,萬物資始,乃統天」,繼言「品物流形」、「各正性命」,則地之所以發生萬物者,盡在其中矣。 今爲渾天之説者,地在天中,則合天地一體而已矣,但因重濁故言地,因卑故言妻言臣,有尊有卑,有清有濁,清陽濁陰。 君臣夫婦,未嘗不兩,故

---

❶ 「究窮」,四庫本作「窮究」。

❷ 「⚋」,原作「⚊」,今據文義改。

坤必⚋。❶ 坤者兩畫之乾，非乾道之外復有坤道也，故曰：「明此以南面，堯之所以爲君也；明此以北面，舜之所以爲臣也。」難者曰：乾坤之道果一，則《彖》何以有「大哉」、「至哉」之分？應之曰：「大哉」、「至哉」，所以致君臣之辨，所以辨上下之分。而坤爻又曰「直方大」，又曰「以大終也」，是坤亦未嘗不大，於以明乾坤之實未始不一也。不然，則孔子何以曰「予一以貫之」？《中庸》何以曰「天地之道，其爲物不貳」？天地與人貌象不同而無二道也，五行萬化變態不同而無二道也。坤者乾之耦者也，震、坎、艮、巽、離、兑，乾之變錯者也，無二乾也。一言之謂之乾，兩言之謂之坤，八言之謂八卦，又別而言之謂之六十四卦，又謂之三百八十四爻，又謂之萬有一千五百二十，又謂之無窮，皆此物也。

三畫之卦何以重爲六？天有陰陽，地有剛柔，人有仁義，未嘗不兩也，皆此道之變化也。變化云爲清明有常謂之仁，其間咸得其宜謂之義，其節謂之禮，其和謂之樂，其知謂之智，言乎其健謂之乾，言乎其動謂之震，言乎其入謂之巽，言乎其陷謂之坎，言乎其麗謂之離，言乎其止謂之艮，言乎其説謂之兑，言乎其屯邅謂之屯，言乎其始生而蒙謂之蒙。其變無窮，其言亦無窮，皆此一也。言乎此不可以加毫髮焉，不可以損毫髮焉，謂之中；言乎此不可以人爲參焉，謂之天；言乎其變化不可測度，謂之神。其得謂之吉，其失謂之凶，其補過謂之無咎，其始謂之元，其通謂之亨，其利謂之利，其正謂之貞，其在乾之爻則謂之九，其在坤之爻則謂之六。乾何以九？坤何以六？一二三四五，三天數之一三五是爲九，兩地數之二

❶「⚋」，原作「⚊」，今據文義改。

四是爲六也，是五行之生數也，天地之本數也。五行者，此一之變化見於水火木金土者也，無二道也，故所以用九者此道也，所以用六者此道也。九爲陽爲剛，六爲陰爲柔，陰陽剛柔雖不同而用則一也。能用九而不爲九所用，故在下則能「潛」，不爲陽剛所使，不爲才智所使，而能「勿用」。能用九而不爲九所用，故在二則能「見」，不過而躍，又不固而潛，能善乎世而人皆「利見」之。能用九而不爲九所用，故在三則「乾乾」能「惕」，故雖危「厲」而「無咎」。能用九而不爲九所用，故在四「或躍」而不敢必於進，「或」之者疑之也，「淵」者退處之所也，故「無咎」。能用九而不爲九所用，故在五則能「飛」，能使天下「利見」而致「大人」之德業。惟上九不能用九而爲九所用，爲陽剛所使，故以貴高自居而不通下情，故動則「有悔」。若大有之上九，亦上九也，而能用九，不爲九所用，故「自天祐之，吉無不利」。大有之上九，乃取超然乎萬物之上之象，所謂舜禹有天下而不與焉，故吉。乾之上九則取剛過之象，故「亢」而「有悔」。龍，神物，變化不測，濡澤博施，有聖王之象。孔子曰「古之治天下者必聖人」，而後足以君天下，故乾爻皆取龍象。大人即聖人，故二、五咸言天下之利見，其有居二、五之位而天下有不利見之者，非大人也，皆尊仰之之謂見，皆蒙其澤之謂利。周公繫爻辭，孔子作《象》辭，而或曰「大」或曰「至」，一也。用九之道，雖發見於諸爻諸陽而不見其爲首。不見其爲首者，己私不形，意慮不作，洞然自然，不見其首也。意慮微作，則爲私爲己，好剛好進，安得不爲首？所謂用九，凡百九十二爻之九皆同此用也。舉一而知百九十一也，舉一而知萬也，坤之用六亦同此也。乾坤之名不同而用則無二也，故曰「通乎一，萬事畢」。

右釋卦爻，雖則云然，所筮事情不可勝紀，其應萬變不可執一，厥後卦爻皆然，神應切中，占者自知。

《彖》曰：大哉乾元！萬物資始，乃統天。雲行雨施，品物流形。大明終始，六位時成，時乘六龍以御天。乾道變化，各正性命，保合大和，乃利貞。首出庶物，萬國咸寧。

筮而得乾之卦者，君也，父也，夫也，聖人也，或進於聖人之道者。孔子作《乾·彖》，雖多言天，然孔子專意明人之道心。使專言天而不及人，則何以明道垂教，爲無益之辭矣。當先明孔子斯旨。孔子欲使爲君爲父爲夫者或進於聖人之道者觀之，曰：吾得斯卦，果大乎？果元乎？果萬物之所資始乎？果能統天乎？「雲行雨施，品物流形」，果吾之道乎？終始六位，乘龍變化，物物皆正性命，合大和，果吾之所有乎？夫乾即吾之剛健中正者也，❶豈獨天有之，吾無之？孔子「欲無言」，以「天何言哉？四時行焉，百物生焉」爲比，上《繫》曰「與天地相似」，又曰「範圍天地」、「曲成萬物」，《中庸》曰「聖人之道」、「發育萬物」，「三才一」，萬理一。自孔子曰「乾坤，其易之門邪」，學者遂謂易大而乾坤小，誤矣。《周易》乾坤爲首，有天地然後萬物生焉，易道於是乎出生無窮，故曰門。非謂易與乾坤異體也，名稱不同爾。自其統括無外、運行無息言之故曰「乾」，自其勢專而博厚、承天而發生言之故曰「坤」，推窮其本始故曰「元」，又言其亨通故曰「亨」，又言其安利故曰「利」，又言其正非邪故曰「貞」，總言變化而無窮故曰「易」。非乾自乾、坤自坤、元自元、亨自亨、利自利、貞自貞也，一體而殊稱也，一物而殊名也。

夫三才混然一而已矣。何爲乎必推言其本始也？民生蚩蚩，安知易道？氣雖即道，人惟知氣而不

❶「夫」，原作「天」，今據明刻本改。

知道；形雖即道，人惟覩形而不覩道；事雖即道，人惟見事而不見道。聖人於是乎不得不推窮其始而有元之名，且天行之所以剛健運化而無息者，其行其化，何從而始乎？始吾不得而知也，始吾不得而思也，無聲無臭，不識不知，無思無爲，我自有之，其曰「大哉乾元」，所以指學者明道之路也。知始則知終矣，知本則知末矣。始終一物也，本末一致也，事理一貫也，非事外有理也，非理外有事也。曰事曰理，曰本曰末，曰始曰終，皆常人自分裂之，自立是名，君子不得而驟違之，亦姑從而爲是言也。明者自以爲本一也，不明者自以爲實不可一也，人自不一。易之道，本無方無體，無限量，無所窮盡，謂之曰「大哉」，是宜曰「大哉」，是故萬物之所資之以始者也，是固足以統括乎天者也。物即乾元，而曰物之元以始者，以人滯於物，導人思其所始，於是而忽覺焉，則乾在我矣，無所不通矣。天即乾元，統乎天者，亦以人執乎天，故導人使因天而思其所以統之者，於是而忽覺焉，則天在我矣。雲之所以行者我也，雨之所以施者我也，而人不自知，是亦可言亨也。而貫之曰「乾元」者，元即亨之始，亨即元之發，一體而殊名，曰元曰亨，無不可者，貫之曰「乾元」，所以明四德之一致也。有乾則有事，物有終始，亦有始終。初，始也。上，終也。天道之始，陽氣潛藏。天道之終，至於六陽，與時偕極。人道之始，潛而勿用。人道之終，亢而有悔則昏，不亢無悔則明。六位於是隨時而成，是爲六爻。乾道天象，變化曰龍，六爻曰六龍。乾元乘氣，不爲氣所乘。龍陽物君體，能用陽剛，所用乘時變化，非思非爲，各正性命，物物皆妙，感者自離，不離爲合，爲保爲和，爲利爲貞。使其本不一，何以能和？使其本不一，何以能合？物各得其時，事各得其宜，用得其利。氣致其和，是謂利。是道至正，是道非邪，是爲真。道之正者無不利，用之利者無不正，故利即貞，貞即利，利貞即元亨。夫道一而已矣，是道超出乎萬物之表，故曰「首出庶物」，是道能致萬國咸安寧，故曰「萬國咸寧」。「首出庶物」，似言天，「萬國咸寧」，似言人，學者觀之，疑不可聯言，合而言之，所以明天人一致，使學者不得而兩之。知天人之本一，則知乾矣。《彖》既釋卦辭，又特發此旨，聖人之致教深也。《屯》之「天造草昧，宜建侯」，言人，合而一之，亦明天人之一致。

《象》曰：天行健，君子以自强不息。

君子之所以自强不息者，即天行之健也，非天行之健在彼，而君子倣之於此也，天人未始不一也。孔子發憤忘食，學而不厭，孔子非取之外也。發憤乃孔子自發憤，學乃孔子自學，忘食、不厭即孔子之自强不息，此不可以言語解也，不可以思慮得也，故孔子曰「天下何思何慮」，孟子亦曰「人之所不學而能者其良能也，所不慮而知者其良知也。孩提之童無不知愛其親者，及其長也，無不知敬其兄者」。今夫人之良心，愛親敬兄，事君事長，惻隱羞惡，恭敬是非，仁義禮智，迭出互用，變化云爲，此豈學而能、慮而知哉？子思曰：「誠者自成也，而道自道也。」亦頗得此旨，然猶未得其真。何以知其未得其真？不曰「誠者自誠」而曰「自成」，是猶有成之意，是於誠實之外復起自成之意，失其誠矣。故子思之《中庸》篇多「至誠」。於「誠」之上加「至」一言，亦復其意，不如孔子曰「主忠信」。忠信即人主本，《大戴記》孔子之言謂「忠信」。大道何深何淺，何精何麤，微起思慮，即失其忠信矣，即失其本心矣。子思蓋習聞孔子之訓而差者也。大道簡易，人心即道，人不自明其心，不明其心而外求焉，故失之。孔子曰「爲仁由己，而由人乎哉」，又曰「克己復禮爲仁」，能己復固有之禮則仁矣，皆非求之外者。孔子又嘗告子思「心之精神是謂聖」，明乎此心之未始不善，❶未始不神，未始或息，則乾道在我矣。不曰「乾」而曰「健」者，所以破人心之定見，使人知夫乾者特一時始爲之名，而初未嘗有定名也，故又曰「健」。八卦皆然，六十四卦亦然，即一可以知百也。

「潛龍勿用」，陽在下也。

人之所以不能安於下而多有進用之意者，動於意而失其本心也。人之本心，至神至明，與天地爲一。方陽氣在下，陽氣寂然安於下，未嘗動也。人能如陽氣之在下，寂然無進動之意，則與天地爲一，不失其心矣，是之謂得易之道；不能安於潛而有欲用之意者，必獲咎厲，必凶，是謂失易之道。

「見龍在田」，德施普也。

九二居下卦之中，亦得位矣，雖非尊位，亦可以見諸施行，可以及物。然人心於此，逐乎物而擾擾者多矣，其能發於德者有幾？有德之施，安止而自應，如天地之施生，四時之變化，斯爲德之施，斯普是謂龍德，是謂得乎易之道。

「終日乾乾」，反覆道也。

乾乾皆道，反覆皆道也。君子終日乾乾，至於夕而猶然，亦皆道也。喜怒哀懼皆道心之妙用，彼「百姓日用而不知」者，因物有遷，則其恐懼必至於交攝，上下反覆必至於擾擾，豈能如四時之錯行，如日月之

❶「之」，四庫本無此字。

代明？未可謂之得易之道。

「或躍在淵」，進无咎也。

人皆欲進，惟得道者未嘗有欲進之心。人之本心，是謂道心，道心無體，非血氣，澄然如太虛，隨感而應，如四時之變化，故當躍斯躍，當疑斯疑，無必進之心，故雖躍而未離於淵。故舜之歷試也，已爲衆望之所歸，已爲帝心之所屬，而舜從容於其間，鼓琴二女侍，若固有之，舜心未嘗動毫髮意念也，故「讓於德，弗嗣」，未嘗有必進之心，此非爲讓也。如此而往，何咎之有？故曰「進無咎」。「或躍在淵」，非道心之已明者不能，苟惟不然，❶其心微動，人已不服，觸物違道，凶咎立至。

「飛龍在天」，大人造也。

孔子曰：「古人有天下者必聖。」蓋天地之間，凡血氣心知之屬，羣分類聚，各有所欲，其勢必至於争，争而不已，必至於相傷，其甚者至於相殺相亂，其勢必相與爲公，以求決於公明之人，所是所至，各有所主長。至於其所主長者，又不能無彼此之争，彊理之訟，於是又求決於尤公尤明之人，於是乎有國君。而諸是君苟未至於聖，則亦莫能相尚，其久也不能無事，其繼世不能皆賢。以不能皆賢不能無争之君而相與比鄰，其勢必至於争不已而相争相伐，於是又相與爲公推其有大聖之德者，共尊事之爲大君，立爲天子，然則非聖人則不足以當此位。曰「大人造」者，言此大人之所造爲，非大人則不足以有爲。「大人」者，聖

❶「惟」，四庫本作「爲」。

人之異名。

「亢龍有悔」，盈不可久也。

大道正中，無過不及，亢龍過之，焉可久也？月盈則食，寒暑則衰，天道不能違，而況人乎？

用九，天德不可爲首也。

九陽剛之物也，崇高之位，陽剛之才，皆九也。人皆爲位勢所移，爲資才所使，是爲九所用、不能用九者，是爲天德能用九者。中虛無我，何思何慮，是謂本心，是謂天德。意動則爲首，則有我，是謂人而非天，非易之道。

《文言》曰：元者，善之長也；亨者，嘉之會也；利者，義之和也；貞者，事之幹也。君子體仁足長人，嘉會足以合禮，利物足以和義，貞固足以幹事。君子行此四德者，故曰「乾，元亨利貞」。

歐陽子謂此魯穆姜之言，遂謂《文言》皆非聖人之言，則過矣。穆姜雖大惡，而其言之或合乎道，則聖人不以人廢言，今惟當以正道斷之。謂元爲善則無害，謂爲善之長則害道，道一而已矣，元亨利貞，雖四而實一。聖人患人之昏昏，無從啟之，姑使究原本始，使知變化云爲之所自出，則知無所不通之道矣，故《彖》舉其大體曰「乾元」，非謂元異乎亨與利與貞也。今謂元爲善之本則可，枝葉皆生乎根本，今謂之長，則截然與次少異體，即害道矣，故當如下言「乾元者，始而亨者也」，此得於聖人之誨乎！會通而嘉則善矣，與物會而不善，焉何能亨？利者義之和合，失義則害隨之矣，何以能利？貞正也，事以正成，故曰「事之幹」。孟子曰：「仁，人心也。」君子覺此心思之所自出，則乾元在我矣。彼百姓日用而不知爾，不必言「體仁」。「長人」之病生於善長，君子先覺我心之所同然，君子先覺，衆人後覺爾。君子所以與物會通者，無非此心之誠，故誠敬之有節文者，世謂之禮，故曰「合禮」。自與禮文合，非求合也。求合者僞而已矣，非吾心之禮也。君子致利，利物而已，利物而公無非義。貞而不固，事未必濟，貞固不變，斯足幹事。言其不邪謂之正，言其和義謂之利，言其嘉會謂之亨，推其本始謂之元，名四而實一。此言四德，辭旨分裂，至於言「君子行此四德，故曰『乾，元亨利貞』」，則天人一道，此一得諸聖人者歟？

初九曰「潛龍勿用」，何謂也？子曰：「龍德而隱者也。不易乎世，不成乎名，遯世无悶，不見是而无悶，樂則行之，憂則違之，確乎其不可拔，潛龍也。」

龍德，君德也。有君德而在隱，是謂「潛龍」。身在乎潛，是天命在潛，則義當潛而不當見也。雖大亂不爲世所變易，而輕動其心以出，不使名學之著。雖遯世屏處而無悶心，雖不見是於世亦無悶心。「樂則行之」，時忽變而可行則行，可以行道及物，樂矣，非私樂也。「憂則違之」，於時終不可行，終不見是，不見知，則與世相違。道不可行，世亂可憂，非私憂也。「確乎其不可拔」，非作意固守也，義不可行而止，而人以爲不可拔也，苟作意而守，其守必不固，不作意而惟意之從則可拔，貞不可拔矣。夫是之謂易之道，夫是之謂潛龍之道。

九二曰「見龍在田，利見大人」，何謂也？子曰：「龍德而正中者也。庸言之信，庸行之謹，閑邪存其誠，善世而不伐，德博而化。《易》曰『見龍在田，利見大人』，君德也。」

龍德一也，在初則言其隱，在二則言其正中，隨爻象所著而言之，非謂潛龍無正中之德也。二言其記録之差歟？攷古志記同而微異者，見記者之一得一失，屢驗之。此二居下卦之中，於是乎發正中之義。正不邪，中不偏，乃道之異名。天道甚邇，不離乎庸常日用之間，庸言而不至於失信，庸行而不至於失謹。起意皆爲邪，邪不作是爲閑邪。誠，信也，忠信之心即道心，人心即道，惟日用或有邪思亂之，故足以敗其誠心，邪閑則誠存矣。九二既出而見於世，故有善世之功。不伐者，私意不作故也，有功而伐，皆因意念之動，動斯思邪矣，斯伐矣。德博斯化，不博不化。德性未始不博，何思何慮，何際何畔？意動則窒則蔽，則不博矣，意動則伐矣，人將不服，何以能化？「德博而化」，君德斯著，於是申言之，非謂潛龍無君德也。庸行不必作去聲，凡平常微有行動即謂之庸行，如此則無斯須放逸矣。

九三曰「君子終日乾乾，夕惕若，厲，无咎」，何謂也？子曰：「君子進德脩業。忠信，所以進德也。脩辭立其誠，所以居業也。知至至之，可與幾也。知終終之，可與存義也。是故居上位而不驕，在下位而不憂。故乾乾因其時而惕，雖危无咎矣。」

九三居下卦之上，進之象焉，故發「進德」之義。已有德矣，自此而往當何如？忠信而已，不可復有所加也。忠信者，本心之常，即道心也。孔子曰「主忠信」，明乎忠信即主本，苟於忠信誠實之中而微動其意焉，則爲支爲離，爲陷爲溺，爲昏爲亂，誠能不失本心之忠信，如文王之「不識不知，無非帝則」，如孔子之「無知也」而萬善自備。今人乍見孺子將入井，自然有惻隱之心；其見非義，自然有羞惡之心；其事尊上與賓客，自然有恭敬之心；其不敢侮鰥寡，不敢失於臣妾，亦自然有敬心；其餘應酬萬物，自然知某爲是爲非。是是非非是爲智，恭敬是爲禮，羞惡是爲義，惻隱是爲仁。與夫動静云爲，變化萬端，無非萬善，不學而能，不慮而知。進德如此，皆忠信而已矣。何者？忠信者道心也，道心無所不通，無所不有。德之見於應物行事者謂之業，應酬交錯，無情萬變，相刃相靡。君子居其間，順物狥情，造次發語，往往隨世隨流，不無文飾私曲，不無失信。世俗習以爲常，以爲不得不如此，不如此將取禍。若此情僞，古今同情，不知其慚蠹忠信，君子於是有修辭，使不至於忤物，又不至於失信，於交錯應酬、擾擾萬變之中，而忠信純一，無間無雜，則無非德業，不至於隳敗矣，故曰「居業」。居有安居不動之義。若出入情僞，豈不岌岌？不保其不敗也。「進德修業」，此萬世之通患，不可不講，《表記》曰「君子不以口譽人，則民作忠」，又曰「口惠而實不至，怨菑及其身」，《小雅》曰「盜言孔甘」。九三下卦之極，上下之際，乾德居之，卦三猶臣體，四則有君體矣。方其在三，知其可至而至之，名曰「知幾」，知其可終而終之，名曰「存義」，一也。惟義所在。君子無適莫也，至則堯、舜、禹，終則伊、周，舜視天下如敝屣，顔子簞食瓢飲而樂。以崇高富貴微動其心者，君子恥之，是故「居上位而不驕，在下位而不憂」。其乾乾乃其未始有荒怠，其惕乃其因時之危而惕，皆應酬變化，如四時之錯行，如日月之代明，如此則雖處危疑之地，何咎厲之有？

九四曰「或躍在淵，无咎」，何謂也？子曰：「上下无常，非爲邪也。進退无恒，非離羣也。君子進德脩業，欲及時也，故无咎。」

以爲上則非君，以爲下則非臣，故曰「上下無常」。此非常之位也，然而未嘗有邪心。恒，久也。進退不久，此非久處之地。其進其退，亦無離羣之心，無思無爲，寂然不動，感而遂通。苟有離羣而進之心，是動於思爲，爲邪爲咎。「君子進德脩業」，應時而動，當進而不進，是爲失時，亦爲失道。如四時之錯行，如日月之代明，斯爲乾道，斯爲易道。

九五曰「飛龍在天，利見大人」，何謂也？ 子曰：「同聲相應，同氣相求。水流溼，火就燥，雲從龍，風從虎，聖人作而萬物覩。本乎天者親上，本乎地者親下，則各從其類也。」

三才雖同體，而其同類者相應無違。日月星辰，此天之類，故常親附乎天。山川草木，此地之類，故常親附於地。人居天地之間，凡血氣生之屬，皆其同類者，所患聖人不作耳。聖人作則萬物感應，作而物不應者，非聖人故也。故君子不可求諸外，當反求諸己，其身正而天下歸之矣。衰世之君，往往率求諸人，多方設術以治之，而人愈不服。孔子深察斯情，故諄諄設喻，重復言之，所以明聖人作則物無不應。人君必求諸己，不可求諸外也，不可罪民之頑而不可化也，不可歎當世之乏才共理也。有聖賢之臣，何世不生才？ 惟聖知聖，惟賢知聖。

上九曰「亢龍有悔」，何謂也？ 子曰：「貴而无位，高而无民。賢人在下，位而无輔，是以動而有悔也。」

亢龍，君德之失也。「惟聖罔念作狂」，聖狂之分，一念之間耳。唐虞之際，君臣相與警戒規正，何嘗敢有自足自聖之意？ 恃其聰明睿知而自以爲足，不復詢謀於衆，忽略愚賤，則動必有悔。孔子推言至於無位、無民、無輔，欲其無忽也。末章雖言「知進不知退，知存不知亡」，猶以聖人爲言，則知此爻所以明聖賢之過，所以止言有悔。

「潛龍勿用」，下也。「見龍在田」，時舍也。「終日乾乾」，行事也。「或躍在淵」，自試也。「飛龍在天」，上治也。「亢龍有悔」，窮之災也。乾元用九，天下治也。

「潛龍勿用」，「見龍在田」，隨在而有所安舍也，時在下之位故也。「飛龍在天」，在上而治天下也。曰「下」，曰「時舍」，曰「行事」，❶曰「自試」，曰「上治」，静觀辭氣，無非隨時泛應，虚中無我，五爻之辭不同而一旨也。「亢龍有悔，窮之災也」，亢，亦無非道者，此易道之災者也。「乾元用九，天下治也」，非乾元則豈能用九而不爲九所用？能用九則無思無爲，如日月之照臨，如水鑑之燭物，隨時而應，各當其所，在初而潛，在二而見，在三而惕，在四而躍，在五而治，在上而不亢，故曰「天下治也」。

「潛龍勿用」，陽氣潛藏。「見龍在田」，天下文明。「終日乾乾」，與時偕行。「或躍在淵」，乾道乃革。「飛龍在天」，乃位乎天德。「亢龍有悔」，與時偕極。乾元「用九」，乃見天則。

前皆言人事，此多言天道。陽氣之潛藏，即人之潛隱勿用也。天下文明，萬物化生，即君德之見也。或者拘於配十二月之説，或以九二爲丑月，或以九二爲寅月。丑月則斷無文明之狀，寅則稍有文明之漸矣。善讀《易》者，正不必如此拘執配之於月。乾道無所不統，無所不通，惟以天下文明明見龍之類爾。「與時偕行」，此言天人之合，時者天也，九三之乾乾行事，亦隨其時而已矣，亦不必配月，配月則牽彊拘執。「乾道乃革」，四升君體，變之大者。然不以此爲人事而非天道，故曰「乾道乃革」，謂乾道之變革也。知天人之無二，則可以與言《易》矣。凡天道之有變，即九四之或躍。裂德與位而爲二，則位非天位，德非天德，一以貫之曰「位乎天德」，斯爲大易之道，斯爲「飛龍在天」，此非訓詁之所能解也，非智思之所能道

❶「事」，原無，今據四庫本補。

也。三才一體，萬物一體，悟曾子之皜皜，則漸窺之矣，悟孔子風雨霜露之無非教，則知之矣。「與時偕極」，則雖處乎上之位而不亢矣。一以貫之，則人即時，時即人。隨時立言，欲使讀者稍可曉，則曰「與時偕極」、「與時偕行」，果能造此，則自一矣。凡此，皆所以明乾元用九之道。潛、見、飛、躍，皆有其則，不可亂也，故曰「乃見天則」。非人爲故曰「天則」，苟曰人之所爲者，必非天則。

乾元者，始而亨者也。利貞者，性情也。乾始能以美利利天下，不言所利，大矣哉！大哉乾乎！剛健中正，純粹精也！六爻發揮，旁通情也。「時乘六龍」，以御天也。「雲行雨施」，天下平也。

至哉聖言！非聖人豈能道此？元亨利貞，前既裂而四之矣，今又合而一之，與夫《彖》言乾元以統亨利貞之旨同也。夫天地間安得有二道哉？苟分元亨利貞以爲是四者而非一，則亦安能知元亨利貞哉？曰「元」曰「亨」曰「利」曰「貞」，如言金，曰黄曰剛曰從革曰扣之有聲也，豈有二金哉！又如言玉，曰白曰瑩曰潤曰扣之有聲也，豈有二玉哉！人能反求諸己，默省神心之無體無方，無所不通，則曰「元」曰「亨」曰「利」曰「貞」，曰一曰四，皆所以發揮此心之妙用，不知其爲四也。歐陽子方疑其前後異同，非出於一人之言，正吾之所歎息，以爲縱横皆妙者也。性情者，乾元之性情也，元亨利貞，皆性情也，故又曰「乾始能以美利利天下」。變元而曰「始」，又通之於利，則貞可知矣。是道也何所不利？儻曰利於此不利於彼，利於一不利於十百千萬，則何以謂之乾？何以謂之易？乾者易之異名，元亨利貞亦易之異名，故又云元始，與獨曰乾無不可者。「大哉乾乎！剛健中正，純粹精也」，此七德者，非果有七體，亦猶言玉之白瑩潤，言金之黄剛革。乾無體，無則不可得而屈，故曰「剛」。有體則有息，無體則無息，無息故曰「健」。

今夫行之所以健而無息，惟見日星之運轉爾。初無天體之可執，設有氣象，亦無其形，設有其形，不覩其機。天行若可覩，其所以運不可覩。此不覩者何所偏倚，故曰「中」。人惟動於意欲，故有不正，此不可覩者無思無爲，故無不正，故曰「正」。人惟動於意欲，故不純不粹不精。此不可覩者無思無爲，安得而不純不粹不精？六爻皆所以發揮潛、見、飛、躍之正情也。至於上之亢則情之邪者，若夫正則與時皆極不爲亢矣，使亢者能内省亢情之無體，則乾元在我，何亢之有？「時乘六龍，以御天也」，龍與天若可覩，乘而御之者何形之可覩？「雲行雨施，天下平也」，此孰非乾道之變化也？此孰非聖人之所發育也？《易》曰「範圍天地之化」，《中庸》曰「聖人之道，發育萬物」，此非空言也，實説也。

君子以成德爲行，日可見之行也。潛之爲言也，隱而未見，行而未成，是以君子弗用也。

潛有二義，有己德已盛、時未可行而潛者，有德未成、未可以推而及人而潛者。此言「成德爲行，日可見之行也」，德性雖内明而未能見之於行者有之。日至月至，皆有德者，日至則寂然不動，能行之一日，一日之外，不能無違；月至則寂然不動，行之一月，一月之外，不能無違。不能無違，則猶未足以盡精一之至，則發諸容體，見諸行事，不無闕失，未能動容周旋，無不中禮。凡此皆德隱而未著，行而未成，是以君子不敢遽用於世也。

君子學以聚之，問以辯之，寬以居之，仁以行之。《易》曰「見龍在田，利見大人」，君德也。

學不可以不博，不博則偏則孤。伯夷惟不博學，故後雖至於聖而偏於清。柳下惠惟不博學，故後雖至於聖而偏於和。「學以聚之」，無所不學也，《大畜》曰「君子以多識前言往行」，《語》曰「君子博學於文」。

學必有疑，疑必問，欲辯明其實也。辯而果得其實，則何患不寬？何患不仁？然聖人垂訓，所以啟後人。後人問辯，未得其實而自以爲實者多矣，故諄復而誨之。誨之以寬，則凡梏於己私、執於小道者，庶其有警。孟子曰「養而無害，則塞乎天地之間」，此猶未足以盡寬之至。《大傳》曰「範圍天地之化」，庶乎其寬矣，然此猶可以言而及。可以言而及者，猶有涯畔，未足以盡寬之至。孔子曰「言不盡意」，孔子諄諄告門弟子曰「毋意」，又自謂「吾有知乎哉？無知也」，此非訓詁之所能解，非心思之所及。然則寬即仁，仁即寬。而聖人復言仁者，人之學道，固有造廣大之境，未盡其妙而輒止，溺於静虚，無發用之仁，故子曰「仁以行之」，如四時之錯行，如雷電風雨之震動變化，而後可以言仁，未至於此，則猶未可以言仁也。九二正言君德，故於此復詳言。

九三，重剛而不中，上不在天，下不在田。故乾乾因其時而惕，雖危无咎矣。九四，重剛而不中，上不在天，下不在田，中不在人，故或之。或之者，疑之也，故无咎。

在他卦重剛而不中必有凶，而此則雖危疑而无咎者，乾乃聖人之德，重剛則剛健之至德，他人之重剛則爲剛過，❶此之不中乃謂所居之位不中，他人之不中爲德之不中，隨卦象而見也。「上不在天，下不在田」，皆非龍之正位，故危之。九四則升之上體，故又曰「中不在人，故或之。或之者，疑之也」，惟其疑，「故无咎」，如不復疑而必於進，則天下事固有不可必者。方舜既歷試，猶讓於德。舜心如天地，如太虛，

❶ 「他」，原作「也」，今據明刻本、四庫本改。

誠無意無必，故天下咸服而無咎。九三因其時而知之，聖人於此，亦未嘗曰吾如是而動也。如四時之錯行，如雷電之震動，如水鑑之照物，故曰「因時而惕」，非心思之所及，非訓詁之所解。

夫大人者，與天地合其德，與日月合其明，與四時合其序，與鬼神合其吉凶。先天而天弗違，後天而奉天時。天且弗違，而況於人乎？況於鬼神乎？

九二，在下之大人。九五，在上之大人。大人者，聖人之異名，天下咸利見之。何獨此二爻？乾者，聖人之象，餘爻亦以乾欲明他義，故不及之。世皆覩大人之形，不覩大人之神；世皆知大人之思爲，不知大人之思爲之神。孔子曰「心之精神是謂聖」，曰「心」曰「精神」，雖有其名，初無其體，故曰「神無方，易無體」。非神自神，易自易，心自心也，是三名皆有名而無體，莫究厥始，莫執厥中，莫窮厥終。天，吾之高；地，吾之厚；日月，吾之明；四時，吾之序；鬼神，吾之吉凶。其謂之合也固宜，其謂之弗違也又何疑？故《大傳》亦曰「範圍天地之化而不過，曲成萬物而不遺」。

「亢」之爲言也，知進而不知退，知存而不知亡，知得而不知喪。其唯聖王肅本作愚，然以此句屬下文則亦通。人乎！知進退存亡而不失其正者，其唯聖人乎！

爻《象》曰「盈不可久」，其過尚小，此所言其過大矣。日月至明，雲氣翳之即失其明。惟聖罔念，即可作狂，故禹戒舜以「無若丹朱傲」。西旅獻獒，大保作書以戒武王，深知聖狂不過一念之間。禹曰「安汝止」，深明微不安不止，則動而逐物，物蔽之而昏，遂至於「知進而不知退，知存而不知亡，知得而不知喪」。故古之聖人恐懼兢業，常以克艱相規，不敢怠荒也。其有雖曉達事情，亦或知進退存亡，而不本於道心，則不保其不流而入於邪。惟聖明白四達，道心不動，故常不失正，故兩言「其惟聖人乎」以發明之。

右所釋卦爻之義亦詳矣，而子曰「書不盡言」，筮者事情無窮，卦爻所應，亦隨事而變，六十四卦、三百八十四爻皆不可執。

# 楊氏易傳卷二

宋慈谿楊簡敬仲撰

䷁ 坤下坤上

坤，元亨，利牝馬之貞。君子有攸往，先迷後得主，利。西南得朋，東北喪朋。安貞吉。

《彖》曰：至哉坤元！萬物資生，乃順承天。坤厚載物，德合无疆。含弘光大，品物咸亨。「牝馬」地類，行地无疆。柔順利貞，「君子」攸行。先迷失道，後順得常。「西南得朋」，乃與類行。「東北喪朋」，乃終有慶。「安貞」之吉，應地无疆。

乾坤之道一也，分陰陽而言之，則乾爲天爲君爲父爲夫，坤爲地爲臣爲母爲妻，傳曰：「明此以南面，堯之所以爲君也；明此以北面，舜之所以爲臣也。」天地一氣，乾坤一道，推本而言謂之元，即乾元也，而有「至哉」、「大哉」之異稱者，姑以此著君臣夫婦之辨，其實一也。坤畫即乾畫之兩者耳，未見其爲異也。所謂乾之一畫，亦非乾果有此象，象也者象也，姑以象夫易道混淪一貫之妙而已。所謂乾者如此，所謂坤者亦如此。「至哉」者，極至之稱，乾亦可以言至，坤亦可以言大，《彖》曰「含弘光大」，六二「直方大」，用六

「永貞」，以大終也。《中庸》曰：「天地之道，其爲物不貳。」萬物自何而生？雖曰因地而生，未芽未甲，物安在哉？是謂元。物生於地，既於地矣，地形在下，其勢承天，「乃順承天」。「乃」者，有所因之辭。乾坤雖一，天體至大，無所不統，故《乾·彖》曰「乃統天」。地在天中，勢卑而承天，因其卑而承天，故《彖》曰「乃順承天」。於以明乾坤之道一，因形發用，是謂並行而不相悖。「坤厚載物」，地厚載物也，惟坤以道言，地以形言，其實一也。道即形，形即道，無疆之形，即無疆之德，惟坤以德言，地以形言，人言有二，易道則一，故曰「德合無疆」。地廣無疆，萬物化生，妙不可言。孔子曰：「地載神氣，神氣風霆，風霆流行，❶庶物露生，無非教也。」孔子以此教學者，故其言精。《易》之《彖》辭，孔子以教筮者，故其言顯。因人心以爲二，故合之。教亦多術矣，《易》本占筮之書，古神聖之設教，知空言難以告人，因民生之所利用，因致其教，因以發神明之德，因以通萬物之情。《書》曰「水、火、金、木、土、穀，惟修；正德、利用、厚生，惟和」，是謂「六府三事」。所謂「利用」，即范金、合土、刳木、剡木之類。所謂「厚生」，即水、火、穀足以養生之類。凡皆生民之所日用，聖人因其日用而致正德之教，使五十者衣帛、七十者食肉之類，皆因厚生而教以正德，器有常制，不苟不侈之類，皆因利用而教以正德。至於《易》，筮而教以正德，五帝三王所以致化之速者，❷因民生日用教之也。周衰，此教隳矣，而況於秦漢而下乎？坤元無所不含藏，豈不甚弘，萬化廣

❶「風霆」，明刻本、四庫本此二字不重出。
❷「致」，四庫本作「教」。

生？「光」言其如日月之光，凡光雖及物而無所思爲，此言坤德以明人心一貫之妙。《易》多言「光」，曰「輝光」，曰「不習無不利，地道光也」，曰「光亨」，曰「光明」，皆所以明道。「品物咸亨」，無非妙者，林林皆妙，職職皆元。「牝馬地類，行地無疆」，牝則乖矣，雖强必疆。臣道妻道，順正而行，柔順而貞，其利無疆，柔而不貞，爲回爲邪，爲諛爲懦，君子不行。君先臣後，夫先妻後，當後而先爲迷，迷爲失道。君爲臣之主，夫爲妻之主，後而得主，利莫不焉。君臣之分、夫婦之序，是爲天秩，是爲天常。坤後爲順，是爲得常。得常則利，失常則害。是常非麤，是常即道，萬世攸行。「西南得朋，乃與類行」，巽離坤兑，皆陰卦也，是爲陰類。東北之卦，乾坎艮震，皆陽類也，故曰「喪朋」，女舍其陰類而從夫之陽，臣舍其私朋而從君之陽，雖失其朋，「乃終有慶」。安正則吉，失正則凶，無非道者，正則爲利爲吉，邪則爲凶，得此道則安則正，正而不安，於道猶失，禹曰「安汝止」。人之本心，是謂道心，本正，正無實體，以不動名，動斯不安，必至失正。妻不安正必凶，臣不安正必凶。地之所以博厚無疆者，以其安正也，寂然不動，非安乎？不動而順，非正乎？惟其安正，是以無疆，即其無疆，知其安正。大抵道之正者，自然廣大，自然無疆，故曰「安貞之吉，應地無疆」。人之安貞，即地之安貞；地之無疆，即人之無疆。三才之名之形不同，三才之道之實同。人之自視其安正，未能與地爲一者，猶未可以言安正也；自視未能與地之無疆相應爲一者，亦未可以言安正也。安貞之吉似言人，應地無疆似言地，而聖人合而言之，正以明三才之一致，亦猶《乾・象》言「首出庶物，萬國咸寧」也。樓尚書曰：「牝馬最貞，既從牡矣，他牡欲犯之，輒踶齧不可近，蓋得之牧者云。」

《象》曰：地勢坤，君子以厚德載物。

地勢在下，其勢卑順，故曰「地勢坤」。君子以德博厚無疆，無所不載，爲物所動者，不足以言載物，不足以言厚德。君子之載物，非作意勉强以順承之也，非作意勉强爲是不動也，君子中虚，心實無疆，無疆則何所不容，何所不載？彼爲物所動者，妄立己私，妄守塊然之意，是塊然者與物爲伍。既已與物爲伍矣，則安得不動？無以順適吾意則動，有以拂亂吾意則動，恐攝疑惑，膠擾阻鬱，千態萬狀，且將爲物所載矣，尚安得而載物乎？君子之厚德，即坤之厚德，有毫髮之異者，終不足以言厚德。

初六，履霜，堅冰至。《象》曰：「履霜堅冰」，或曰衍此「堅冰」字。陰始凝也，馴致其道，至堅冰也。

陽爲君子，陰爲小人；陽爲善，陰爲惡。惡之始萌，戒不可長。涓涓不塞，將成江河。纖纖不伐，將尋斧柯。禹曰「安汝止」，安止則不動，則不萌矣。皋陶曰：「兢兢業業，一日二日萬幾。」幾，微也，念慮之始也。或者謂萬幾萬物，後世多事，尚不至於一二日而有萬事，而況於唐虞之際乎？念慮則有之矣，兢兢業業是爲篤敬，幾有善惡，敬則幾善，不敬則幾惡。智者於履霜而知堅冰之將至，故兢業，愚者則曰未必至此，故卒罹其禍。君子以此治己，以此治人。

六二，直方大，不習无不利。《象》曰：六二之動，直以方也。「不習无不利」，地道光也。

直者，直而已，不曲而已，不必求之遠也。方者，如物之方，不可轉移而已，不必求之遠也。曰「直」曰「方」，皆所以形容道心之言，非有二理也。此道甚大，故曰「直方大」。此道乃人心之所自有，不假修習而得。人之本心，惟有虚名，初無實體，自神自明，自中自正，自直自方，自廣自大，變化云爲，隨處皆妙。《象》辭以動爲言者，惟動乃驗其實。彼學者獨居净處，爲得静止之味者，未足以驗得道之實也，於應酬交錯而自得其妙焉，斯足以驗其實；於應酬萬變而未嘗不直不方者，斯爲得坤之道矣。然則此豈循習之所能到？雖然，道則然矣，不至於得至動之妙，固不足以言得道矣。而有學焉，道雖已明，動雖已妙，雖已著不習之實，而猶有故習，未克頓釋。故孔子十五志學，至三十方立，至四十不惑，五十方知天命，六十方耳順，尚須學習。學者，習此不習之道也。習未精純，雖善未備；精而忘習，斯無不利，至於此則地道在我矣。神用發光，如四時之錯行，如日月之代明，無思無爲，變化皆妙，地道之光如此，人道之光如此。六二正居下卦之中，於是發明坤道之正。

六三，含章可貞，或從王事，无成有終。《象》曰："「含章可貞」，以時發也。「或從王事」，知光大也。

三爲陽，陽有章之象。六爲陰，陰有含藏之象。爻著此象，聖人於是發此義。臣之盡言於君，含章疑其非道，然臣不可以自用，用之者君爾。用臣之言，取臣之章，皆自其君，匪由乎臣，是故，臣道當盡其終，不當專其事。君不可輔則當去，可輔則當順事。雖有忠臣，懷不能自已之心，至於專成犯禮，非易之道也。道心中虛，無體無我，無適無莫，惟義之從。不能含章而喜於出己之長者，己私實作之也，道心不如是也。或者往往疑含章非正，故聖人教之曰「可貞」，貞正也，可者通上下之辭。含章而盡道，即正矣，其有未盡者，故以「可」爲言，此立言之法也。含章亦非專於含藏，時可發則發，未可發則含藏，無意無必無我。「或」之爲言，無必之辭也。無成無終，亦不可也，「無成有終」，臣之道也。天始地終，君始臣終，道之常也。彼己私之不能忘，好自以爲功，自以爲能，往往以「或從」、「無成」爲懾懾卑小，故聖人正之曰此乃所以爲「智光大也」，聖人所以明易之道也。聖人每言「光」，曰堯「光宅天下」，曰文王「耿光」，周公「光於上下」，《易》曰「光大」，曰「光明」，曰「輝光」，曰「君子之光」，皆所以明乎道心，不作乎意，無思無爲，而萬理自昭也。苟失乎此，動乎意，必昏必差。

六四，括囊，无咎无譽。《象》曰：「括囊，无咎」，慎不害也。

含章已爲人情之所難矣，而況於括囊乎？括囊則謹，括而不發，其中未能無己私者，往往多不括，雖知所括，往往不謹，己私中潛，時一突發。易道不如此，道心清明，無體無我。發則發，括則括，何適何莫？時不可發而必欲其取咎也。必括則不發，不發則無譽，此事理之常。彼未能無私意者，往往恥於名譽之不聞，此意一動，又不能括，故聖人又教之曰「無譽」，言乎自無譽也。聖人諄諄，凡以消人之私意，使之從道，使之免禍爾。人之私意殊難克，故教之曰「慎不害也」。上無陽明之君，以六居四，陰而又陰，又無應，括囊之象著矣。

六五，黄裳，元吉。《象》曰：「黄裳，元吉」，文在中也。

黄，中央之土色，故取以明中。衣上裳下，故取裳以明下。五上卦之中，有中象。六陰體，坤體，有下象。中者，道之異名，無偏無倚，非道而何？堯、舜、禹之相傳，惟曰「執中」。明此以南面，堯之所以爲君也；明此以北面，舜、禹、伊、周之所以爲臣也。伊尹、周公知終而終守臣位，道在臣位也。君上臣下，下者臣位也，臣體也。能黄則能裳矣，能中則能下矣。既得中道，心安臣位。然必曰黄曰裳者，合此二字，以明道爲詳也，其吉大矣。大不足以盡之，爲其得道焉，故曰「元吉」。五在他卦有君象，在六四則視五爲非陽明之君，而此六五自發大臣之義。《易》之爲書也屢遷，取象非一，不可執固。《象》曰「文在中也」者，於以明君子之黄裳，非作於外者，由中而發，❶動静云爲，自得中道，自安臣體，皆中心之所爲，無毫髮彊勉飾外之意，言文在中而不在外。文者自然而生，文非可以作而就也。「巧言、令色、足恭」，作也，非文也。曾子與子貢俱入廐，修容。子貢先入，閽者曰：已告矣。及曾子入，卿大夫皆避位，公降一等而揖之。曾子之文自中而子貢之文自外也，雖極其恭敬之意而亦外而非中也。此非訓詁之所能解也，非思爲之所能及也。聖人能啟其端爾，其旨其明，在學者也。

上六，龍戰于野，其血玄黄。《象》曰：「龍戰于野」，其道窮也。

《文言》曰：「陰疑於陽必戰，爲其嫌於無陽也，故稱龍焉。猶未離其類也，故稱血焉。夫玄黄者，天地之雜也。天玄而地黄。」蓋謂陰而至於上六，極其勢，蓋舉天下純終爲陰，幾於不復有陽矣。然陽雖甚微，名分則貴，人心所不可磨滅者猶在也。爲陰者致疑於陽，慮其有變，故戰。當是時，人知有上六而已，復知有陽哉？聖人嫌惡其無陽也，故特稱龍，以著其猶有龍在，以明其猶有君在。人心終不忘其君不可侮也。血陰物也，又稱血以明上六猶未離於臣類。天色玄，地色黄。曰天曰玄，亦嫌於無陽，故稱天稱玄，明其猶有陽也。曰野曰地曰黄，亦以明未離其類，故稱野。曰血，兼著陽陰之俱傷，不獨陽傷也。凡此數義，已明已著，故《文言》不復贅釋。聖人爲此，皆所以折天下無君之心，所以明天下之大道。君君臣臣，道之正也。龍戰之禍，道之窮也。

---

❶「發」，原作「法」，今據明刻本、四庫本改。

用六，利永貞。《象》曰：用六「永貞」，以大終也。

坤之用六，即乾之用九。是道也，在乾則用九，在坤則用六，一也。居九而爲所用，不能用九，故至於亢；居六而爲六所用，不能用六，故至於戰。然則易之道豈可一日不明於天下哉？道心無體，何物驗之？爲臣之失道者必至失正。貞，正也。知爲正者有矣，未必能永於貞也，不永於貞，亦失道也。能貞能永，是爲得道。道心無體，清明永貞，微生己私，即失之矣。得道則利，失道則害。是道也大矣，坤雖位利貞之道，以大終也。止以乾道爲天，不知坤道之即乾者，不足以與此。

《文言》曰：坤至柔而動也剛，至静而德方，後得主而有常，含萬物而化光。坤道其順乎？承天而時行。

坤之爲言，乃道之至順之名。非乾自有乾之道，坤自有坤之道，非六十四卦各自有其道也，一道而殊名，故六十四卦，卦卦皆妙，卦卦皆易。惟其該易之道，故有柔有剛，不偏於一隅。至静而無所爲，而其德方而不可轉易也。有時乎動，動而莫禦，其剛可驗；厚重疑止，不可轉移，其方可驗。曉愚喻昏，始止此證，亦猶《謙·象》曰「天道虧盈而益謙，地道變盈而流謙」。智者通達乾坤一道，雖於坤曰「剛健中正，純粹精也」，亦無不可，何必指事爲驗？乾坤之道，爲臣爲妻，不得此至柔動剛、至静德方之道，則爲臣不盡忠，爲妻不盡正。道心無體，無體可執，非至柔乎？立己私焉，則不柔矣。有體之柔，柔則不剛。無體之剛，剛不可屈，義不可奪，非動剛乎？有體之静，未爲至静，暫静復動；無體之静，斯爲至静，真不動矣。有體之方，亦可摇動；無體之方，不可摇也，真爲方矣。道心無體，隨體而著。「後得主而有常，含萬物而化光。坤道其順乎？承天而時行」，如四時之錯行，如日月之代明。萬物未生，乃含藏於坤道之中。萬物既生，非離於坤也，萬物乃坤之化，物者坤之物，萬者坤之萬也。坤之順即乾之健，坤之承天即乾之統天。坤之生物於春，長物於夏，成物於秋，藏物於冬，時行也，即乾之生物之長物之成物之藏物之時行也，名殊形殊，陰陽之氣殊，而實一也。惟其實一，故陽氣發於地而雪霜降於天，故曰「天地之道，其爲物不貳」，故「其生物不測」，又曰「道並行而不相悖」。譬猶人之目視、耳聽、手執、足行、心思而人一也。❶苟惟不知一，不惟不知乾，亦不知坤。

積善之家，必有餘慶。積不善之家，必有餘殃。臣弑其君，子弑其父，非一朝一夕之故，其所由來者漸矣，由辯之不早辯也。《易》曰「履霜堅冰至」，蓋言順也。

人性至善，無不善者。「孩提之童，無不知愛其親；及其長也，無不知敬其兄」，「乍見孺子將入於井，皆有怵惕惻隱之心」。其見賓客，孰不舉手致敬？人性之善，於此著驗。然而亦有所謂天惡者，何也？其端甚微，始於一念之作爾。禹曰「安汝止，惟幾惟康」，臯陶曰「一日二日萬幾」。「幾者，動之微」，心動之始也。心實無體，常安常止，安止而動，其幾必康；不安止而動，其幾不詳。不安止之動，如水撓濁，不復清明，爲昏爲擾，順流而下，遂至於「惡積而不可掩，罪大而不可解」。然則安得不辨之於早？早者，未動之初也。未動則自清自明，自安自止，無體而發光，至虚而用神，臯陶之所謂「兢兢業業」，孔子之所以「發憤忘食」，顔子之所謂「好學」，皆所以蒙養保護乎此，而非思慮之所及也。其次則「不遠復」，又次則

❶「人一」，明刻本、四庫本作「一人」。

「牽復」，亦危矣，「頻復」大危，亦聖賢之所誡。不克頻復，代日而放，堅冰至矣。直其正也，方其義也。君子敬以直内，義以方外，敬義立而德不孤。「直方大，不習无不利」，則不疑其所行也。

文辭曰「直」，本無虧欠，聖人慮學者直心以往，率意而行，爲無忌憚之中庸，故曰「直其正也」，則不入於邪，非直之外又有正也。文辭曰「方」，本無虧欠，聖人慮學者直方不合宜，故曰「方其義也」，明方非執方而合宜，非執方之外又有義也。直方正義，皆發明此道之異名，非有四者也。聖人又慮學者雖欲直而未能直，故教之以敬，敬則心不放逸自直矣。直者本心，未始不直，未始或曲，惟起意故曲爾。曰「内」曰「外」，姑隨庸衆常情言之。方非直之外復有所謂方也，直心之發，與外物接，應酬交錯，其直不改，故曰「方」也。直心而達於外，不爲事物所轉移，應酬交錯，變化云爲，無非義者，故曰「義以方外」。學者固有道心清明，既直内矣。及乎應物，不無轉移，此猶爲德之未全，故《文言》深明乎方外之義。義者，處事之名。「敬義立」，内外應酬交錯，如四時之錯行，如日月之代明，斯爲盛德，故曰「德不孤」。「直方大」，雖然義不可奪，足以明方，而義又有隨宜中節之理，此孔子所以發揮前言之所未盡。伯夷、柳下惠皆能直内方外矣，能敬能義矣，而於義之中節，猶有未盡，猶未爲盛德也，猶未足以盡大人之至也。此直此方，此敬此義，非由外鑠我也，皆我之所固有，不習而能，不慮而知。習而能、慮而知者，所行必疑阻，終不通達。所行不疑者，如天地之變化，雷霆交作，風雨散施，天地何疑之有？吾亦何疑之有？六通四闢，變化皆妙。無疑起於意，有意則有疑，無意則無疑。無疑之妙，非言語之所及，非心思之所到。或者不察，往往以爲窮高極妙，不可俄而至，此不自知不自信者之所見，不知聖人未嘗彊人之所無也。聖言千萬，皆以明人心之所自有也。

陰雖有美，含之以從王事，弗敢成也。地道也，妻道也，臣道也。地道无成而代有終也。

「無成而代有終」，地道之常也。事理甚明，而有不安於此、越位犯分者，己私主之於中也。大道甚明，私意亂之。

天地變化，草木蕃，天地閉，賢人隱。《易》曰「括囊，无咎无譽」，蓋言謹也。

天地一氣也，一數也，一道也。言時泰通，草木蕃蕪，賢人在位。及時否塞，饑饉荐臻，草木衰滅，賢人在隱，括囊不發。凡此皆大易之變，不可以爲此事且姑避禍耳，非易之道也。事即道，避禍即道，其曰「謹」云者亦道。孔子曰：「誰能出不由户？何莫由斯道也？」

君子黄中通理，正位居體，美在其中，而暢於四支，發於事業，美之至也。

中以釋黄之義也，慮斯義未明，故又曰「通理」。下者臣之正，位下者臣之體。「正位居體」，皆所以釋裳。惟其通理，故能居體，非通理自通理、居體自居體也。道心一而已矣，道心無體，姑立虚名，曰「美」曰「中」，亦皆虚名。微起意，則意有倚，倚則偏，非黄中矣；微起意，則意已動，已在外，非其中矣。中心無他，惟誠惟實，非意自中自正，自卑自恭敬，自有粹然温然之容。「暢於四支，發於事業」，自有黄裳之實矣，夫然後爲美之至也。作意則僞，是故，古之論禮者曰「著誠去僞」。卑恭不出於中誠者，終不足以致吉免咎。

陰疑於陽必戰，爲其嫌於无陽也，故稱「龍」焉。猶未離其類也，故稱「血」焉。夫「玄黄」者，天地之雜也。天玄而地黄。

坤《文言》，略者前已詳，餘可通也。

# 楊氏易傳卷三

宋慈谿楊簡敬仲撰

䷂ 震下坎上

屯，元亨利貞。勿用有攸往，利建侯。

《彖》曰：屯，剛柔始交而難生，動乎險中，大亨貞。雷雨之動滿盈，天造草昧，宜建侯而不寧。

首乾次坤，反對之序也，其又次之屯者何也？六十四卦，錯而置之，如《連山》，如《歸藏》，無不可者。今就《周易》之序而言之，則剛柔始交而尚屯，此其義也。又曰：「有天地，然後萬物生焉。盈天地之間者惟萬物，故受之以屯。屯者，盈也。」此又其義也，無不可者。固執其一者，不足以與論夫易之道。孔子曰「五行四時十二月，還相爲本也」，言其時時皆本也。「五聲六律十二管，還相爲宫也」，言其律律皆宫也。孟子習聞左右皆原之説，而贅曰「逢其原」，則求原於彼。以「逢」爲言，猶未達孔子之旨，猶未達三《易》之旨也。屯者，《易》之屯也。乾、坤不必專言小，乾、坤不必專言先，屯、蒙不必專言後，既濟、未濟即乾、坤也，分本與末者陋。學者爲啟愚昏，或推本而言，聖言之變化也。剛者乾陽也，柔者坤陰也，震者陰陽剛柔之始交，其象甚著也。坎爲險，險爲難。下震上坎，其始交而未通，有屯難焉，又震爲動，動乎險中，猶屯塞而未通，六畫之中，斯象著見，孔子於是發之於《彖》辭。嗚呼！此易之道也，此《易》之屯也。昧者徒見其爲屯難而已，不知其爲易之道也，則何以讀屯之卦？「元亨利貞」，與乾等也。心思之始，屯之元也。心思之始，非思也。子曰「天下何思何慮」，謂此也，不復諄諄於此，故不言也。妙哉屯元！以此處屯則屯通，非亨乎？以此處屯則無不利，非利乎？斯元斯亨斯利，有不貞乎？四言之可也，三言之曰「大亨貞」亦可也。元爲始，爲大，爲善，爲仁，通而言之曰「亨利貞」，皆可也。震雷、坎雨交動而滿盈，大亨貞之時也。大亨非推本始之言也，夫言豈一端而已？乾、坤已詳言之，此則略焉。或者此心之偶昏，不能明照。屯時之未可遽往而攸焉，益屯之道也。聖人作《易》，爲未明者作也，故戒之曰「勿用有攸往」，「建侯」是矣。夫事之所以不濟、物情之所以不通者，未得其人以理之也。得賢人而建爲侯，何事不濟？何屯不亨？苟惟徒理其事，不任其賢，棄本從末，失其道矣。理屯如理絲，固自有其緒，「建侯」其理之緒也，不得其緒，徒擾益亂。「不寧」者，不遑康寧也，堯舜之世，君臣相戒，猶諄諄曰「克艱」，曰「儆戒」，曰「無怠無荒」，曰「兢兢業業」，而況於屯之時乎？此乃孔子發卦辭之所未言。其言「天造草昧」，似言天，繼言「宜建侯而不寧」，似言人，合而言之，亦猶《乾》言「首出庶物，萬國咸寧」、《坤》言「安正之吉，應地無疆」，皆所以明天人之一體、三才之一體。「草」言未齊，「昧」言未明。人情居屯，往往動心，墮於人爲，其造如天，❶則無思

❶「如」，四庫本作「於」。

無爲，而自通天下之故，此元亨利貞之道，此易之道。雖不寧，兢兢業業而不動乎意，如天地四時之變化，如日月之光照。

《象》曰：雲雷，屯。君子以經綸。

雲方布於上，雷方作於下，故有屯滯之象。君子之濟屯也有道焉，經而綸之，舒徐而理之，不理之不可，急亦不可。曰「經綸」，正理屯之道也。是道也，即雲雷之道，其有毫髮未與雲雷爲一者，終未能盡經綸之妙也，終未盡乎易之道也。然則何以能與雲雷爲一？雲雷君子自是一體，三才一體。《大傳》曰「範圍天地」，《中庸》曰「聖人之道，發育萬物」。人心無體，至善至神，至明至廣大。其曰「範圍天地」、「發育萬物」，非聖人獨有之而衆人無之也，聖人先覺我心之所同然耳。

初九，盤桓，利居貞，利建侯。《象》曰：雖「盤桓」，志行正也。以貴下賤，大得民也。

初九有盤桓不進之象。昧者盤桓，往往怠忽。初九陽明非昧者，故其志未嘗不正，苟惟不正，取禍之道也，何以濟屯？「居貞」者，言止可靜而居正，未可動而行正。《象》曰「志行正」者，明持志可行正，而事未可行正也。事雖未可遽行，而亦利建侯焉，恐人謂一切不可行，故曰「利建侯」。卦爻辭重復者，於此不可已也。陽爲貴，陰爲賤。初九居羣陰之下，有以貴下賤之象。以貴下賤，大得民心。屯之初，雖未可遽有所爲，而建侯之外，又利於以貴下賤。孔子於是，發文辭之所未言。

六二，屯如邅如，乘馬班如。匪寇婚媾。女子貞不字，十年乃字。《象》曰：六二之難，乘剛也。「十年乃字」，反常也。

諸爻皆屯，惟六二屯而屯者，乘初九之剛也。乘馬班如而不進，不得行也。陰陽之物，往往多合。初、二相比，初有求二之想，而六二守正，視爲初寇，不與寇爲婚媾。雖九五之正應，屯塞未合，終不與寇而失正。如女子終守貞節，不肯妄從人自育，雖十年之久，不變焉。然天下無終屯之理，數之極必變，屯之極必通，故曰「十年乃字」，言其終得九五正應合也。「反常」者，女子二十而嫁，常也，無更待十年之理。今也有難義，當反常慮，或者執二十之常禮，惑六二之貞心，故孔子明反常之義，以破後人之疑。聖人立言垂訓，凡以解人心之惑爾。人心無惑，則易道自在人心。千變萬化，無可言者。《易》書取象，初無定論。初九本爻自善，自六二觀之則初有寇象。

六三，即鹿無虞，惟入于林中。君子幾，不如舍，往吝。《象》曰：「即鹿無虞」，以從禽也。君子舍之，往吝窮也。

大抵初與四爲應，二與五爲應，三與上爲應。何爲乎相應也？重卦故也。初八卦而已，卦三畫而已，及其重之，則上卦之四即下卦之初也，上卦之五即下卦之二也，上卦之上即下卦之上也，惟類同故有應之象。然一陰一陽則相應，兩陰不相應，兩陽不相應。此六三與上六，兩陰也，故無相應之象，而有「即鹿無虞」之象。古者山澤有虞，得虞人則可以即禽。今即鹿而無虞，則惟入於林中而已，不能獲禽也。君子於此，不如舍之而不即。不舍而往，致吝之道也，不得鹿而已，未爲凶也，故止於吝。無虞則心知其難矣，而漫往，有不改過之吝。《象》曰「以從禽」者，夫無虞而即鹿者，心在乎禽，爲禽所蔽，雖無虞猶漫往，不省其不可也。動於利禄，不由道而漫往求者如之，君子則舍之，往則吝則窮也。將以求通，反得窮焉，所以破人心之惑也。二爲陽，動又不中，有動必失道之象。毛義夫云："邅從言，無去音，鱣邅從水，汗邅邅然。"

六四，乘馬班如，求婚媾，往吉，无不利。《象》曰："求而往，明也。"

「乘馬班如」，如班列然不行，屯之象也。曰「往」，言六四不可不決於此而先往焉。夫初九之求我爲婚媾也，然後往則吉無不利矣。俟求而後往者，惟明者能之。人心之急於婚媾者，多不待求而先往，故孔子於此贊言求而往之爲明，所以誘掖人之良心，使之自貴而無輕動也。以六居四，皆陰，有至靜不先動之象。

九五，屯其膏，小貞吉，大貞凶。《象》曰："「屯其膏」，施未光也。"

九五而屯，爲屯其膏之象焉。膏澤欲其博大，不欲其屯嗇。若其居位卑小者行之，如有司出納之吝，則義當屯吝，故正故吉。若大人者行之，如人君之施澤而乃屯焉，雖其事出於正，猶爲凶也。謂如今時頒賜軍賞從厚，無功而厚賞，甚無謂也，若減削之，不爲不正，然不可行也，行之必凶。若此類，是謂大者雖貞亦凶。大者之施，不可不光，不光不足以盡大者之道，故曰「施未光也」。夫天下事理，惟其稱而已矣，當大而小與當小而大，皆非。

上六，乘馬班如，泣血漣如。《象》曰："「泣血漣如」，何可長也？"

上六重陰不中，爲屯之極，有陰闇失道之象，故至於「泣血漣如」。天下有不可處之事，易窮則變，變則通，自有道焉，豈可憂愁無聊賴如此其甚？顏子居陋巷而樂，孔子遭厄而絃歌不輟，亦終於脫難。如文王之囚於羑里，文王亦豈無聊至於此極哉？雖不幸而至於死，痛裂慘極，亦氣血之變化爾，亦何至於泣血漣如？彼昏者因物有遷，執物深固，故至此也。「何可長」者，言何可長如此也，非告語之所可及，惟深憫之，亦覬其變也，變則庶乎通矣。

䷃ 坎下艮上

蒙，亨。匪我求童蒙，童蒙求我。初筮告，再三瀆，瀆則不告。利貞。

《彖》曰：蒙，山下有險，險而止，蒙。「蒙，亨」，以亨行時中也。「匪我求童蒙，童蒙求我」，志應也。「初筮告」，以剛中也。「再三瀆，瀆則不告」，瀆蒙也。蒙以養正，聖功也。

艮爲山爲止，坎爲險。此卦上艮下坎，是謂「山下有險」。❶因險而止，不知所之，是謂蒙。孰知夫山非山，險非險？何阻之有？何蒙之有？所謂不蒙者，非能高舉遐遯，不寄天地之間，離處事物之外也。明者知其無非道，蒙者見其無非物，無非蔽。物非蔽我，我自蔽物爾。孔子曰「無聲之樂，日聞四方」，達於此則不蒙矣。又曰「天有四時，春秋冬夏，風雨霜露，無非教也」，達於此則不蒙矣。又曰「哀樂相生，正明目視之，不可得而見也，傾耳而聽之，不可得而聞也」，夫哀樂必有聲必有狀，而孔子曰不可見不可聞，何也？達於此則不蒙矣。何必此？雖近之事親事長、忠信孝弟、視聽言動、起居飲食，達於此則不蒙

---

❶「山」，原作「上」，今據《彖》辭改。

矣。忠信孝弟，若至易曉也，起居飲食，若無可言者，而必曰達乎此則不蒙者，蓋人之知此者寡矣。終年説是説非，説晝説夜，而其實不然者，往往所至而是。然則何以謂之不蒙？孔子曰：「二三子以我爲隱乎？吾無隱乎爾。吾無行而不與二三子者，是丘也。」孔子如此明白以示矣，信此者謂之不蒙。而尚謂孔子不明告者，是之謂蒙。蓋亨則行無不通，通是亨，不可以言論，不可以意推，不可加一毫，不可損一毫，無所倚，無所黨，平平蕩蕩，不學而能，不慮而知，動容周旋，喜怒心思，變化云爲，不可度思，是謂「時中」。無時而不中，中不可能。自神自明，自信自覺，不可以語人。非不可以語人，言之不盡，語之莫知。明者深念蒙者之性，至善至靈至神，特不自覺自信，致此蔽塞，甚念啟告之也。然亦不敢無故而彊告之，必待蒙者求我而後告者，欲其志應也，志不相向，雖明告之不聽。童有順聽之象。筮者如卜筮然，竭精盡誠而聽，而況於初乎？如此而求於我者，則當告之。蓋以初筮之心，剛堅中誠，誠確無他，澄然不動，無偏無畔。是剛中之心，即道心也。特未明爾，易於啟發，故當告。一告即發則善，告而不問，發之再三，其機已失，其意已亂，違道遠矣，非剛中之心也，煩瀆而已，故不當告。若又告之，是又告者反瀆蒙者，益亂益昏，無濟也。其曰「利貞」，何也？至哉聖言！所以啟佑萬世，何其妙也，蓋曰蒙無所利，獨利於貞。貞，正也。正者，夫人之所知，初不高遠，初不幽深，事親而已，事長而已，忠信與物而已，視聽言動而已。人不自覺，雖習聞其説，習學其事，終未足以盡正之實者，非説之可解，非意之所習。不習不知，變化云爲。不習不知之謂蒙，以不習不知養之，是謂作聖人功。蒙不言元，非不可以言元也，聖言偶不及之爾。蒙即元也，餘卦皆通，通乎一也。

《象》曰：山下出泉，蒙。君子以果行育德。

蒙有昏蒙之義，有無思無慮養正之義，有蒙稚之義。上艮下坎，出泉之象，於是發蒙微使達之。德性之所自有，不假復求，順而達之，無不善者。有行實焉，則德性得所養矣。果者實之謂，是謂行得，是謂德行，行虧則亦能使德昏。德性無體，本無所動，本不磨滅，如夜光之珠，泥沙混之，失其明矣；如水然，不混濁之，則水性不失矣。順本正之性而達，是謂「果行」，果所以育德。

初六，發蒙，利用刑人，用説桎梏，以往吝。《象》曰：「利用刑人」，以正法也。

發蒙之初，即宜刑人以脱其桎梏。在足曰桎，在手曰梏。人之昏蒙，自囚自束，意狀切類之，蓋亦自無如之何矣。儻不於發蒙之始，痛掃除之，則厥後桎梏愈固，不復能改，故曰「以往吝」，有不改過之意。《象》曰「以正法也」者，以，用也，用正法以刑之也。有正法而後知人之不善而刑之。如我無正法，我猶未免於桎梏，安能脱人之桎梏？天下之以桎梏爲美而好之者，多矣。使皆知桎梏之爲桎梏，則亦豈肯自囚自束？則舉天下皆不蒙矣，皆聰明睿智矣。惟其不知故蒙，故誤認非爲是，誤認惡爲美，自處桎梏之中。惟明者深知人之性本善本明，因何以蔽，因何而蒙，蔽在某處，病在某處。因其蔽處病所而刑之，則桎梏可脱，是謂以正法刑人，每歎以邪法刑人、益人之桎梏者多矣。爲人上者以不正之法刑人而欲人之正，爲人師者以不正之法教人而欲人之明，是謂以其昏昏，使人昭昭。蓋有人心自正而反阻之遏之，人心不正而反進之導之。自三代衰，正法不行，以蒙治蒙，以亂治亂，往往而是。所賴人有常性，終不磨滅也。

九二，包蒙吉，納婦吉，子克家。《象》曰：「子克家」，剛柔接也。

九二陽明，六五陰蒙。以下發上，體爲不順。而九二居下卦之中，中，道也。有得道之象焉，則能包蒙者也。包藏其用，不露其迹，如孟子之事君，順而啟之，如此者吉。若直攻君之蒙，後世稱忠，古道無取。「納婦」者，所以詳明包蒙、順協之意，如納婦焉則吉。婦蒙子明，故子克家。父子分，雖嚴而不爲甚嚴，又情親，故子可以克家。《象》曰「剛柔接」者，言乎必情親至協則可，不然則亦難也。凡下明上蒙者，必其情如父子之親，亦皆有信其父子之誠而後可。

六三，勿用取女。見金夫，不有躬，无攸利。《象》曰：「勿用取女」，行不順也。

金夫，九二之象。女，六三之象。以六居三，三爲陽，動又不中，不中爲失道之象。三與二非正應，而坎水就下，故有「見金夫，不有躬」之象。以陰求陽，以昏求明，其心雖求親於我，而失其道焉，我不可受。夫天下惟有此道而已矣，得則吉，失則凶，得則利，失則害。彼以蒙求，則其事雖善，而其間有以非道而來，君子猶不可受，故不曰以蒙求，而取以女求夫、不有躬之義，蓋謂以蒙求明則正，以女求夫則不正。孟子不答滕更，其求不以其道也。《象》曰「行不順也」，凡以罪其不順而已。

六四，困蒙，吝。《象》曰：「困蒙」之吝，獨遠實也。

六陰，四又陰，蒙闇之甚，自以爲是，不應乎陽明，故爲「困蒙」爲「吝」。夫蒙闇者之自安於蒙，不以蒙爲美也，惟以蔽焉。安於所好，溺於所嗜，自以爲好嗜者爲實，❶不知其不實也。何謂實？惟道爲實，萬

❶ 上「爲」，明刻本、四庫本作「所」。

物皆變，惟道不變。禍福毀譽靡定，然則惟道爲實，明者得道。四遠乎二，遠乎實也。聖人憫之故云。諸陰皆應陽，獨四不應，故曰「獨」。

六五，童蒙，吉。《象》曰：「童蒙」之吉，順以巽也。

六五雖陰而未明，而能應九二陽明之至，柔順而聽，如童然，故吉。

上九，繫蒙。不利爲寇，利禦寇。《象》曰：利用禦寇，上下順也。

昏蒙之甚，至於此極，則惟有繫而已矣。夫不得已而至於繫，則豈動於私意而治之大過哉？繫者，繫其蒙而已矣。彼爲蒙爲寇，悖道大甚，則治之亦不得不甚。然治之雖甚，不過禦其爲寇者而已，去其悖道之心而已。苟因其繫蒙，因其禦寇而繫之，又至於大甚，而我反失乎道，是繫之者又爲寇也，故戒之曰「不利爲寇，利禦寇」。自其昏蒙之極、悖道之甚，我不得已，以道繫之，則不過私，上下當靡然順服，不惟輿論咸順，而蒙者當亦順聽而心服。夫由道而行，其效如此。

# 楊氏易傳卷四

宋慈谿楊簡敬仲撰

䷄ 乾下坎上

需，有孚，光亨，貞吉。利涉大川。

《彖》曰：需，須也。險在前也，剛健而不陷，其義不困窮矣。需，「有孚，光亨，貞吉」，位乎天位，以正中也。「利涉大川」，往有功也。

坎險在前，健剛而能需待，不陷乎塗中，其義不困窮矣。剛健者多不能需而遽往，則陷乎險。剛健而能需者，得乎道故也。曰「有孚，光亨，貞吉」者，其象著乎九五之一爻。五爲天位，又正中也。孔子曰：「天之所助者順也，人之所助者信也。」人非不助順，大抵人情以誠信爲切，需待乎彼，正與人情交，故首言「有孚」。我有需待乎彼，而彼孚信乎我，則得所需矣，則亨矣。其亨也光，如日月之光，無思無爲，自無所不照，人情於需待，於得所需，能不動心，今如光焉，寂然不動，如是而亨，是爲「光亨」，聖人善於明道如此。需而孚，光亨而不失其正，故吉，亦有人情相孚，其亨通如光之無所思爲，而或不出乎正者，亦未爲全吉。需而有孚光亨，必得位乃孚乃亨。乾，天也。下卦乾而有天象。人咸謂位者人之位，不知其爲天位也，知其皆天道而非人，則無思無爲而光亨矣。曰「正」，曰「中」，曰「孚」，曰「光亨」，皆所以共明斯道，非有異義也，一也。「利涉大川」，言有孚、光亨、正吉，則雖大險可濟矣，往必有功也。此承上文，非利涉大川別有義也。需者易之需也，險者易之險也，剛健而不陷，易之剛健不陷也，有孚、光亨、貞吉而利涉，又易之有孚、光亨、貞吉、利涉也。曰屯，曰蒙，曰需，苟曰此人事物情而已，非易道之至也，則不足以讀《易》。

《象》曰：雲上於天，需。君子以飲食宴樂。

雲者，坎水之升。雲上於天而未雨，有需待之象焉。君子所以飲食宴樂者，宴非自飲食也，與衆人共之也。人情之所需者，飲食爲急，朝夕之所需，未及此，故大《象》發之。夫飲食之微，何聖人作《易》而取此？嗚呼大哉！易道何所不在？何所不通？何精何麤？何大何小？學者其無謂飲食至微，非易之道。達之者，羞盛味，獻酬厭飫，如天地之變化，如四時之錯行，不可度思，矧可射思。

初九，需于郊，利用恒，无咎。《象》曰：「需于郊」，不犯難行也。「利用恒，无咎」，未失常也。

初九遠於險矣。「郊」者，遠之爲言也。「需於郊」，不犯險難而行矣。能恒久于此則無咎，恒久于此，或疑久固，恐失常道，故聖人未失常也。人情喜動而惡静，能暫不能久，此皆放逸之常態。易道不在遠，在乎人心不放逸而已矣。

九二，需于沙，小有言，終吉。《象》曰：「需于沙」，衍在中也。雖「小有言」，以吉終也。

九二稍近于險矣，故曰「于沙」。言九二居中，有得其道之象，故亦未嘗進而需焉。偶其所處稍近險，非好進而是近險也，故雖「小有言」而「終吉」。「衍在中」者，言九二胸中，寬衍平夷。初不以進動其心，亦不以小言動其心，夫如是終吉，以九二得其道故也。❶

九三，需于泥，致寇至。《象》曰：「需于泥」，災在外也。自我「致寇」，敬慎不敗也。

坎險在前故需，諸爻以遠險爲善。初於郊「無咎」，二於沙「小有言」，三於泥則迫險矣，故曰「致寇至」。雖然，三猶未入險中，災猶在外。「自我致寇」則寇至，我不致之則寇亦不至，故曰「敬慎不敗也」。甚矣夫人心之神也，雖處迫險之地，致寇則寇至，不致寇則寇不至。《詩》曰「自東自西，自南自北，無思不服」，服其心也。心爲善則祥至，爲不善則殃至。慢藏則盜至，冶容則淫至。諺云「禍不入慎者之門」，正謂此。

六四，需于血，出自穴。《象》曰：「需于血」，順以聽也。

人皆欲進，三陽自下而進，而六四以一陰當其前，其傷必矣。血，陰物，傷象。六四入險而傷，然不言吉凶，何也？能需而退聽，「出自穴」故也。易之爲道，無所不通，雖如四之入險而傷，其處之亦有道。六與四皆柔，故有順聽之象。

九五，需于酒食，貞吉。《象》曰：「酒食貞吉」，以中正也。

---

❶ 「以」上，明刻本、四庫本有「終吉」二字。

酒食，自養之象也。爻辭多取象。大《象》「君子以飲食宴樂」，則直言其事，非取象。九五，君象。人君之治天下，不在求之他求之外，惟求諸己而已矣。自養，求諸己也。貞，正也。自養正德以需之，庶政咸熙矣。中正，道之異名也，即正德也，《象》曰「以正中」，一也。學者或巧致其辨而通乎道，内明心通之士無取焉。

上六，入于穴，有不速之客三人來，敬之終吉。《象》曰：不速之客來，「敬之終吉」，雖不當位，未大失也。❶

大抵天下之事，理極則變。需之極則得所需之變，故不曰需而曰「入於穴」。六陰穴有小之象。三陽需於下，勢終必進，故有「不速之客三人來」之象。陽，君子之象。上六入於穴，已得所去，而三陽又至，非上六之所欲也，猶不召而客自至。速，猶召也，《禮》或作「宿」，謂於一宿之前致請也，或作「肅」，謂起敬以延之使入也，此作「速」，謂導之使速入也，音同義亦畧同。聖人於此知小人之勢已安不可去，因以教小人，使其敬君子，則小人亦終吉。如恃其勢之已安，不敬君子，則小人悖道大甚，必有凶矣。小人位當居下，今居上，德不當位，若能敬君子，亦未爲大失也。然筮者事情無窮，亦不可執一論。六十四卦、三百八十四爻，皆不可執一論。又曰「穴」者所安也，泛言事情，不必專指君子小人。我已得所安而有不速之客至，不速自至，雖不當賓客之位，未大失也，敬之終吉。若責其小過，或致忿争之禍。爝火不息，或至燎原。或實有客，或比象生義，皆不可執一論。

---

❶ 「大失」，原作「失大」，今據明刻本、四庫本乙正。

䷅ 坎下乾上

訟，有孚，窒惕。中吉，終凶。利見大人。不利涉大川。

《彖》曰：訟，上剛下險，險而健，訟。訟，「有孚，窒惕，中吉」，剛來而得中也。「終凶」，訟不可成也。「利見大人」，尚中正也。「不利涉大川」，入于淵也。

訟之爲卦，上乾剛，下坎險。在上者其勢自可以行，故用剛，而下則無勢之可行，不得以用夫剛，故用險。訟之本乾，亦爲健。險而不健，未必成訟。既險又健，訟於是成。夫人惟自信其直而人不信之也，而有窒焉，故或可訟。如以詐而已矣，則安可訟也？訟非善者，惟惕惟懼，勿過而中則吉。《彖》曰剛實而來險中，剛實，孚信也。二陰揜其外，窒也。居下卦之中，得中也。訟而能中，必惕必懼。「終凶」者，訟不可終成也。訟非君子之事，有變通不得已而訟，勿終焉可也。得已而不已，終凶之道也。「利見大人，尚中正也」，中正，訟者之所求也，不遇大人，則中正者禍，險詐者勝，亂之道也。履正道而後可濟險難也，不以正道而欲以訟濟之，愈險愈陷之道也。「入於淵」，言其入險愈深，不可出也。

《象》曰：天與水違行，訟。君子以作事謀始。

天行乎上，水流乎下，其行相違，訟之象也。君子深念夫訟之不韙也，作事謀謹其始焉。興訟之端，其始甚微，始之不謀，輕慍遽怒，施報滋甚，故成於訟。於其始謀之，微也已之，則不難矣。

初六，不永所事，小有言，終吉。《象》曰：「不永所事」，訟不可長也。雖「小有言」，其辯明也。

訟之初不深也，有不永所事之象。訟之初未深，小有言而已。既不永其事，故終吉。能不永所事，終足致吉，雖小有言，其是非之辨已明，人皆知之，不必與競也。人之所以訟者，爲其己直而見屈於彼也。今曰是非之辨自明，則可以不訟矣。聖人善解人心之蔽如此。

九二，不克訟，歸而逋，其邑人三百户，无眚。《象》曰：「不克訟」，歸逋竄也。自下訟上，患至掇也。

爻發九二之善義，《象》發九二之不善義，唯聖人之所發明。二五皆剛，其所以不克訟者，自下訟上，大不順也，勢不能也，故歸而逋竄。致患如掇取，言其至易也。歸逋之邑，惟三百之邑，小矣，故可免眚。如其邑大，則彼將不釋。古皆國邑，非如後世郡縣。二爲陰退，有歸之象。

六三，食舊德，貞厲，終吉。或從王事，无成。《象》曰：「食舊德」，從上吉也。

三應於上，以柔從剛，非訟者也，故不訟。訟之時，君臣之際，尤宜慎謹。「食舊德」，舊禄也，度德受禄，故曰「舊德」，言食則知爲禄。退食舊禄，不敢進也。此在他時則非正，在訟時則正，故曰「貞」。何爲乎不去？已在中勢未可去，亦在其義尚可留也。然居訟之時終爲厲，六三處之有道，故「終吉」。亦非無所爲也，「或從王事」，不敢專成。若夫臨九二未順君命，❶則亦可以專成。易之道惟其時而已矣，無定論也，訟之六三，以從爲吉。易之爲道，豈執方之士所能學哉！

---

❶ 「九二」，原作「九三」，今據臨卦九二《象》辭改。

九四，不克訟，復即命渝，安貞吉。《象》曰：「復即命渝，安貞」，不失也。

九四與初六應，雖在訟時，無終訟之象。九剛四柔，有始訟終退之象。人惟不安於命，故欲以人力爭訟，今不訟而即於命，變而安於貞，吉之道也。渝，變也。始訟，始不即命不安正，雖爲失道，今不克訟，復即命，變而安貞，則今不失也。道不遠人，人以私意行之，故失，去其私意，則道在我矣，何遠之有？何難之有？

九五，訟，元吉。《象》曰：「訟元吉」，以中正也。

訟誠不美，然天下之事變，不可得而必，如舜之誅四凶，禹之征有苗，湯、武之征伐，周公之誅管、蔡，孔子之誅少正卯，皆訟之元吉。聖人行之，無非道者。元即乾元坤元之道也，其爲吉大矣。《象》曰「以中正也」，中正，道之異名。或曰五爲聽訟之大人，既妄增「聽」字。又卦《象》已發其義矣，乃贅乎？

上九，或錫之鞶帶，終朝三褫之。《象》曰：以訟受服，亦不足敬也。

六三以柔應之，有錫鞶帶之象。訟不可終，上九過中失道，終訟而勝，獲鞶帶之錫焉。人心不服也，故「終朝三褫」。聖人慮訟勝者以受助其私意，故言三褫，著人心之不服，又曰「以訟受服，亦不足敬」，皆所以遏人欲，明正道也。

☵☷ 坎下坤上

師，貞，丈人吉，无咎。

《彖》曰：師，衆也。貞，正也。能以衆正，可以王矣。剛中而應，行險而順，以此毒天下，而民從之，吉又何咎矣。

「師，衆也。貞，正也」，用衆之道，正而已矣。正者，易之道。天地之道，日月四時之道，鬼神之道，人之道，其名不同，其實則一。於師卦曰「貞」，貞則人心服，失此則人心離以困也。能用衆而皆正，可以王矣。天下皆歸之，何者？天下無二道故也。正道，丈人之道也。丈人，尊者之稱，天下之所尊敬之人也。《詩》云「自西自東，自南自北，無思不服」，服其正也，合乎天下之所同然者故也。不得天下之所同然者，何以用其衆？何以致吉與無咎？吉則成功，無咎則人不怨咎。雖成功而有怨咎者，周衰秦漢而下往往而是。《彖》詳言丈人之道，曰「剛中而應」，發九二之象也，「行險而順」，發上下二卦之象也。剛則物莫能動，中則無偏無黨，❶剛中二言，皆所以明此道，非有二物也。此道合乎人心，故人咸應之。用師征伐，非平夷之事，故曰「行險」，非奸險之險也。「行險而順」，行乎險中而得其道故也。行險而順之道，即剛中而應之道也，發明之言不同，而道無不同，以此毒天下而民咸從之矣，吉矣，無咎矣。丈人強力而兼行乎此，丈人行人心之所同然而無不應也，是以謂大易之道。

《象》曰：地中有水，師。君子以容民畜衆。

水行地中，有以容之則聚。鑿一井則水聚一井，鑿十井則水聚十井，一井不鑿焉，則一井之水亦不

❶「則」，原作「德」，今據四庫本改。

聚，此無他，無以容之，無由而聚也，是以君子「容民畜衆」。師，衆也。不特行師，其臨民亦然，民亦衆也，豈有居上不寬，量不容衆，而人心悦而服之者乎？此又易之道也。卦《象》未發此義，於《大象》發之。

初六，師出以律，否臧凶。《象》曰：「師出以律」，失律凶也。

行師之道，用律爲急，臧，善也，苟不善於用則凶，此古今行師之定論，斷不可易。以是知聖人聰明睿智，無所不通，至於兵法，亦深識其要。自古善用兵者，惟得此不敗，不得此，雖善用兵，亦有時乎敗。如李廣，如薛萬徹，非不善用兵，以其失律，故終於敗。《書》云「不愆于四伐、五伐、六伐、七伐，乃止齊焉」，所以用律也，兵家常談，惟整者勝，此斷斷不易之論，此易之道也。莊子曰「順爲臧，逆爲否」，蓋謂逆則不臧矣。「否臧」，不臧也。用律而不善，與無律同。

九二，在師中，吉，无咎，王三錫命。《象》曰：「在師中吉」，承天寵也。「王三錫命」，懷萬邦也。

一陽五陰，則五陰歸一陽，一陽爲主，師、比是也。一陰五陽，則五陽歸一陰，一陰爲主，同人、大有是也。大抵陰與陽其情相得，《革》之「二女同居」而「不相得」者，皆陰故也。今五陰盡應九二之一陽，則九二爲主。九二，臣也，而人心咸歸之，殊非人臣之所宜，惟在師之中爲將帥則吉。羣陰咸應者，士咸應也，何不可之有？「王三錫命」，所以推誠盡禮於將臣也。君心不篤，將亦難於受命，奸譖一行，首領不保，何以成功？《象》曰「在師中吉，承天寵」者，言行師不出於私，出於公，有大惡亂倫虐民，衆心共怒，是爲天命殛之，❶是謂

❶「爲」，明刻本、四庫本作「謂」。

「承天寵」，此明衆咸應之道也。《象》辭亦有補爻辭之所未言者，此之謂也。「王三錫命，懷萬邦也」者，此亦補爻辭之所未言。王者之所以三錫命於將臣者，志不在殺也，所以懷受萬邦也。彼惡大焉，或亂倫焉，或虐民焉，屢諭莫從，故命將征之。征者，正其不正。鋤剗亂弱，所以安衆也，故曰「懷萬邦也」。慮或者不明「三錫」之義，疑其志於殺也，故特明之。

六三，師或輿尸，凶。《象》曰：「師或輿尸」，大无功也。

輿，衆也。尸，主也。行師之法，權歸一將，使衆主之，凶之道也。《象》曰「大無功也」，甚言其不可。衆所不一，必無成功。九二既作帥，六三居二之上，有權不歸一之象。

六四，師左次，无咎。《象》曰：「左次无咎」，未失常也。

六陰，四又所處偏，有「左次」之象。無知者以前進爲快爲榮，以左次爲恥爲辱。知者不然，惟其宜而已矣。殺人非君子之心，則左次固其所安也，未爲失常道也。齊桓伐楚而次於陘，《春秋》之所與也。

六五，田有禽，利執言，无咎。長子帥師，弟子輿尸，貞凶。《象》曰：「長子帥師」，以中行也。「弟子輿尸」，使不當也。

田所以養人也，而有禽焉害稼，則義當去其害稼之禽。「執言」，執其害稼之罪以爲言，聲罪而征之，使天下之不正者咸懼。若無辭可執，徒以私意欲征之，則不惟敵國怨咎，舉天下皆怨咎之矣。義理所在，人心之所同也。「長子帥師」，非獨指長子，凡任而爲帥者，即長子之謂也。行師事權，必出於一而後可濟，若使弟子衆主之，雖所任弟子賢亦不可，故曰「貞凶」，言雖正亦凶。此義六三已發之，而又言於此，行師大利害，自古通患，故特重復言之。《象》又曰「長子帥師，以中行也」，中者，道之異名，言權統於帥，乃由中正之道而行也。「弟子輿尸」，是人不當也，非易之道也。

上六，大君有命，開國承家，小人勿用。《象》曰：「大君有命」，以正功也。「小人勿用」，必亂邦也。

師之終功成，「大君有命」，所以賞功也。「正功」，言賞必當功，不可差失也。「開國」，封之爲諸侯，「承家」，以爲卿大夫也。開國承家之始，其初不可用小人也。於此始言「勿用」者，因此賞功原其始也。用小人爲將帥，幸而成功，則難於不賞，使之開國承家，則害及民，必亂邦也，豈聖人君國子民之大道？去一害民者，又用一害民者，以亂易亂，必不可。後世雜霸之説興，逆取順守之説興，有曰用得其道則天下徂詐咸作使，此非君子之言也。用一詐者，天下之詐心咸興；用一小人，天下小人心咸肆。「行一不義，殺一不辜而得天下」，君子斷不爲也。用師而用詐，取勝於目前，貽禍於後日，其應如響。自有正兵之法可用，諸葛亮以正兵，李靖以正兵，二子之善用兵，諸將無及。後世之爲將者，胡不用此而獨以詐歟？二子之用正不用詐，君子之所與也，易之道也。

# 楊氏易傳卷五

宋慈谿楊簡敬仲撰

䷇ 坤下坎上

比，吉。原筮，元永貞，无咎。不寧方來，後夫凶。

《彖》曰：比，吉也；比，輔也，下順從也。「原筮，元永貞，无咎」，以剛中也。「不寧方來」，上下應也。「後夫凶」，其道窮也。

比即吉，何以知比之即吉也？比，輔也，人相比輔，何爲乎不吉？下情順從，何爲乎不吉？比道常謹其初。原，初也。筮者精誠而求之，其初竭誠而求元善永正之主而比之，則他日必無怨咎。不正而求，不可親也，未有不正而禍不及之者。「元永貞」之德，剛中之德也。剛足以立，物莫之遷，中無所偏，静正不動，非元善乎？元，大也，非大乎？中正如此，非貞乎？夫惟以人欲爲正，故莫能永兹正也，非作於人欲，静正無我，物莫遷動，有不永乎？有元永正之德，則不寧者皆以方來。自東自西，自南自北，無不咸來，其獨後而不服者凶矣，神之所共惡。彼有道而我不服之，是違道也。衆咸服乎彼而我獨不服，是違衆也。違衆反道，是謂之「道窮」。

《象》曰：地上有水，比。先王以建萬國，親諸侯。

水由地中行，則各得其所，水在地上，則散漫無統。先王雖聖智，不能以一人兼治四海之民，故必屬而理之，萬國於是乎建，是王者親比諸侯，侯各親比其民，民各附其所統屬矣。後世之郡縣，亦古之萬國，惟不擇賢久任，故治苟且，民失其安，風俗益壞，藩籬不固。遵易道而行，無一夫不被堯舜之澤矣。自古先已建萬國，故稱「先王」。

初六，有孚比之，无咎。有孚盈缶，終來有他吉。《象》曰：比之初六，有他吉也。

天下萬事，惟初心爲正，相比之道亦然，人心未始不正，人心未始不忠信，則此忠信之心，未始不明，貞其初發，自然忠信。忠信謂之有孚，即此初心，孚信而比之，自無不明，必無咎。苟不自其初心，轉而遷之，委曲不直，則不忠不信，以此比人，安能免咎？怨尤信矣。「有孚比之，無咎」，此言其大略也。有能即此初心之孚，純一無間，無少虧闕，如盈缶然，則不止於無咎而已。「終來有他吉」，雖不可預定其爲何吉，而其必致吉也昭昭矣，即初可以占終，即本可以知末。道在邇，即此未起意，象之初正而無失，雖聖人之道，無能外此，其吉可勝言哉？《象》曰「比之初六，有他吉也」，惟初有之，失其初則否。

六二，比之自内，貞吉。《象》曰：「比之自内」，不自失也。

人情多比近而違遠。近未必正，不可以其近而加親。正雖在遠，不可以其遠而不親。孔子曰：「愛衆而親仁。」所親比者，不可不於正。六比近皆陰邪，不可與比，二居中，中正之人也。中正之人，不與陰邪合，近舍陰邪，内心自上，親於九五，自比於貞正，故吉。人心自明，逐外則昏。《乾》曰「自强」，《謙》曰「自牧」，《復》曰「自知」，《頤》曰「自養」，《晉》曰「自昭明德」，《比》曰「不自失」，皆所以明人心之自靈自明也。二居内卦之中，故有内象。上卦亦曰外卦，下卦亦曰内卦。

六三，比之匪人。《象》曰：「比之匪人」，不亦傷乎！

六三所比，上下皆陰，陰爲小人，陽爲君子，故有「比之匪人」之象。《象》曰「比之匪人，不亦傷乎」，豈有親比非其人而不及於禍者乎？親正人必吉，親匪人必凶，此萬古不易之道。《象》辭要其終而言之，知其必傷也。

六四，外比之，貞吉。《象》曰：外比於賢，以從上也。

四與初同類，今不應乎初，而外比乎九五之賢，貞也，故吉。夫天下之道，惟其正而已矣。由乎正者吉，失乎正者凶。舍其私黨，從乎公正，易之道也。上，明其惟九五也，五居四上。

九五，顯比，王用三驅，失前禽。邑人不誡，吉。《象》曰：顯比之吉，位中正也。舍逆取順，「失前禽」也。「邑人不誡」，上使中也。

人羣處於天地之間，勢不容不相比。彼此之相比，上下之相比，皆爲有道焉。九五爲比主，顯著相比之道。如何而顯之也？君臣也，父子也，長幼也，夫婦也，朋友之交也，此其大倫也。而其顯比之道，不可勝窮，不可勝言，一言以蔽之，曰中正而已矣。凡中正之道，皆相比之道也。有一不於中正，人心即離，即失其心。而九五又得尊位以行之，此其所以能顯比也。王用三面驅禽，闕其一面。順我者取之，逆我者舍之。前禽雖失，不彊取也。止於三驅，不敢强人之必我從也。中正之道，固人心之所同。其有姦宄頗僻不比於我，亦不彊，亦中正之道也。禹征有苗，聞伯益至誠感神之言而遽班師，❶失前禽也，卒之七旬有苗格者，中正之道，自足以感之也。致邑人初不待諄諄誠諭而自化於中正之道者，上之人行中正之道，自能使邑人中正也。中即正，上已言中正，此省文也。中與正皆道之異名，言中亦可，言正亦可，并言中正亦可，隨宜而言。

上六，比之无首，凶。《象》曰：「比之无首」，无所終也。

由初而比之，其比也誠。比不於其初，及終而始求比，不忠不信，人所不與，凶之道也。首，初也。有始則有終，無始何以能終？故曰「無所終也」。卦已言「後夫凶」，《象》又明之，此又言之者，比之無首，實人道之大禍。占筮觀六爻之變，故上六復發此義。

䷈ 乾下巽上

小畜，亨。密雲不雨，自我西郊。

《象》曰：小畜，柔得位而上下應之，曰小畜。健而巽，剛中而志行，乃「亨」。「密雲不雨」，尚往也。「自我西

❶「聞」，四庫本作「因」。

郊」，施未行也。

畜有包畜之義。昔者齊景公問於晏子，晏子正言而忠告之，至巽順也，景公大悦，召大師作君臣相悦之樂，其詩曰「畜君何尤」，則知畜有包畜之義爾，經傳亦多此義。《易》有大畜、小畜。陽爲大，陰爲小。今小畜之卦，六四以柔得近君之位，而上下諸陽皆應之，是以小畜大，以臣畜君，故曰「小畜」。小畜之卦，有亨之道焉。何以知其能亨也？下乾上巽，有健而巽之象。二五皆剛中，四得位而上下皆應，故志行，故有剛中志行之象。惟健巽剛中而又志行，故能亨也。不健則不能有爲，不巽則犯難以行，剛以明其有實德，實德至剛而未嘗動，中亦明其實德，實德無偏無倚。曰「健」曰「巽」曰「剛」曰「中」，皆道德之殊名，非果有四者之殊體也，猶曰白曰瑩温潤，皆言一玉；曰黄曰堅曰聲，皆言一金。合健巽剛中之四言，而小畜之道始明，而後小可以畜大，臣可以畜君，而又必得位而志行而後能亨。古者固有雖備聖人之德而不得位，雖得位而君臣之間未深相知，則志亦難行。如伊尹之於太甲，其始不可謂之亨，及太甲翻然而悟，誠然改過，則伊尹之志於是方行，故爲亨。天未大雷電以風成，王未執書以泣，則周公之志終不可謂之行，終不可謂小畜之亨。夫陰陽之氣相包畜，絪緼和暢而爲雨。今「密雲不雨」，是畜猶未通。曰「尚往也」者，往猶去也，猶過去也，言其未通也。密雲不雨而徒自在乎西郊。西，陰方，臣之象也。陰陽未通和，未雨，則澤未施于下。

《象》曰：風行天上，小畜。君子以懿文德。

天可謂尊高矣，而風行其上者，風無形而至柔也。剛爲人，柔爲小。天下之以小畜大者，惟以柔德。

文爲柔德，武爲剛德，懿者尤其盡善盡美之稱。柔勝剛，弱勝强，而况於用柔德而又盡善盡美乎？此易道之見於小畜者然也。

初九，復自道，何其咎，吉。《象》曰：「復自道」，其義吉也。

人之本心即道，故曰「道心」。孔子曰：「心之精神是謂聖。」孟子曰：「仁，人心也。」某年三十有二而省此心之即道，至此爻益驗。大人以道事君，於其初也而復之，是於思慮未作之初而安也。禹曰「安汝止」。人之本心，自神自明，自不動，自即道，故曰「復自道」。此雖有復之名，初無復之實，是謂不復之復。復卦謂之「敦復」，不動之復也。如此則何咎之有？又有吉焉，象吉矣，何患吉之不至？此甚言此義之善。

九二，牽復，吉。《象》曰：「牽復」在中，亦不自失也。

不能復君於初，至於過失已形，牽而復之，不可謂自道矣。牽有難復之象，然已復矣，亦吉。《象》「牽復在中，亦不自失也」，不獨君臣，凡小畜大同。

九三，輿説輻，夫妻反目。《象》曰：「夫妻反目」，不能正室也。

《大畜》九二「輿説輻」者，特不行耳，未害也，此説輻則車壞矣。復之不於其初，次又不能牽復，至於過失益深而力諫，上不能堪，爲乖爲離。是夫妻反目，不復能正室矣。

六四，有孚，血去惕出，无咎。《象》曰：有孚惕出，上合志也。

六四至柔，又巽體，畜君而柔巽，故君臣相信而和，無傷無惕無咎。陰陽自有相得之象，六四九五，志合心同，六四畜之得其道也。夫人臣進言於君，所以至於乖忤者，往往由臣未能無私，或好名好己勝，不與上合志，故乖忤也。《書》云：「爾有嘉謀嘉猷，則入告爾后于內，爾乃順之于外，曰斯謀斯猷，惟我后之德。」臣畜君如此，何乖忤之有？《象》曰「上合志也」者，旨哉言乎！

九五，有孚攣如，富以其鄰。《象》曰：「有孚攣如」，不獨富也。

此爻九五，乃人臣居大臣之位，知六四之賢，與之同心協力以畜其君者，故曰「有孚攣如」。大臣居權勢，靡好爵，與四共天位，食天禄，以事其上，是猶富而能用其鄰者，以能推財於鄰，「不獨富」也。

上九，既雨既處，尚德載，婦貞厲。月幾望，君子征凶。《象》曰：「既雨既處」，德積載也。「君子征凶」，有所疑也。

上九居卦之終，有畜而終通之象。通則和而成雨，既通既和，則當止處，不可更進，惟尚以德承載其上。臣有畜君之道，婦無畜夫之禮。❶以婦畜夫，雖正亦厲。牝雞之晨，終焉家索，終不順，恐生別禍，故曰「厲」。以小畜大，至於上九，如月幾望，陰氣之盛，復加則凶，雖以君子而征亦凶。征者，往也。《象》曰「德積載」者，明畜通之後，雖不可復至其畜，尚以德承載其上，而德載不可以少怠，平居事至，是人臣以道事君，復君於道之時，當積累致德，不可已也。人臣惟平居不能以道事君，故至於牽復、説輻、反目也。又曰「君子征凶，有所疑也」者，既畜而通矣，而又往致其畜，則犯矣，非其道也。「有所疑」，疑其不順也。《坤》上六曰「陰疑於陽」，亦此疑也，凶道也。

❶「無」，原作「有」，今據明刻本、四庫本改。

䷉ 兑下 乾上

履虎尾，不咥人，亨。

《彖》曰：履，柔履剛也。説而應乎乾，是以「履虎尾，不咥人，亨」。剛中正，履帝位而不疚，光明也。

履之爲言行也。人行乎世，得其道則無往不利，失其道則無往而利。得其道，則「履虎尾，不咥人」也；不得其道，雖履平地，猶傷其足。履之道，何道也？柔而已。世之言柔者多矣，而能柔者寡。何爲乎寡也？有己私焉，立我於中，不能柔也。雖知柔爲善而行之，及物觸之己私突發，柔變而爲剛矣。夫天下之難制者唯剛，而柔履之，惟得道者爲能柔也。以一卦觀之，則六三以一陰柔而五陽咸應，柔履剛之象也。以上下卦觀之，兑説而應上之乾剛，「履虎尾，不咥人」象也。和説亦柔道也，履乾剛而不見咥傷，亦可謂妙矣，可謂亨矣，乃一本乎和柔。柔勝剛，弱勝强，天下莫柔弱於水，而反堅强者莫之能先；又莫柔乎風，風無形而發大屋、折大木，柔之卒勝其剛如此。熟觀天下萬事，惟柔爲勝。若夫用剛則必中而無所偏倚，必正而不入於邪，又履帝位君體則爲宜，斯能無疚病，惟光明者乃能之。光明者内心光明，是爲道心，是爲聰明睿智。然則用剛之難如此，雖然，夫道一而已矣。道心無體，本無剛柔。即此本有無體之心而行之，而旁觀者自曰柔曰剛，是謂不識不知，順帝之則；無體無方，神不可測。剛柔異名，其道則一。得其一者，自無不宜，如日月之光，無所思爲而萬物畢照。道心光明，不動乎意，知柔知剛。舜光天之下，文王耿光於上下，《易》曰「光大」，曰「明」，曰「輝光」，曰「君子之光」，《詩》曰「昭明有融」，皆所以發明大道。此惟道心内明者自覺自信，未覺者必疑，通者自知。

《象》曰：上天下澤，履。君子以辯上下、定民志。

人之行皆欲前進，其能静退者有幾？聖人於是發上天下澤之象，發辨上下、定民志之道。上下有章，貴賤有等，天秩之序也。致其辨焉，使上者安於上，下者安於下，則民志定矣。彼老氏謂禮爲「忠信之薄，亂之首」，則安能治天下國家？老氏窺本見根，不覩枝葉，不見宗廟之美、百官之富。習乎道家之學，未學乎《易》者也。孔子大聖，猶曰「五十而後學《易》，可以無大過」，易道之未易遽學如此。蓋天下之變化無窮，情僞萬狀，而欲動中機會，變化云爲，無非典禮，誠非一於清虚浄寂者之所能盡識也。樓尚書曰：地在下矣，澤又下於地，故天下之最下者莫如澤。

初九，素履，往无咎。《象》曰：「素履」之往，獨行願也。

素履，貧賤之所履也。以素履往，由貧賤而行，不願乎其外，故曰「獨行願也」，此得乎易之道也。人心即大易之道，自神自明，私欲蔽之，始昏始亂。「獨行願」者，自行其心也。孔子曰「心之精神是謂聖」，深明此心之即道也。明此心者自寂然，自變化，自無外慕。素有質義，有本義。人無生而貴者，則其本初固在下也，固未有華飾也。

九二，履道坦坦，幽人貞吉。《象》曰：「幽人貞吉」，中不自亂也。

九二居中爲道，於是乎明履道。人行乎世，道甚坦坦，無疑無阻，而人自亂者，因物有遷，作好作惡，自昏自亂。胸中擾擾矣，豈能幽哉？「幽人貞吉」，幽人之心無以異於擾擾者之心。心自無體，自清明，自寂然不動，視聽言動心思，皆其變化。彼昏者自不明，自擾擾，自爲繆亂爾。幽人不昏，故中不自亂。不自亂由己，非外取其道也。其曰「貞」者正也，正者道之異名，又足以明非「小人無忌憚」之中庸也。彼無忌憚之中庸，昏人近之矣。昏人不能自明貞正之旨，故入於無忌憚。孔子七十而從心所欲不踰矩，幽人之貞也。

六三，眇能視，跛能履。履虎尾，咥人凶。武人爲于大君。《象》曰：「眇能視」，不足以有明也。「跛能履」，不足以與行也。「咥人」之凶，位不當也。「武人爲于大君」，志剛也。

六三以陰闇小弱之資，而居下卦之上，才德不足以當位而强有爲焉，是眇而視，實不足以有明；跛而履，實不足以有行。不量力妄進如此，是履虎尾，其致咥人之凶也可必。雖然，使武人用此以爲於大君，則不爲凶。何則？戰陣必勇，己質雖不堪，奮而進乃合正道。「大君」，天子也。征伐當自天子出，武人用之則正，他人用之則非，是謂變易之道。

九四，履虎尾，愬愬，終吉。《象》曰：「愬愬終吉」，志行也。

九四居近君之位而體剛焉，「履虎尾」之象也。而四有柔之象也，有能懼愬愬之象，故終吉。愬愬非志也，終吉則志行矣。大抵天下之理，欲者不得，不欲者得。六三欲志行，故不得志行。九四志不行，故終於志行。六三柔而好剛，九四剛而能柔，此吉凶之所以相反。

九五，夬履，貞厲。《象》曰：「夬履，貞厲」，位正當也。

君體雖剛，而有用剛之道。乾曰用九，言其必有以用夫九，不可爲九所用。用九，用剛也。徒以居崇高之位，爲勢位所轉移，謂天下莫己若，與奪自我，威福自我，自用自專，以夬決爲履，雖不失正，危厲也。以堯舜大聖而舍己從人，以神禹而拜昌言，苟胸中未能洞然無我，必偏必蔽，而況於夬決爲履乎？此無他，以位爲己之位。正當其位，故不虛也，豈中正光明之道邪？黄屋非堯心，舜視棄天下如敝屣，禹有天下而不與，豈以位爲己有！

上九，視履考祥，其旋元吉。《象》曰：「元吉在上」，大有慶也。

上九爻凶吉未定，故聖人發其義曰：視其所履而考吉凶之祥，則其能旋反者獲元吉。上九應六三，亦有旋反之象。但乾體居上，未必果能旋反。何謂旋？人心逐逐乎外，惟能旋者則復此心矣，豈不大哉？孔子曰：「心之精神是謂聖。」孟子曰：「仁，人心也。」某自弱冠而聞先訓，啟道德之端，自是靜思力索者十餘年，至三十有二而聞象山先生之言，忽省此心之清明，神用變化，不可度思，始信此心之即道，深念人多外馳，不一反觀，一反觀，忽識此心即道在我矣。《象》曰「元吉在上，有大慶」者，蓋謂上者履之極盛，居卦之外，擾擾萬物，不勝其多，今也能於極上擾擾之中，而自得旋反之妙。舜禹有天下，勞勤萬物而曰「不與焉」者，在上而旋也。孔子十五志學，三十而立，四十而不惑，五十而知天命，而曰「吾有知乎哉？無知也」，是在上而旋也。是旋非心思之所及，非上行之可到，非進退之可言，如四時之錯行，如日月之代明，豈小者之道哉？故《象》曰「元吉在上，大有慶也」。

# 楊氏易傳卷六

宋慈谿楊簡敬仲撰

䷊ 乾下坤上

泰，小往大來，吉，亨。

《彖》曰：泰，「小往大來，吉，亨」，則是天地交而萬物通也，上下交而其志同也。內陽而外陰，內健而外順，內君子而外小人。君子道長，小人道消也。

陽爲大爲君子，陰爲小爲小人。三陰往而居外，三陽來而居內，道之正也。道之正者，爲和，爲同，爲宜，爲治，爲泰，爲吉亨。道之不正者，爲不和，爲不同，爲失宜，爲亂，爲否，爲凶蹇。故夫天氣下降，地氣上騰，二氣交和而萬物泰通，此道之正者。內陽外陰，於時爲生育；於氣血爲安和；於德爲內健外順而宜，內健中不可屈，外順無忤於物，與色厲內荏之小人異矣；於政爲內君子外小人而治，內君子，君子道長，外小人，小人道消。聖人不能使天下無小人，不使居內亂正，其道消而已。凡此無非道之正者，此特言其大略耳。若夫詳言，凡正之類奚勝窮？大抵正無不利，邪無不害，人道謹諸此而已矣。

《象》曰：天地交，泰。后以財成天地之道，輔相天地之宜，以左右民。

當天地交和泰通之時，元后亦何所爲哉？財成輔相以左右斯民而已。財，裁也。裁成天地之道，若置閏定時、掘地決川、烈焚山澤之類，加人力以裁成之也。輔相天地之宜，若賓日餞月順四時之序而平秩之、順十有二土之宜而蕃毓之之類，順其所宜而輔相之也。裁成輔相，則三才之氣順正協敘，順正協敘，則和育蕃昌，故夫財成輔相，皆所以左右民，使得其所。民性自善自中，惟左右之，使飢寒不切其身，不拂亂其性，又以五禮防其僞而導之中，以五刑防其過而協於中，凡此皆所以左之右之。堯「匡之直之，輔之翼之」，知民性之本善，故左右而養之。後世不知民性之本善，無禮樂刑政以左右之，三才之氣，乖亂凶災，饑饉洊臻，民困窮無告，又立法以利，導民之私欲，以亂法導亂民，及民抵冒肆犯，則又曰民頑不可訓，遂傷殘之，又輕重不當，爲善者未必免，爲惡者未必刑，罪重者得輕刑，罪輕者得重刑，民益亂不知所爲，盡胥而爲惡，皆由不知民性本善，不左右之而困之，又直擾害之故也。

初九，拔茅茹以其彙，征吉。《象》曰：「拔茅」、「征吉」，志在外也。

善人自有善人之類，惡人自有惡人之類。爲善不同，同歸於治；爲惡不同，同歸於亂。善與善親，惡與惡親，不假納約，不召而應，何也？善人知善人之必我與，❶惡人知善人之必不我與。「水流濕，火就燥」，「同聲相應，同氣相求」，故君子小人率不相能。君子之不與小人，非私乎己也，小人爲不正，爲利爲

❶ 「之」，明刻本、四庫本無此字，下一「之」字同。

亂，義不得不遠之也。小人之不與君子，非心惡之也，知其非吾類，必不我與，非己之利，故必去之也。彙，類也。拔茅連茹，牽連而至，三陽以類而進之象。初九，君子之類也。泰之時，天下有道，君子之類當進。征，進也。《象》曰「志在外」，志於出，不於處也。孔子曰「邦有道，貧且賤焉，恥也」，此道之正也。君子由正道而行，無私乎己之心也。以私乎己之心而往者，小人也。

九二，包荒，用馮河，不遐遺，朋亡。得尚于中行。《象》曰：「包荒」，「得尚于中行」，以光大也。

大哉，九二之道也。惟賢知賢，拔茅茹在九二不必言，九二大賢，學之荒者，疑在所棄，今九二則包之。何以包之也？人有常性，本善本正，因物有遷，斯昏斯亂。荒者不協於極而已，猶未罹於咎，君子當包受之，寬以教養之，則天下之善心無不興起，可以使人皆有士君子之行。「馮河」者，勇進直前、無所畏懦之象。謹畏不敢發，君子之常德。然而泰之時，上下交而其志同，君子居内而道長，小人居外而道消，三陽並進，羣賢畢集，九二又得位，於斯時也，苟猶畏懦不敢輕發，則斯民何所賴？至治何由致哉？用馮河所以發破君子畏懦之蔽，啟以變通，大有爲之道也。遐，遠也。遠者人情易以遺忘，才力之所不逮。今九二不遺遐遠，舟車所至，人力所通，睿智周之，光被無外。朋者所親也，朋亡則不止於所親，雖所不知，凡一言之善，一事之能，尚皆用之，而況於以賢人吉士稱者乎！「包荒，用馮河，不遐遺，朋亡」，九二備此四德，得道之上。尚，上也。得乎道之全，非其小者也，然此亦非於常性之外復有所進也。雖大聖與下愚，其常性則同，賢者智者，自過之而失其中，不肖者愚者，自不及而失其中。九二之道，自上賢小智觀，則謂之大，自道觀之，則中行而已矣，中無實體。賢者智者，未能忘意，不意乎彼，則意乎此，不彼不此，又意乎中，皆有所倚，非中也。中者，無思無慮、無偏無倚之虚名，非訓詁之所到。曰「光大」者，乃言其道心光明，如日月之光，無所思爲而萬物畢照。道心無我，虚明洞照萬理，苟未至於如日月之光明，必有私有意有我，必有蔽惑。惟曰中而不曰正者，中正雖無二道，而世之秉正者，未必能中虚無我也。

九三，无平不陂，无往不復，艱貞无咎。勿恤其孚，于食有福。《象》曰：「无往不復」，天地際也。

有平必有陂，有往必有復，無有平而不陂者，無有往而不復者。小者雖往，他日將復，今雖治平，後將陷陂，消息盈虚，勢不可止，然亦有道焉，克艱克正，亦可無咎。勿用憂恤，此理之可信者。「於食有福」，禄之可保也。食，禄食之謂。所患在我之失道爾，道以放逸而失，以艱正而得，未有得乎道而致禍者。《象》曰「無往不復，天地際也」，天地陰陽消長之際則然，不言人道，明亦可以艱貞致福也。《大傳》曰：「天地設位，聖人成能。」蓋道可以通乎造化，消禍敗，補天地之不足，有如此之神用，於是爻見之。

六四，翩翩，不富以其鄰，不戒以孚。《象》曰：「翩翩，不富」，皆失實也。「不戒以孚」，中心願也。

翩翩，羣衆皆來之象。夫惟富乃能用其鄰，六四陰虚不富，而乃能以其鄰者，小人同類，皆失勢位，皆欲復來，以其中心之所願，故不待約而自孚應。聖人於此，明著小人之情以教君子。又因「不富」之辭而發之曰「皆失實也」。謂富爲實，小人之情也，聖人不然。小人昏迷，自不知本性之善，爲失實也。此聖人之微旨，惟明者知之也。

六五，帝乙歸妹，以祉元吉。《象》曰：「以祉元吉」，中以行願也。

帝王之女，不嫁公侯，自古有之。曰「帝乙」者，豈歸妹之禮至帝乙而明備乎？六五謙柔中虚，以用九二之大賢，亦猶帝女下嫁。謙虚用賢，必獲元吉。言「祉」明吉之盛象。曰「中以行願」者，明六五非利於此而勉爲謙降也，六五得道焉，中者道之異名，蓋其心所願，自爾謙虚，所謂謙虚者即道也，故曰「中以行願也」。得道者非於心外得之，心即道也，孔子曰「心之精神是謂聖」。

上六，城復于隍，勿用師，自邑告命，貞吝。《象》曰：「城復于隍」，其命亂也。

城隍，塹也。城圮而復於隍，世亂至此，勿復用師，徒驅亂民置之死地，不然則前徒倒戈矣，用師適足以促其禍，至此已不可收拾。於大亂不可收拾之中，聖人亦略致其誨，庶其小支，曰姑「自邑告命」，言姑自近極之，雖出於貞正，猶終恐不免於吝。吝者，文過。亂亡之君，難於扶持。孟子曰：「不仁者可與言哉？安其危而利其災，樂其所以亡者。不仁而可與言，則何亡國敗家之有！」垂亡之君，有能翻然悔悟己過，不復文飾，暴白己過，誠心改更，則亦可感動國人。人之愛敬其君，天下之所同也。此以誠感，彼以誠應。所患亂亡之君，往往終於文過。天命無常，惟人所召。人道亂則天命亂，曰「其命亂也」。古書多以己所居邑曰「邑」，王率割邑，「商邑翼翼，四方之極」，盤庚「不常厥邑」，周公「作新大邑」，皆謂己邑。

䷋ 坤下乾上

否之匪人，不利君子貞，大往小來。

《象》曰：「否之匪人，不利君子貞，大往小來」，則是天地不交而萬物不通也，上下不交而天下无邦也，内陰而外陽，内柔而外剛，内小人而外君子，小人道長，君子道消也。

泰不曰匪人而否匪人者，時進匪人，既已否矣，故「不利君子貞」。然則君子當退，而憂世不已之君子，猶進説不已，是謂彊聒，必取干時之禍。聖人誨之曰「否之匪人，不利君子貞」，欲使君子知否之自天而非人，則君子無所用其力。孔子曰：「天下有道則見，無道則隱。」彼彊聒不已之君子，雖忠而非義。大易之道不然，道必無我，如太虚，如天地，如四時之錯行，「可以仕則仕，可以止則止，可以久則久，可以速則速」，窮則行於家，達則行於天下，一也。陽爲大爲君子，當居内，今乃往而居外；陰爲小爲小人，當居外，今乃來而居内，非上下交之道。故凡不正之類，爲不交，爲不通，爲無邦。人君生長乎富貴崇高之中，難乎盡知治亂之情狀，聖人於是告之曰上下不交即爲無邦，庶乎因上下之情不交，知所警而圖也。中德宜剛而不屈，今乃外剛以忤物；外禮宜柔而與物，今乃内柔而懾懦，失道之正，皆此類也。餘已見泰卦。

《象》曰：天地不交，否。君子以儉德辟難，不可榮以禄。

君子退處無禄而不儉，則無以供其用，勢必至於求禄，困窮迫之，其志亂矣。卦辭已明「不利君子貞」，《象》又言「君子道消」，此又言「儉德辟難」，又曰「不可榮以禄」者，人情好進惡退，好奢惡儉，意之難忘也，故聖人諄復言之。

初六，拔茅茹以其彙，貞吉，亨。《象》曰：「拔茅」、「貞吉」，志在君也。

《泰》初曰「征」，此曰「貞」，則知此不當征當退，泰當征不當退，其道一也。《象》曰「志在君」者，明君子之志，非怨而忘乎君也，志未嘗不在君，君不見用，故退爾。常情居否多憂鬱，惟有道者，其心未嘗不亨通。言「亨」明道，於二亦言「亨」。

六二，包承。小人吉，大人否亨。《象》曰：「大人否亨」，不亂羣也。

否則君子當去，而此猶曰「包承」。小人吉」者，事亦有勢，未得遽去，則當包承。小人者之事其上也，包而不敢露，承而不敢拂，故吉。此亦君子處否之道，若夫大人則於否而能亨，蓋大人之道大，睿智無方，自有變化之妙，不包承而能亨，包承則亂羣矣。大人否亨，則不亂羣。

六三，包羞。《象》曰：「包羞」，位不當也。

君子中亦有小人。六二得中，君子也，故曰「包承」。至於六三，德不如六二而位益高，舍正而從邪，羞有愧於中，故曰「包羞」。《象》曰「位不當」者，德不足以當位故也，是謂君子中之小人，自古此類良多。

九四，有命，无咎。疇離祉。《象》曰：「有命无咎」，志行也。

日中則昃，天下事理，過中則變。《乾》四曰「乃革」，《泰》四曰「翩翩」，言小人之類，至《否》四又言大者復來，「疇離祉」者，内外上下之際，皆附離其祉，言可連茹而來也。《象》曰「志行也」，言志已行則可，苟先時而干進，君未有命而遽出，必有志未行而彊欲行。咎者，君子尤之，小人怨之。

九五，休否，大人吉。其亡其亡，繫于苞桑。《象》曰：「大人」之「吉」，位正當也。

休息否禍，惟大人則吉，非大人則否，亦未易休。大人得道大全，每發皆中，故能止亂，不然則「休否」者未能皆中乎道，則亂難止。「其亡其亡」，恐懼惑慮之言。桑根最盛，苞桑，叢生之桑，其根愈盛愈固。「繫于苞桑」，慎固之象。使君臣皆若是，則可使永無否。《象》曰「大人之吉，位正當也」者，言有大人之道而不居正當之位，則權不自已，亦無大功。

上九，傾否。先否後喜。《象》曰：否終則傾，何可長也？此疑有闕，程《傳》、《本義》亦有餘旨。

䷌ 離下乾上

同人于野，亨，利涉大川，利君子貞。

《象》曰：同人，柔得位得中而應乎乾，曰同人。同人曰「同人于野，亨，利涉大川」，乾行也。文明以健，中正而應，君子正也。唯君子爲能通天下之志。

與人和同之道，必以柔行之，則和同矣。柔而不得位，則無勢，亦不能行。既柔又得位而不得中焉，爲不得道，則人心亦不服。中者，道之異名也。柔矣，得位矣，得中矣，而又應乎乾。乾者，剛健之勢，或剛健之德，猶相應而和同可知矣，故曰同人。至於「同人曰『同人於野，亨，利涉大川』」，則乾行矣。人君之事，人臣不得而與，故首特異其辭曰「同人曰」。「野」者，廣莫之象。「同人於野」，則無所不同。始爲亨通，始可以涉大川，濟險難，此乃乾體之所行，非人臣之事，人臣豈能致如此廣大之事業？何謂君子之貞？言乎文爲條理、光輝著見之謂文，言乎辨析洞照無蔽之謂明，言乎日應萬變、不屈不息之謂健，言乎無思無爲、無偏無倚之謂中，言乎正而無邪之謂正，言乎交際泛應之謂應。道心無體，神用無方，文、明、健、中、正、應，非實有此六者之殊，形容君子之正道，有此六者之言，其實一也，亦猶曰白曰瑩曰潤，皆言一玉，曰黄曰剛曰聲，皆言一金。「惟君子爲能通天下之志」者，人心一而已矣。心即道，孔子曰：「心之精神是謂聖。」聖人先覺，衆人不覺爾。以明照昏，以一知萬，如水鑑中之萬象。不勞思慮而毫髮無遁者，此心自明自神，自無所不通故也。庸人非不能通，惟昏故不通爾。柔得位得中應乾，六二上應乾卦之象，離文明，乾健，二五中正而應。觀乎卦之六畫，而卦辭《彖》辭可覩矣，六十四卦皆然。

《象》曰：天與火，同人。君子以類族辨物。

天與火同於陽，同於上，而「君子以類族辨物」者，異中之同也，使一於混同，族不復類，則婚姻無别，物不復辨，則上下無章，名分大亂。得其道者，雖異而同；失其道者，雖同而異。

初九，同人于門，无咎。《象》曰：出門同人，又誰咎也？

初九，初出門之象。同人於門，不偏不私，故人無咎之者。

六二，同人于宗，吝。《象》曰：「同人于宗」，吝道也。

同人之道，惡其偏私。六二正應九五，有於宗之象。止同其宗人，亦不廣矣，故吝。吝有小狹之義。孔子曰：「誰能出不由户，何莫由斯道？」《坤》上六曰「其道窮也」，此曰「吝道也」。百姓日用而不知，故昏故亂故吝，一日覺之則廣矣大矣。六十四卦、三百八十四爻，一也。

九三，伏戎于莽，升其高陵，三歲不興。《象》曰：「伏戎于莽」，敵剛也。「三歲不興」，安行也。

陰陽自有相親之象。九三之情在六二，欲有之，恐九四之來也，故敵之。莽之地卑下，三之象。九四在上，高陵之象。九三與六二，非正應也，非正應而私之，非其道矣。失道而又敵剛，未有能濟者。「三歲不興」，安能行也？六二不必謂果有其人，但言九三之所欲者是已。

九四，乘其墉，弗克攻，吉。《象》曰：「乘其墉」，義弗克也。其吉，則困而反則也。

九四之陽，志亦在乎六二之陰，而亦非正應，又九三間之，故乘墉而攻。四居三上，有乘墉攻下之象。然以九居四，始剛終柔，故有「弗克攻」之象。其弗克攻，乃以非正應，非義而往，人心不從，鬼神不祐，自弗克也。雖非本心，然既弗攻矣，其事反於典則矣，亦吉。「困而反則」者尚能獲吉，而況於誠心反則者乎？六二不必謂果有其人，但言九四之所欲者是已。三與四皆以私欲失同人之道。

九五，同人，先號咷而後笑，大師克相遇。《象》曰：同人之先，以中直也。「大師」相遇，言相克也。

九五、六二爲正應，三而與四間之，故「先號咷」。九五之中心，自以義直，故號咷也。義之直者，天下之所與，人之所助，而況於以九五之利勢行之乎？三、四爲間，必用大師克之，方能與六二相遇，故後笑，此亦理勢之自然也。九三「三歲不興」，九四義「弗克攻」，唯九五能用兵師克之而卒獲相遇者，九五之義正直故也。大師而後相遇，言必相克而後遇也。得正直之道者，其莫能遏抑如此。

上九，同人于郊，无悔。《象》曰：「同人于郊」，志未得也。

郊者，遠外之地。上九處一卦之外，「同人於郊」，雖無三、四之争，亦無九五號咷相克之難，亦無悔尤，志亦未爲得也。蓋道心之神，雖與萬衆應酬，如天地之變化，風雨散潤，日月照臨，四時錯行，自得亨通之道，斯爲得矣。居遠外，避悔咎，未爲同人之大道。

䷍ 乾下離上

大有，元亨。

《彖》曰：大有，柔得尊位，大中而上下應之，曰大有。其德剛健而文明，應乎天而時行，是以「元亨」。

大有、同人，皆五陽一陰。同人柔得位得中而應，而大有則得尊位大中而上下皆應之。夫與人必柔，剛則忤物，此古今之常情，不可違者，故二卦皆用柔尊位，則勢之所行者廣。中，一也，安得有大小之異？而《同人》止曰「得中」，《大有》則曰「大中」，何也？中無大小，人有大小。賢人之中，無作好，無作惡，無偏無陂，無反無側。聖人之中，亦無以異於賢人之中，而剛健如天，文明如天，如日月之代明，如四時之錯行，變化正大，則非賢人之所及也，是謂「大中」。賢非無剛健文明之德，不爲事物所遷移，即剛健也，發諸文爲條理不亂，緝熙光明，物莫之蔽，即文明也，惟聖人盡之，賢者未盡，故大中之道，惟聖人可以當之。孔子曰：「古之有天下者必聖人。」六五柔得尊位，王者之事，聖人之事，故曰「大中」。以聖人之道，居至人之位，又以其道行之，其上下無不心説誠服而應之矣，故曰「大有」。人君之有天下，非有其土而已，有其人也。有其人者，有其心也。有剛健文明之德，而有毫髮不與天爲一，是爲不應乎天。應乎天矣，而文爲舉措，有一不能隨時而適宜，則猶未盡大中之道。曰「剛健」，曰「文明」，曰「應乎天」，曰「時行」，非果有若是不同之實也。人心自善，人心自靈，人心自明，人心自神，人心自備衆德萬善，自與天地無二，自有變化隨時中節之妙，特聖人不失其全，賢者猶未精一未全，故不同。聖人盡此大中之全，故「元亨」。元者，大中之本。亨者，大中之亨通。

《象》曰：火在天上，大有。君子以遏惡揚善，順天休命。

「柔得尊位，大中而上下應之」，可謂天之休命矣。君子何以順之？善者天之心也，惡者非天之心也。惡不遏則亂，則民被其毒；善不揚則正道不行，民不被其澤。治亂安危之機，在善惡揚遏之間而已。火在天上，明照萬物，有別白善惡之象，以是知遏惡揚善，天道也，卦中自著此象。

初九，无交害。匪咎，艱則无咎。《象》曰：大有初九，「无交害」也。

大有之時，聖君在上，四方咸仰。初九雖在下，亦當出而交。當出而交而不交則害者，害道也，害吾之德也。當入而出爲疏動，當出而入爲固避，皆非正道，聖人誨之曰出而交匪爲咎也，克謹艱則無咎。《象》曰「大有初九，無交害也」，謂在大有之時則害，在初時則未必害也。《乾》初則貴「潛」，《需》初則貴其「不犯難」，《履》初則貴其「獨行」，惟《大有》之初則貴其「交」也。

九二，大車以載，有攸往，无咎。《象》曰：「大車以載」，積中不敗也。

此人臣之大有也。有人臣大有之德，方能成人臣大有之業。臣之事君，如車載物。大車則無所不載，豈惟無所不載而已，亦可載之而往，言車力之有餘。德之大者，無所不備，無所不濟，泛應曲當，通行而無礙，必無咎。九二陽剛中正，有大車之象。「積中不敗」者，言厚積物於車中，車不敗損，猶大德無所不堪任也。若德之小者，得其一，失其二，得其二、三，失其六、七，難乎免於人之咎尤矣。

九三，公用亨于天子，小人弗克。《象》曰：「公用亨於天子」，小人害也。

《左傳》曰：「公用亨天子。」❶三居下卦之上，是人臣而居高位爲公。公者道德全備之稱，公即能敬亨於天子。❷小人無德而居此，往往多爲亂。

九四，匪其彭，无咎。《象》曰：「匪其彭，无咎」，明辨晢也。

九四居近君之位，事謙柔之君，而已乃陽剛之體，殊不順也，宜謹宜敬，無使彭大，見諸事狀，則免咎矣。非明者豈能辨晢事宜如此？往往迷於勢利，必取禍而後已。九四入離卦，有明象。

六五，厥孚交如，威如，吉。《象》曰：「厥孚交如」，信以發志也。「威如」之吉，易而無備也。

六五謙柔任賢，誠信交孚，疑有太柔無制無威之象。而六五大中離明，自有「威如」之吉，是威非六五有意立威，以備防臣下之僭越也。六五大中之道心，無思無爲，寂然不動，交如之孚，威如之吉，如鑑中之象，如日月之照臨，如天地之變化，故曰「易而無備也」。坦坦平易，初無戒備之意，而自有道德之威也。

上九，自天祐之，吉无不利。《象》曰：大有上吉，「自天祐」也。

孔子嘗舉此爻，兼明人助，并發順信尚賢之義，❸非專釋此爻也，舉此致教於人，故推言及順信尚賢。夫道一而已矣，縱横言之，無不可者，特以此爻無順信尚賢之象，不必以順信尚賢爲言也。此爻爻辭並不

---

❶「亨」下，四庫本及《左傳》僖公二十五年有「于」字。

❷「即」，明刻本、四庫本作「則」。

❸「順信」，明刻本、四庫本作「信順」。

言所以致祐之由，而遽曰「自天祐之，吉無不利」者，何也？ 無所爲而天自祐之，天道無爲故也。 大有登大之世，上九超然一卦之外，不墮於有中，善有不有，善外非離，爲無所爲，「不可度思，矧可射思」，天人一道，故天祐之大有。 大有之上，難乎具吉。 大有上吉，惟天知之，故「天祐之」。 孔子曰「知我者其天乎」，又曰「吾無知也」，惟其無知，人不知，惟天知，無知即無爲。 無知無爲，照臨不遺，順亦在斯，信亦在斯，尚賢亦在斯。

# 楊氏易傳卷七

宋慈谿楊簡敬仲撰

䷎ 艮下坤上

謙，亨。君子有終。

《彖》曰：謙，亨。天道下濟而光明，地道卑而上行。天道虧盈而益謙，地道變盈而流謙，鬼神害盈而福謙，人道惡盈而好謙。謙尊而光，卑而不可踰，君子之終也。

謙損謙退，人疑不亨，智者觀之，惟謙乃亨。愚者觀近，智者知終。君子有終，謙之效也，是故《彖》詳言「謙，亨」之驗。天氣下濟於地，謙矣，而天體光明，非亨乎？地道卑謙矣，而地氣上行，非亨乎？月盈則虧，日中則昃，天道之虧盈益謙如此。山高而崩，水溢則決，至於卑坎則受衆流，地道變盈流謙又如此。鬼神又害盈而福謙，人道又惡盈而好謙。謙似卑而實尊，似晦而實光，雖卑恭而實不可踰。所福也，所好也，尊而光也，不可踰也，此「君子之終也」。夫「謙，亨」一言足矣，而聖人諄諄復復至於此者，何其辭費也。人生而私其己，乳曰己乳，少長而食曰己食，有奪之則爭，愛則喜，有怒之則啼。又其長也，人譽之則喜，有言其失則不樂。大禹神聖，特以「不矜」、「不伐」稱，則人之好矜伐者衆矣。聖人深知夫人情難克其己私如此，故詳其言，指切其驗，庶幾其或省也，亦猶《乾·文言》水火雲龍風虎之喻。使人之己私消盡，則道心虛明，無我無體，如天地，如日月，如變化自生。當剛則自剛，當柔則自柔，當謙則自謙，如四時之錯行也。

《象》曰：地中有山，謙。君子以裒多益寡，稱物平施。

地中有山，昭然有「裒多益寡、稱物平施」之象。山崇高，今乃降而在地中；地卑下，乃在山之上。君子之治人，以其多者爲盈，理宜裒之，不足爲謙，理宜益之。多者高盈之類，寡者卑謙之類，此道天地神人之所同也。繼曰「稱物平施」者，裒多益寡之謂。然所謂平，非一切平齊之也，稱物而施之，得其平也。列爵惟五有五等，分土惟三有三等。貴賤、貧窮、大小、長幼各有其等，隨其等稱其物，有多焉則裒之，有少焉則益之，於義爲平，於人心爲平，是爲「稱物平施」。

初六，謙謙君子，用涉大川，吉。《象》曰：「謙謙君子」，卑以自牧也。

六柔而又居下，是謂「謙謙」，謙之至也。爲人謙爲君子，而況於「謙謙」乎？大川險難，殊爲難濟，今謙謙君子，乃能濟之者，以謙爲人之所好，鬼神之所福，而天道之所益者。險難有可濟，而況於餘乎？《象》曰「卑以自牧」者，非謂致力彊勉，以「自牧」也，使猶假勉彊致力，則謙不出於誠，人將不信，安能濟險？人心自未始不謙，嘗謂平時賓主交際，未嘗不相敬，忽有面致推譽之辭，未嘗不退然，繼以謙抑不敢當之言爲謝，此不待矯揉審處而施也，其應如響，此足以驗人心之本謙，及其有犯於外，始作於忿而不謙。

至於君子則無忿無私，其謙謙乃其常性所自有，自不敢自矜自伐，自不敢尚人，其發於容聲，自卑自恭，自無有毫髮彊勉之意。其曰「自牧」，謂夫衆人疑卑損之至，盡推其善美以與人，將不能自安養，故曰雖卑而自足以牧養，自有「利用安身」之報。雖大險尚能濟之，其無所不利，可不問而知也。

六二，鳴謙，貞吉。《象》曰：「鳴謙，貞吉」，中心得也。

謙多發於言，故曰「鳴謙」。鳴謙有發於中者，有發於外者，上六「鳴謙」發於外，六二「鳴謙」發於中。二居下卦之中，由中之象也。鳴謙雖中，而施之有正有不正，其心不必施而施，與夫施之有宜而過者，皆不正也，故貞正則吉。中有中心之象，又有中道之象。六二之「貞吉」，得中道故也。六二之貞，非外鑠之，非取諸外也。鳴謙也，貞也，皆中心所自有。此心人皆有之，而自不知，自不信，是雖有此良心而猶失也。至於六二，可謂「中心得也」。

九三，勞謙，君子有終，吉。《象》曰：「勞謙君子」，萬民服也。

謙諸爻，惟三猶陽，而居下卦之上，有功勞之象焉，是有「勞謙」者也。謙之有終，已見於《象》辭之詳。凡謙必有其終，而況於勞而謙乎？凡謙已爲人之所好，而況於有勞而謙？萬民之服也，萬民咸服，其有終不言而可知。

六四，无不利，撝謙。《象》曰：「无不利，撝謙」，不違則也。

《易》之所以尚中正者，何也？人心本中本正，惟其動於意而微加焉則失其中正，微損焉則失其中正。箕子作《範》，所以諄諄復復乎「無作好，無作惡，無偏無黨，無反無側，王道蕩蕩，平平正直」，所以深明乎人心之本正，懼其昏而差，差而過，過而亂也。六柔四柔，坤體又陰，柔又不中，有過乎謙之象，故聖人教之撝去其謙。又恐其疑也，又曰「無不利，撝謙」。《象》曰「不違則」者，言雖撝去其謙，不至於違則也。多者裒取之始得中也，去其過焉，則本中本正之心，自昭明矣。

六五，不富以其鄰，利用侵伐，无不利。《象》曰：「利用侵伐」，征不服也。

「謙，德之柄也」，言謙之足以用人也。謙者，天地之所益，鬼神之所福，人之所好施。謙即能用人，人樂爲之用，而況於六五居君位而謙。六柔，坤體又柔，而謙之至乎？故不必富而自能以其鄰者。以，用也，惟富乃能用其人，今不富而能用鄰者，以人君而至謙，足以深得人之心也。有君如此，天下所咸服，而有不服焉，天下之所共怒。以咸服之人，攻所共怒者，其利也孰禦？若已服，徒以私怒貪地而征之，則適足致禍。

上六，鳴謙。利用行師，征邑國。《象》曰：「鳴謙」，志未得也。可「用行師，征邑國」也。

上六居一卦之外，有「鳴謙」於外，不由中之象。謙不由中，其「志未得也」，言其心志之有失也。人心即道，心志之得爲道之得，心志之失爲道之失。六二曰「中心得也」，同人之上九曰「志未得也」。夫不以中心與人而外爲鳴謙，人所不服也，所不應也。志有之：「愛人不親反其仁，禮人不答反其敬，治人不治反其知。行有不得者，皆反求諸己。其身正而天下歸之。」可「用行師，征邑國」，請當自反，攻治其己也。邑國有己邑之象，夏王「率割夏邑」，「商邑翼翼，四方之極」，盤庚「不常厥邑」，武成「我大邑」，周公作「親大邑」，皆謂己邑。又曰「歸而逋其邑」，亦己邑。

䷏ 坤下震上

豫，利建侯，行師。

《彖》曰：豫，剛應而志行，順以動，豫。豫，順以動，故天地如之，而況「建侯行師」乎？天地以順動，故日月不過，而四時不忒。聖人以順動，則刑罰清而民服，豫之時義大矣哉。

夫卦之所以爲豫者，何也？九四有剛德，而五陰咸應之，位又近君，其志行矣，而下坤順，上震動，有順以動之象。有剛德足以立，又人心應之，四位近君而志行，又順動不失其道，合是數者，此所以爲致豫之道也。剛不足以立則非道，人心不應亦非道。世固有執正之道以令天下，而人心猶不應者，此必有其故也，必其有未盡道，是其應之一言，亦殊不可忽。剛矣不得近君之位，則志不行，亦弗克致豫，順動正言豫道之本。道一而已矣，而乃有如是云云曲折之狀者，道固有如是曲折萬變也，此其所以名之曰《易》，「易」有變之道也。是道不離乎人心，人之道心自剛，自無不應，自能順動。諸卦《彖》辭，多言曲折變異之狀，聖人所以明大易之道也。或者往往溺諸人情事狀，不悟其即「天下何思何慮」之妙也。「豫，利建侯，行師」，豫，悦也，建是侯而人悦則建之，行是師而人悦則行之。然則何以致人之悦豫？順動其大旨也，順動天地之道也。天地豈曰吾以順動哉？自變自化，人自謂之順動，日月自不過而有常度，四時自不忒而有常序。聖人之順動即天之順動，聖人雖曰順動，而實不能自言順動之狀，故曰「言不盡意」，又曰「予欲無言」，又曰「吾有知乎哉？無知也」，又《詩》稱文王「不識不知，順帝之則」。使有知有識，則不足以言順矣。而刑罰自清而不繁，民心自服而化。刑清民服，豫之時也，其義爲如何？民服之時，亦豫之時也，其義爲如何？民服之時，亦安知其所以爲義哉！民服之時，尚不能自知，而況於日月不過之時，四時不忒之時哉？又曰「豫順以動」，豫卦之義也。此尚德而言，至於民服之時，日月不過之時，四時不忒之時，誠莫得而索其義也。其義莫得而索者，豈不甚大矣哉！大矣哉之《易》義，大易之義也，六十四卦之義也，三才之義也，順動之義也。順動之義可言也，而亦不可索其狀也，孰順孰動，其機不可得而知也，其狀不可得而執也。民之所以悦者，此也；日月之所以不過、四時之所以不忒者，此也；《易》卦之所以爲六十四卦者，此也。而聖人不皆言之，何也？皆言之，則繁也，贅也，舉一隅可以三隅反也，聖人亦已屢舉之矣，他卦可以通也。

《象》曰：雷出地奮，豫。先王以作樂崇德，殷薦之上帝，以配祖考。

「雷出地奮」，有暢達之象。人樂暢達，達之於金、石、絲、竹、革、木、匏、土之聲，即雷之聲也，無二聲。先王作樂，非以縱人之欲也。人生不能無樂，而其樂有邪正焉。其樂由德性而生者，雖永言之，嗟歎之，不知手之舞之，足之蹈之，無非德者，無非正者。其樂由放心而作者，則爲淫靡之音、繁急之音、鄭衛之音、朝歌北鄙之音。先王作中正之音、莊敬之音、和平之音，無非德性之樂，故先王之樂足以感人中正莊敬和平之心，是謂易直子諒之心，足以消人放逸淫靡繁急之心，故曰「移風移俗，❶莫善於樂」。蓋聲有無

❶「移俗」，《孝經》作「易俗」。

形之妙，足以深入乎人心。中正之心，人所自有，惟其無以感之。今中正之音感之於外，則其機自動，其化甚敏，故曰「作樂崇德」，不惟愚不肖賴樂以感動，而賢智亦以樂養德。殷，盛也。盛薦之上帝而配以祖考，即雷之自地而出，奮而達於上也。上帝之心，祖考之神，樂之德，一也。非先王取此象而作樂薦帝配祖考也，聖人取其象同者類而言之，所以漸明其道同也。人心之蔽，未易頓啟，漸明其同者，則餘不同者亦漸通矣。孔子曰「予一以貫之」，非止一二事比同而已，三才萬狀，自未始不一，而蔽者自紛紛也。莊周之學淺矣，亦曰「勞神明爲一，而不知其同也」。

初六，鳴豫，凶。《象》曰：「初六鳴豫」，志窮凶也。

居下位之道，當安靜無動，今也悦於豫，遽鳴而超之，凶道也。夫位之在下，未爲窮也。顏子陋巷簞瓢，何窮之有？今初六豫而鳴，其志窮矣。鳴則求，失道妄求，必致凶。初六不中，有失道之象。

六二，介于石，不終日，貞吉。《象》曰：「不終日，貞吉」，以中正也。

水靜則清，清則明，人靜則清明。人心本清明，惟動故昏。六陰，二又陰，陰，靜也，有至靜不動之象。人之本心，自靜自清明，惟因物有遷者多，故以不遷於物者爲介爲如石，其實非致力作意而固執之也，作意固執非靜也，非如石也。子曰：「介如石焉，寧用終日，斷可識矣。」蓋不爲悦豫所動，不爲動所亂，則尤清明之至。性自無所不照，動雖幾微，已知吉凶之報矣，何待終日？此謂貞正之道，此謂吉之道。中即正，一言之謂之正可也，兩言之謂之中正亦可也。中正皆無實體，皆所以發明道心，言其不流於邪謂之正，言其無所偏倚謂之中。人心微動則流矣，流則有所倚，倚則有所偏，動流偏倚，無非邪者。此爻首發不動流之旨，故曰「貞」，而《象》則詳明之，故又曰「中」。

六三，盱豫悔。遲有悔。《象》曰：「盱豫」有悔，位不當也。

盱者，上視不直之貌。六三上比四九之陽，陽有豫悦之象，而六三上比之，有進以求豫之象，而三與四非正應，有非其道之象。四，震體。震，起也，無下豫之象。然則三進而求豫，致悔之道也。夫求而不獲，有多悔。三爲陽爲動，有遲疑不欲進之象，故益增其悔。三居下卦之位，亦尚失其德如此。

九四，由豫，大有得。勿疑，朋盍簪。《象》曰：「由豫，大有得」，志大行也。

九四以陽明之大賢，五陰咸應之，天下皆由之而豫，況上承中正柔德之君，君臣道同志合，未見有毫髮間之象，況象心並應，無可疑者。大抵賢者之心，克艱克謹，不患違道，兹乃恐其戒懼太過，失大有爲之時，則亦於大易之道猶爲未盡，而四海之内，必有不被堯舜之澤者矣。故曰「大有得」，言其無失也，勿用致疑，朋來感應，如萬髮合總於簪，無一髮一人之不順。《象》又曰「志大行也」，皆所以贊其大有爲，啟易道之大全也。

六五，貞疾，恒不死。《象》曰：六五「貞疾」，乘剛也。「恒不死」，中未亡也。

六五之象，不逮六二。六二於豫悦之中而寂然不動。六五陰爻，亦非逐逐乎豫悦者，惟其未能無我，其中未能盡亡，故爲正道之疾。疾者，病之小者。大體非紛紛動者，特其中未能全無我者。「恒不死」，言其意終不死。《象》曰「乘剛」者，九四爲剛，六五乘之。剛者堅物，人執義之堅如之，然此乃妄意，强立己私。此心中虛，實無我，其妄立我，乃外意爾，非虛中之所有，故《象》特發乘剛之象，以明其在外。六静也而有五，「恒不死」之象。學道孜孜，學不動心，而其中隱然未能脱然而虚者，往往而是，故聖人於此致其誨。

上六，冥豫成，有渝无咎。《象》曰：「冥豫」在上，何可長也？

沈冥於豫樂，至於此可謂已成而難於救矣，而聖人教謂於此渝變，亦可無咎。人患不能改，改則無過。《象》曰「何可長也」，言其冥豫而又在上，禍至不久矣，何可長如此也？不仁而在高位，是播其惡於衆，故其致禍速。

䷐ 震下兑上

隨，元亨利貞，无咎。

《彖》曰：隨，剛來而下柔，動而説，隨。大亨貞，无咎，而天下隨時，隨時之義大矣哉。

剛本居上，柔本居下，今也剛乘而居二陰之下。「動而説，隨」者，以深得乎人之心也。《易》曰：「以貴下賤，大得民也。」元亨利貞之義也，《屯・彖》所釋，言之詳矣。六十四卦皆可以言元亨利貞也，有言焉，舉一隅可以三隅反也，不必贅也。六十四卦皆易也，無大卦小卦之異也，亦猶曰「大矣哉」，非獨取此數卦而餘卦不言可也，偶於此言之，可以通餘卦也。元以始言可也，以大言亦可也，自心通内明者觀之，縱言之可也，横言之可也，無不通也。大亨貞正，又無咎無尤，而隨時之道盡矣。亨通之際，人多失正，至於大亨尤難，大亨而不失其貞正，則非得道者不能。大亨貞正矣，而亦未免於咎尤者，於道尤爲未盡也。蓋人情有曲折、時變、習俗之不同，惟道德之全者，睿智畢照，變化云爲，靡不中節，故「大亨貞，無咎」，而於天下可以隨時而無不通矣。時變之來無窮，時變之狀無定，古無可稽之典，近無可法之則，事變忽生，人情忽變，而欲隨時而應，舉不失義，非得易道之大全，其孰能與於此？然則隨時之義，豈勉强之所能？豈學習之所到？《易》曰「不習，無不利」，惟不習者得此義矣。《易》曰「天下何思何慮」，惟無思無慮者得此義矣。得此義如水鑑洞照萬象，如日月徧照萬物，自神自明，不可度思。自孔子尚不能詳言其義，惟曰「大矣哉」，豈學習思慮之所至乎？以學習思慮而至者，必有所倚，必有所偏，必不能隨時而皆中，此義與六十四卦之義同。

《象》曰：澤中有雷，隨。君子以嚮晦入宴息。

澤中有雷，雷隱於陰晦之中也，其在君子，則當嚮晦昏暮之時而入内寢宴息也。學者毋曰宴息末也，易道不在焉。吾見一動一静，無非易道之妙者，顧百姓日用而不知，索之隱，即君子之息，道無二也。聖人姑取其類，使人心漸通，通乎一，則雖不一者，皆通皆一矣。

初九，官有渝，貞吉。出門交有功。《象》曰：「官有渝」，從正吉也。「出門交有功」，不失也。

官司各有所守，不可渝變也，今渝焉，隨時之義也。其事可變也，其「貞吉」之義不可變也，故貞則吉，失正則凶。壓於勢變，輒失其正者多矣，凶道也，能正，吉也。若有能出門而交，無所私係，則人情咸應而有功，不止於吉而已。蓋有所係則有所失，無所係則無所失。六二係小子則失丈夫，六三係丈夫則失小子。《象》曰「出門交有功，不失也」，初有「出門」之象。

六二，係小子，失丈夫。《象》曰：「係小子」，弗兼與也。六三，係丈夫，失小子。隨有求得，利居貞。《象》曰：「係丈夫」，志舍下也。

陰與陰不相得，陽與陽不相得，惟陰與陽有相得之象。隨時適變，不主故常，故六二雖與九五正應，九五有丈夫之象，人乃變其常近，係初九而相得，此變之不善者也，故曰「係小子，失丈夫」。雖六二與九五亦有陰陽相應之象，然既已近係於初九，則勢無兼與之理，故《象》曰「弗兼與也」，言係一則失一，以爲貪小失大之戒。六三雖與上六本正應，今也兩陰本無相應之象，惟近雖九四之陽明，六三變常而隨近，則六二亦近也，三乃不隨六二而惟隨於四，此變之善者也，故曰「係丈夫，失小子」，謂係九四之丈夫，而失六二之小子。《象》又曰「志舍下也」，言舍其陰下也，兩陰無相得之象，故六三有舍六二之象。三係於四，得其所隨，故隨所求而皆得。此雖隨時適變之善，然變者君子之所難，變常患乎失正，故戒之曰「利居貞」，居之爲言，雖暫正而不能安也。

九四，隨有獲，貞凶。有孚在道，以明，何咎。《象》曰：「隨有獲」，其義凶也。「有孚在道」，明功也。

九四下有二陰，相隨之象。九四得衆心之隨，而陽實自任，以爲己之所獲如此，則雖正亦凶也。夫人心之所以應者，固以我之正也，不正則人不服。而九四不可以爲己有，當曰「斯謀斯猷，惟我后之德」，苟有毫髮以爲己能之心，則失其道矣，故雖正亦凶。夫有獲之心，己私也。有私己者，雖人君不能免凶，而況於臣乎？而況於居近君之位，其可不敬懼乎？故曰「其義凶也」。其義凶矣，必不免。❶「有孚在道，以明」，則不以爲己獲矣。道心之中無己私，果無己私，則自足以取信於人，無己私則明，明無己私。然則孚也，道也，明也，一也，而《象》又專言之曰「明功也」者，何也？道心人人之所自有，己私人人之所本無，惟昏故私，惟不昏則吾即道，虛明無我，本無所私，故歸功於明。又大臣近君，疑間易生，恐正人自信，自以爲合道，而其實未明，至於禍已成而莫之見，此聖人所以由致誠告也。

九五，孚于嘉，吉。《象》曰：「孚于嘉吉」，位正中也。

孚，信也。嘉，吉美也。九五所信者善美，則所用者賢矣。用賢，人君之吉也。孚信亦有隨之義也者，何也？惟聖知聖，惟賢知賢，惟有中正之德者，能知中正之人。九五所孚者嘉，則知九五之德亦嘉。惟堯知舜知禹、稷、契、皐陶，惟湯知伊尹，惟武王知十亂。至唐明皇，始正而信姚、宋，終邪而信李林甫，以一人之身而賢否異任，一視夫君心之正不正。然則九五之孚於嘉，一本乎德之正中。曰「位」者，言乎得專位而又有中正之德也。

上六，拘係之，乃從維之。王用亨于西山。《象》曰：「拘係之」，上窮也。

隨之拘，天下靡不悦隨，而猶有頑固，未之聽從，則爲之上者不可遂置之而不問，故「拘係之，乃從維之」。周伐商，四方無不心説誠服矣，及其久也，商頑民終未從，故周公遷之洛邑，即拘係之謂也。然周公

❶「必」，原作「心」，今據明刻本改。

亦非一於用威，其曰「維之」者，寬以養之也。《多方》、《君陳》、《畢命》三篇，備見寬維之意。山有阻隔不通之象。西者，陰幽昏塞之象。王者於此，必有道以亨通也。周之治卒於囹圄空虛四十年，人皆有士君子之行，❶此亨通之效也。《象》曰「拘係之，上窮也」者，謂事至於此窮極，不得不拘係之也。

䷑ 巽下艮上

蠱，元亨，利涉大川。先甲三日，後甲三日。

《彖》曰：蠱，剛上而柔下，巽而止，蠱。「蠱，元亨」，而天下治也。「利涉大川」，往有事也。「先甲三日，後甲三日」，終則有始，天行也。

上九之剛，有自下而上之象。初六之陰，有自上而下之象。夫剛來而下柔則説隨，上下不交則否。今剛自上，柔自下，剛柔不交，上剛而好自任，下柔而一於從，一於柔巽聽從，不敢有所爲而止，則事安得而不蠱壞？巽柔艮止，其象昭然。然則治蠱有道乎？有斯道也，何道也？六十四卦之道也，易之道也，一也。亦謂之元，乾元坤元，即此元也。此元非遠，近在人心，念慮未動之始，其元乎？故曰「天下何思何慮」，孔子曰「吾有知乎哉？無知也」，文王「不識不知，順帝之則」。人惟因物有遷而動於思慮，動於

❶「有」，四庫本無此字。

思慮而後流而不交，昏而亂，則蠱益蠱，壞益壞矣，何能有所亨？何能致天下之治？元亨則可以涉大川矣。天下無事之時，則不一復有所事。今天下蠱弊，非有所事焉不能濟，故利涉大川者，利乎往有所事也。無妄之「不可往」與蠱之「往有事」，一也，惟其時也，惟其一也。人情怒其蠱弊，其治之多失之剛，此非易之道也。天下事大抵當剛則剛，當柔則柔。蠱之時不患乎不剛，患不柔爾。甲屬東方，仁柔故取焉。先三日後三日者，事不可忽易，不可不深慮遠思。先事三日而圖之，後事三日又慮之，慮其始而圖其終，以消息盈虛，「終則有始，天行也」。泰極則否，治極則復蠱，不可不戒，戒則免。至於巽卦，則人情柔巽之時，患乎不剛，故曰庚。「先庚三日，後庚三日」，惟其當於道而已矣，一也。前曰「何思何慮」，此曰「遠思深慮」者，何也？一也。惟無思無慮者，乃能遠思深慮，即此思慮之時，實亦何思何慮。如水鑑之照萬象，雖曲折萬變，而水鑑無思無慮也，如天地之變化，雖風雨雷電霜雪之散動交錯，而天地無思無慮也，必得乎此而後可以爲得易之道。人心即道，覺則爲得，得非外得，道心非思爲，變化無始終。

《象》曰：山下有風，蠱。君子以振民育德。

山下有風，有振動育物之象。蠱弊必有以振作之，振作之者，所以救其弊壞不正之習害道者，以養育其德性耳。其作之不可過之，不可擾之，使勿傷其德也。《書》云：「惟皇上帝，降衷於下民。若有恒性，克綏厥猷惟后。」人君無他職，順民常性，使安其道而已。凡其禮樂刑政，一出乎此。禮防民之僞，樂防民之情，刑協民于中，政率民以正。帝堯「匡之直之，輔之翼之，使自得之，又從而振德之」，自秦漢而下，不復知有此事。後世忿民之非僻蠱弊而振作之者，安知民有德性而育之哉？漢武遣繡衣直指之使，惟誅擊之而已。

初六，幹父之蠱，有子考，无咎，厲，終吉。《象》曰：「幹父之蠱」，意承考也。

蠱諸爻皆取幹蠱之義。初六之應在六四，六與四皆陰，至陰而在上，有考之象。考有蠱而子幹之，有子則考，無過咎矣。考之蠱至於終考之身不能改，豈不危厲哉？有子能幹，故「終吉」。《象》曰「意承」者，初六有柔順之象，不得已而幹父之蠱，其意未嘗不順承者也。其意則承，其事則不可得而承矣，承其事則蠱弊終不盡除，蠱不盡除，乃所以彰父之惡，非孝也。固有孝子不明其義，一於順承，因乃蠱弊，殊爲失義。

九二，幹母之蠱，不可貞。《象》曰：「幹母之蠱」，得中道也。

二剛陽在下，六五以陰而居上，異乎六四之至陰。六爲陰，五爲陽，非純陰者，故有母之象。不幸而有母之蠱，不可正以幹之也，其幹之當用其權焉。權者，雖用正而不過，故曰「得中道也」。二居下卦之中，有道之象。

九三，幹父之蠱，小有悔，无大咎。《象》曰：「幹父之蠱」，終无咎也。

九剛，三又剛，雖巽體，然幹父之蠱如此，亦過中矣，不能無悔。人心至靈，其有過差，亦自知之，故心亦悔之。心悔之曰「悔」，人尤之曰「咎」。所以人不大咎之者，既幹父之蠱，則子爲正矣，特過之，於道爲未盡耳，故「終無咎」。

六四，裕父之蠱，往見吝。《象》曰：「裕父之蠱」，往未得也。

六柔，四又柔，不能幹而裕之者也，如此而往，則循父之蠱，有不改過之吝。《象》曰「往未得」者，言子之所以裕父之蠱，以此而往，不以爲愧其心，蓋以爲孝也，以爲得也。故孔子正之曰「往未得也」，言乎如此而往，未可以爲得也。

六五，幹父之蠱，用譽。《象》曰：「幹父用譽」，承以德也。

六五有中正之德，而又得尊位以行之，故有譽，無譽則無德可知矣。人君自不知其有德，故此以譽驗之。又慮人誤認其旨而求諸外也，故《象》曰「承以德也」。子幹父蠱，未嘗不承於父也，故每曰「承」。承亦德性之所自有，非動於外也。

上九，不事王侯，高尚其事。《象》曰：「不事王侯」，志可則也。

君臣以義合，有道則見，無道則隱。蠱壞之世，故有不事王侯之義。若父子則是屬與君臣之義不同，無不事之義，故此爻不言父子。在父子則父子，在君臣則君臣，其實一也。曰「高尚其事」者，非聖人之本心也。道心寂然，奚高奚卑？人情喜進而惡退，喜富貴而惡貧賤，以進而富貴爲高，以退而貧賤爲卑，故聖人不得已而曉之曰：「不事王侯」，其事高尚也，所以破昏迷顛倒之見也。

# 楊氏易傳卷八

宋慈谿楊簡敬仲撰

䷒ 兑下坤上

臨，元亨利貞。至于八月有凶。

《彖》曰：臨，剛浸而長，説而順，剛中而應，大亨以正，天之道也。「至于八月有凶」，消不久也。

二剛浸而長，君子之道長，出而臨小人，其與人未嘗不和説也，未嘗不柔順也。雖説而順，而剛德之不可移易者，自若也，一無所偏，一無所倚，未嘗不中也。「應」云者，又以明人心之無不應也。人心之差，千狀萬態，自以爲己之道長，其與人弗克和説者有之；能和説矣，而不能不拂逆者有之；説矣順矣，未必有剛德；剛矣，又未必中；説順剛中，其德備矣，而人情亦有未應者，此必其智有所不燭，明有所不及，故設施亦有未盡中乎人情。易道萬變，誠非學者所能遽盡。孔子必曰「五十而後學《易》」，則知變易之道，非大聖大智、道立德備者，終有所未盡。然而説也，順也，剛也，中也，應也，非既學説，又學順，又學剛，又學中與應也。「行有不得者，皆反求諸己」，己者，心也。心者，五德之一也。聖人設教，合五者以明道心之全。道心之見，其可言者有五，使闕焉者，知己德之未備，知此道之未全，其道一也。曰白曰瑩曰温潤，皆所以明一玉。曰黄曰剛曰從革，皆所以明一金。曰説曰順曰剛曰中曰應，皆所以明一道。元，大也。「元亨利貞」，《彖》釋之曰「大亨以正，天之道也」，非貶於乾也，《乾・彖》以「元」統之，《文言》又四之，後又一之，又不曰「元」而止曰「乾」，亦猶此曰「大」而不曰「元」，曰「以」而不曰「利」，一也，無不通也。物物皆元，事事皆元，念念皆元。「大亨」，非元乎？「以正」，非元乎？夫道一而已矣，或一言之，或兩言之，或三四言之，或易而言之，皆是物也。惟民生厚，因物有遷。應酬交錯，與物亨通，往往失正，而況於大亨乎？大亨而不失其正者，非人之所爲也，天道也。大亨，人亨也，正，人正也，而曰「天之道」者，明其不加人爲，不流入於人心。至動至變，無思無爲，是謂天性之妙，是謂天之道也，是謂道心。道心，人人所自有。人之本心即道，自是至動至變，自是無思無爲，自大亨而不失正，而人自知自信者寡。果自知自信，則易道在我矣，果不失其全，則於臨自説、自順、自剛、自中、自應矣。説順剛中而應之道，即大亨以正之道，故聖人通而言之。孔子如四時之錯行，如日月之代明，五十而學《易》，「七十而從心所欲不踰矩」，是大亨以正之妙，此誠非學者窮思竭慮之所能到，門弟子蓋力索之而不獲，力爲之而不至。孔子嘗歎曰「莫我知也夫」，又曰「知我者其天乎」，夫是之謂天之道也。「至乎八月有凶」，指二陰長之月也。臨二陽長，遯二陰長，相反也。凡一卦之變歷數七，故復曰「七日來復」。今臨曰「八月」者，自一陽之始而計之復、臨、泰、大壯、夬、乾、姤、遯，是爲八也。陰言月，陽言日，陽爲君子，人心欲其速至，故特促其期曰「七日」。陰爲小人，人心惡之，故遲之曰「八月」。人心亦易之道也。二陰長，小人之道長，君子於是遯，故曰「有凶」。凶者，明其處之盡道，容有無凶之理？君子之道終於消，不可玩忽也。「不久」者，所以警之懼之，使君子毋忽毋玩也。蓋人情慢忽，以爲未遽至此者必至此也。泰「艱貞」亦可免咎，「休否」、「包桑」致戒，皆以明警之足以持盈守成。蓋消息盈虚，陰陽之氣數也。警戒持守，道也。陰陽生乎道，故道可以轉陰陽之氣數。特以人之盡道者寡，而消息盈虚之數，鮮有能易之者。孔子曰：「聖人在上，日不食。」今曆家謂日月之食，乃數之不可易者，而孔子云然，曆家所算，亦不能盡驗，於以知氣數亦有以人道修明而潛彌其災者，此易道變化無窮之妙，陰陽變化無一日不自道心而生者。善言足以退熒惑，孝婦可以旱東海。三才之機，一而已矣。

《象》曰：澤上有地，臨。君子以教思无窮，容保民无疆。

卦已發君子臨小人之義，《象》又發君臨民之義，皆臨也。澤上有地，則地臨澤，有君臨民之象，又有容保之象，又有深遠無窮無疆之象，象義著明。《書》云：「民有恒性，克綏厥猷惟后。」君人者之職，如斯而已，故施教則思其無窮，不可苟也。居上當寬，寬以容之，亦非縱之，所以保之，非徒保其生，保其常性，思極於無疆。教可以行於今，不可以行於後，非無窮也；知其利，不知其害，不可也。帝堯曰：「勞之來之，匡之直之，輔之翼之，使自得之，又從而振德之。」其間曲折萬狀，誠非苟簡率略之所能盡。既制産使之給足，又設庠序學校，既以禮教之，又以樂教之，禮又防其僞，樂又防其淫，又政以行其教以防其患，刑以輔其教以禁其非。精慮遠念，彌縫周盡，皆所以順民之常性而左右之容保之。一舜何爲乎「堲讒説殄行」也？説之似高而實不正，行之詭異而殄絶不中，誠足以惑衆亂常。天道，正而已矣，天地以此建立，日月以此照臨，萬物以此生成，君以此尊，臣以此卑，父以此慈，子以此孝，夫婦以此別，長幼以此序，朋友以此信。其有異學邪説，或作意而支之，或不及而縱之，苟以爲是而安之，千岐萬轍，人之意無窮，其有差亦無窮，故舜命龍「作納言，夙夜出納」，又命禹「出納五言，女聽」，深知人心易差，差則失正，則爲亂爲奸，其禍不可勝窮，故命官使之納五方之言，又出言以正救之也。周衰，雜説蜂起，爲權利，爲鄉原，爲刑名，爲任俠。比周之亂也，井田壞，學校廢，教養之具亡，民無所容保，不勝大亂矣。

初九，咸臨，貞吉。《象》曰：「咸臨貞吉」，志行正也。九二，咸臨，吉，无不利。《象》曰：「咸臨，吉，无不利」，未順命也。

卦辭言君子臨小人，大《象》言君臨民，六爻又發凡上下彼此相臨之義。咸，感也。初與二位皆在下，皆以其德足以感人，而《臨》之初曰「貞吉」，《象》又曰「志行正也」，言乎所以感臨者，本乎志之行正而已，非有他也。然初之德不及九二之中，故《象》止曰「志行正」，志行正矣，而未至乎九二之得中道也。大抵《易》諸爻多以二、五爲得道，所以得道者，以其中正也。中正雖皆道之異名，而天下亦有正士而未得乎道者，惟得中爲得道。堯授舜，舜授禹，惟曰「執中」。故九二之「咸臨，吉，無不利」，異乎初之「貞吉」矣。君臣感應相得之深，亦足以大有爲矣。《象》曰「未順命」者，君臣一德一心，咸感之至，亦有未順君命、弼違補過者矣，此惟盛德之士，而又得聖哲之君而後可。

六三，甘臨，无攸利。既憂之，无咎。《象》曰：「甘臨」，位不當也。「既憂之」，咎不長也。

兑爲説，兑之成卦在三，不如初與二之以德感人，唯以甘説臨人。小人之以甘説臨人者多矣，人心終不服，終無所利。而以六居三，陰陽雜焉，有不安之象。不安則憂，憂則改矣，故無咎。六三，下之上，位稍高矣，而臨人以甘，不以德，殊不當也。人自爲咎，人心違也，既憂之則咎無，亦不長矣。

六四，至臨，无咎。《象》曰：「至臨，无咎」，位當也。

四不得中，又無陽明之德，而亦不至於爲六三之「甘臨」，天下故多此等人物。既至四之位，其位則臨乎下，無過尤之可指，故人亦不咎之，故曰「至臨，无咎」，言其至此位而臨，無尤之者。《象》曰「位當也」者，言其位當臨人也，止言其位，則知其德不足稱也，雖不足稱，而過尤亦不著。

六五，知臨，大君之宜，吉。《象》曰：「大君之宜」，行中之謂也。

堯命舜曰「執中」，舜命禹曰「執中」，禹以是傳之湯，湯以是傳之文武。孔子曰「中庸之爲德也，其至矣乎」，又曰「賢者過之，知者過之」。夫以賢者知者，猶不得之，則今六五之得中，豈不爲大智矣乎？其不爲大君之至乎？孔子曰「古之有天下者必聖人」，則大君宜得大中以臨天下。夫大君所以臨民之具，四而已。禮以教民之中，樂以教民之和，和，中之發也，刑以協民於中，政以正民，正猶中也。人君之職，若民之性，綏民之猷而已。自古聖王，未嘗不以道化斯民，秦漢而下，不復知有此事矣，而況於得其道乎？三代而上，君臣雖知有此道，而實得之者誠鮮矣！商惟湯，周惟文王武王，自武王以下不得而與焉。然則得中道者，不爲知乎？以是臨民，不爲知臨乎？《象》曰「行中之謂」者，禮樂刑政之行也。得中而未能行於天下者，容或有之，帝堯「匡之直之，輔之翼之，使自得之，又從而振德之」，堯之行中，如此其精也，其具則禮樂刑政四者也，不能行則無以臨民。

上六，敦臨，吉，无咎。《象》曰：「敦臨」之吉，志在内也。

敦有厚意，又有不動意，厚則不動矣。《書》曰：「惟民生厚，因物有遷。」厚則善，厚則不薄，薄則失其厚善之本性，則逐物以遷動矣。《中庸》曰「大德敦化，小德川流」，則敦有不動之義，於是可驗。俗以堆阜之類謂之墩，亦見其不動，見其厚。今不失其本性，雖臨民應物，泛然有爲，而其心未嘗遷動，是謂「敦臨」，故「吉，無咎」。《象》曰「志在内也」者，以人多逐外，故聖人反而言之爾。然言不盡意，聖人非謂留其志於内也，有留猶未爲内也，有内與外，猶非内也。孔子曰「清明在躬」，非實有所在也。此道不可以意度，不可以言盡，惟應變接物，如四時之錯行、如日月之代明者自知之。此即九二之「咸臨」，即六五之「智臨」，而必異其辭者，隨爻發揮。上居一卦之表，有不墮於事物之象。上與六皆陰，又有至静之象，故發「敦臨」之義，非天下有二道也。

䷓ 坤下 巽上

觀，盥而不薦，有孚顒若。

《象》曰：大觀在上，順而巽，中正以觀天下，觀。「盥而不薦，有孚顒若」，下觀而化也。觀天之神道，而四時不忒。聖人以神道設教，而天下服矣。

二陽在上爲下觀，爲下所觀，謂之觀。夫王者大觀之道，豈小者之所能闚哉？其道甚大，何以明此？道順而不拂，巽而不忤，中而無所偏倚，正而不入邪，以此觀天下，故天下瞻之仰之，「自東自西，自南自北，無思不服」。人心不可强而服也，不可以巧而得也，舉天下四海之内，同此心也。此心即道，不失此心，不以己私窒之，則此心無體無我，清明純粹。夫有己私，則弗克順巽。今無己私矣，如春如和氣，其順其巽，乃其自然。有己私，則作好作惡，必有所倚，有所偏，偏則不中，則縱於欲，入於非僻，邪則不正。今無己私，則好惡不作，自無偏倚，自中，私慾不縱，自不入於邪，自正。曰「順」曰「巽」曰「中」曰「正」，皆所以發明道心，非爲巽又爲順爲中爲正也，聖人不失此道心，而天下同然之心，如響之應聲，如影之隨形矣，夫是之謂「大觀」。盥者，盥手爲潔，祭之初也，未有所薦也。觀之爲道，如斯而已。盥潔之時，其心何如？非言之可道，非意之可度，姑名之曰誠，而其心中，初無此一語，有誠之意，已不誠矣，已不實直矣，已動矣，已僞矣，非誠也。惟曰如盥之時，不必曰薦，薦獻則意或動，不足以明此旨，惟曰「盥」，則賢愚皆知其純誠，不可以意度言喻矣。聖人之設教也，切矣的矣。「盥而不薦」，則下民自觀感而孚化矣。「顒若」，服信之狀也。誠信如神，無他奇功而感應者，此豈不甚神？此道即天之道，天道至神，惟其神故四時之行無差忒。聖人即天道，亦神道，無二神二道，故設教而天下自服。禮樂刑政，皆聖人設教之具，可得而略言也。聖人爲是父子、君臣、夫婦、長幼、朋友之禮，所以因人慈愛恭敬之心，而順以導之，無敢小拂焉，無敢過焉，一循夫大中之性而左右之，使不失其所自有爾，而人之由之，冥符默契，自化自得，自不知也，非「以神道設教」乎？聖人又因夫人心之不能樂，樂者，道心之神用也，人惟不自明，故昏故邪，故致於淫，於是作爲金、石、絲、竹、匏、土、革、木，以六律六吕和平中正之音，默感乎人之中正之心，自不知所以然而自化也，非「以神道設教」乎？　比有長，閭有胥，族有師，黨有正，書其孝弟睦婣，書其德行道藝，以發其本有之道心，糾其過惡，刑罰其罪尤，又有以約其放逸之私，欲復其本有之道心。夫惟其所無也，故强之而莫從，而道心也者，人之所有，今既有以發之，又約而歸之，則復其本有，感其同然之機，殆又捷於影響矣，非「神道」乎？

《象》曰：風行地上，觀。先王以省方觀民設教。

「風行地上」，有無所不周徧之象，聖人於是發「省方觀民設教」之義。觀亦有觀之義，或言爲觀於天下，或言上觀於下民。天下之義，無所不通，而況於觀乎？　心通内外之士於此乎何疑？　彼章句訓詁之士，往往窒泥。夫《易》之爲道，本明變易，設教之略，前已言之，而省方觀民之道，又爲急務。省方，巡狩也。古者天子巡狩諸侯，「命太師陳詩以觀民風，命市納價以觀民之所好惡，志淫好僻。命典禮考時月，定日，同律，禮樂、制度、衣服，正之」。其非巡狩之歲，則有納言之官以納民言，又出命以正救之，又有訓方氏「誦四方之傳道，歲則布而訓四方，以觀新物」。「舜聖讒説殄行」，自以爲是而非，亂德賊道。周衰之世，鄉原、任俠、刑名、縱横，異端邪説，紛紛擾擾，致禍於無窮者，失省方觀民之教也。先王隨方設教，不主一説，皆所以左右斯民，使無失其常性，一之於道德也，此又神道設教之詳者也。

初六，童觀，小人无咎，君子吝。《象》曰：「初六童觀」，小人道也。

初陰居下，不應乎陽，有「童觀」之象。童幼何知？　小人童觀，則不爲姦雄，禍毒不深，故「無咎」。君子而無知，則無以治國平天下，無以啟佑後學，故吝。吝有鄙君子之意，其在小人，則乃爲得宜，故曰「小人道也」。

六二，闚觀，利女貞。《象》曰：「闚觀」，「女貞」，亦可醜也。

「闚觀」小有所知，雖異乎初六之「童觀」，亦可醜也。施之於女子而貞，則務小不敢自大，從父而已，嫁則從天而已，故於女爲合道者。夫士而闚觀，亦可醜也，士而闚觀者多矣。孔子曰：「君子不可小知而可大受也，小人不可大受而可小知也。」自孔門大受者猶難其人，自顏子「三月不違」，而下則有月至，而下則有日至而已。子夏雖好論精微，而孔子戒之曰「女勿爲小人儒」，及孔子没，果與子張、子游以有若似聖人，欲以所事孔子事之，强曾子，曾子獨不可，獨曾子可以免闚觀之醜爾。月至日至，謂閔子、冉伯牛、仲弓、曾子之徒爾。孔子之徒，於子游、子夏、子張，所以啟誨之者至詳矣，尚不躋之大道，然則此道非告語之所及，非心思之可到。孔子曰：「二三子以我爲隱乎？吾無隱乎爾。吾無行而不與二三子者。是丘也。」又曰：「天有四時，春秋冬夏，風雨霜露，無非教也。地載神氣，神氣風霆，風霆流形，庶物露生，無非教也。」此道至動而實未嘗動。孔子曰「知者動」，明惟知道者得中之妙。六二重陰，非能知動中之妙者，故爲「闚觀」，爲不知道。

六三，觀我生，進退。《象》曰：「觀我生，進退」，未失道也。

六三居下卦之極，將升上卦，進退之際也。君子之進，非曰榮利也，行吾之道以澤斯民而已，當先自「觀我生」。「我生」者，我日用之所爲也。觀我之日用果善邪則進，其未善未可以進也則退。夫其自觀未善而退，因以未盡乎道也，而聖人許之曰「未失道也」。「未失道也」一語，乃繼退而生文，古者立言之常也，旨不因乎進也。

六四，觀國之光，利用賓于王。《象》曰：「觀國之光」，尚賓也。

六三有退之象，則六四有進之象矣。六四之進，乃觀國之光輝而進。九五賢明，中正在上，上九亦陽明。國多聖賢，有道之禮樂刑政，無作惡作好，不動乎私意，如日月之光，無思無爲而及物自廣，必如此而爲有道，賢人斯敢進，故利用賓於王。《坤》卦曰「不習無不利，地道光也」，《大畜》「輝光」，《艮》「其道光明」，《需》「光亨」，《履》「光明」，《未濟》「君子之光」，皆明安正不動而見於云爲之妙。《象》曰「尚賓也」者，明其國貴尚賓賢可以進也；明其禮賢，國有道必尊賢禮士；又以明士不可苟賤，必有禮賓之道而後可進，若自苟賤，則何以行其道？重己所以重道也。

九五，觀我生，君子无咎。《象》曰：「觀我生」，觀民也。

五君位，故言君道。天下之治亂在己而已，故「觀我生」，惟君子則「無咎」。《象》曰「觀民」者，人患不自知，聖人於是教之欲觀我生，則觀民而已。民治則我是，民亂則我非，民樂則己正，民憂則己邪。凡我之是非邪正，一觀諸民足矣。

上九，觀其生，君子无咎。《象》曰：「觀其生」，志未平也。

蘇子曰「觀其生」，謂下民觀人主之崇高富貴。居人之上難哉！人主高處士民之上，萬衆咸仰而觀其生，必君子而後無咎。《象》曰：「志未平」者，明乎上九苟未能免萬目之聳觀，則猶未能以化定民，未能以德化民，民志猶未平也。孔子詳言聖人藏身之道，惟以禮而已矣。自王而公，公而侯，侯而伯，伯而子男，皆有等；自君而卿，卿而大夫，大夫而士，士而民，皆有等；車服有等，宫室有等，皆禮也。尊者安尊，卑者安卑，貴者安於貴之禮而不過，賤者安於賤之禮而無不足之意，上下皆安行於禮義道德之中，如萬物之於天地，何觀之有？何未平之有？周衰漸廢其禮，上失其所以藏身者，故漸亡。秦頓廢其禮，上頓失其所以藏身者，故頓亡。漢高縱觀秦皇帝曰：嗟乎！大丈夫當如此矣。秦使民觀其生至於此，又其止於未平，大亂矣。

䷔ 震下離上

噬嗑，亨，利用獄。

《彖》曰：頤中有物，曰噬嗑。噬嗑而「亨」，剛柔分，動而明，雷電合而章。柔得中而上行，雖不當位，「利用獄」也。

頤卦初上皆奇，而中爻四耦，宛然有頤之象。此卦又九四爲奇，是爲頤中之物，噬此物則嗑矣。惟有物故噬，噬而物亡而嗑，則事濟矣，非亨乎？噬者，除間之道也。君子在上，有小人間之，則除之；國已治，有巨姦間之，則除之；四方已服已和同，有不軌不服之國，則除之。凡國之五刑，所以治奸暴，奸暴亦梗政者，亦除間也。至哉，噬嗑之道乎！三剛三柔分而平，不偏於剛，亦不偏於柔。「動而明」，如雷之動，如電之明。噬嗑之時，明動合而成章，章言其有理不紊亂也。夫用威除間之際，❶人情多失之偏，多有所不察。今也除間之時，剛柔明動，合而成章，不偏不亂，豈心思人力之所及哉？無思無爲，感而遂通，如雷電之合，作變化之神，中節之妙，「不可度思，矧可射思」，此大易之道也。至於六五「柔得中而上行」，上行則得位，又得中道。於除間之時而用柔順，雖才「不當位」，然「利用獄」也。❷刑獄之道，本於仁柔，「罪疑惟輕，寧失不經」，聖王之所哀矜。若夫除小人，除巨奸，則才之柔者，非所利也。易道適變，各有攸當。

《象》曰：雷電，噬嗑。先王以明罰勑法。

雷威電明，噬嗑之正象。先王又致其仁厚之意，罰罪之輕者，謹而明之，無一之或差，則民知其不可欺而不敢犯矣。法書亦平時勑正之，或垂之象魏，或讀之於閭，又讀之於族，又讀之於黨於州，皆所以敕戒之，欲其無犯。

初九，屨校滅趾，无咎。《象》曰：「屨校滅趾」，不行也。

屨如校焉，遂滅其趾。屨趾所以行也，今校之滅之，則不行矣。禁之於初也，則其惡不行，亦「無咎」矣。

❶「威」，原作「畏」，今據明刻本、四庫本改。

❷「用」，原作「於」，今據卦辭、《象》辭改。

六二，噬膚滅鼻，无咎。《象》曰：「噬膚滅鼻」，乘剛也。

「噬膚」，言其易也，亦言爲間者長惡尚淺，故噬之易也。鼻，上通之象也，滅之使其惡不得滋長而上通也。爲間者必剛，六二乘初九之剛，以剛爲間，義當噬也。六二至柔也，初九剛以梗政，二之噬之，何以如「噬膚」之易也？彼梗吾政者，義之所不容也，矧其惡尚淺而易制也，矧六二得位，又以中正之道臨之也，此其所以噬之易也。「噬膚滅鼻」，人疑其致怨咎，聖人正之曰「無咎」也。彼爲間而遭噬者，往往心服，而況於他人乎？

六三，噬腊肉，遇毒，小吝，无咎。《象》曰：「遇毒」，位不當也。九四，噬乾胏，得金矢，利艱貞，吉。《象》曰：「利艱貞吉」，未光也。六五，噬乾肉，得黄金，貞厲，无咎。《象》曰：「貞厲无咎」，得當也。

噬莫易於噬膚，莫難於乾脯，次腊肉，次乾肉。小物之乾者曰「腊」。此蓋以彼間之淺深，與己德大小爲難易。二除間於膚淺，三漸深，故爲次難，四又深，尤難。至五當益深益難，而曰「噬乾肉」，止爲次難者，以其有黄中金剛貞正之盛德，又以尊位行之，無毫髮之失也，故曰「得當也」，故雖厲而無咎。夫彼爲間，三噬而除之，當也，而反「遇毒」者，三無德焉，不當位也，無德者雖行之以正猶難濟。雖然，三非間者，彼爲間而三除之，於義爲正，雖有「小吝」，終於「無咎」。至於四則間益深益大，故曰「噬乾脯」，或作「胏」，子夏作「脯」。子夏在孔門，當從其本文。四剛失直，❶不如黄金中剛之善矣，故利於艱貞則吉。《象》曰

❶「四」，原作「五」，今據文義改。

「未光」，言九四之猶未盡乎道也。《易》諸卦爻，惟曰「艱貞」不曰「艱中」者，貞可以勉而至，中不可勉而能。六五之黄中，非九四之所能勉而至也，故曰「中庸之爲德，❶其至矣乎，民鮮久矣」。

上九，何校滅耳，凶。《象》曰：「何校滅耳」，聰不明也。

此爲間者，爲惡至於上則極矣。初九始于足，上九登於首矣。今獄具亦有首足之校，聖人於是猶發揮其本始，曰本於昏而已矣。「聰不明」者，昏之謂也。人心本善，因昏而失，言其非無良性也，昏故也。小人省此，庶乎其瘳矣。

❶「爲」，明刻本無此字。「德」下，四庫本有「也」字。

# 楊氏易傳卷九

宋慈谿楊簡敬仲撰

䷕ 離下艮上

賁，亨。小利有攸往。

《彖》曰：賁「亨」，柔來而文剛，故亨。分剛上而文柔，故「小利有攸往」，天文也；文明以止，人文也。觀乎天文，以察時變；觀乎人文，以化成天下。

先儒以爲此卦本下乾上坤，坤之上爻，來爲六二而文乾，分乾之中爻，上爲上九而文坤。靜觀六畫，誠有斯象。偏剛偏柔，不可獨用，必資相濟，相賁以成章。舜命禹征有苗，剛德也。伯益贊禹而班師，以柔文之也。成王，質之柔者也，周公以大聖輔之，剛上文柔也。本質剛大，柔來文之，則亨。其功大，本質大故也。本質陰柔，柔雖剛往文之，僅「小利有攸往」而已，本質小故也。舜之得益、禹，周公之遇成王，非人之所得爲也，天也。其君臣相遇，剛柔相遭，相之功業大小，皆天然之文，非人之所能爲也。至於「文明以止」，一定不易之文，則「人文」也，人倫是也，尊有常尊，卑有常卑，禮有常序，其文甚明，而萬古不易。

夫君臣剛柔之所遇，時變之形，不可不觀而察之也。人文，人心之所自有，自善自正，順而導之，左之右之，使無失其所有，而自化自成矣。人文如此，天文如彼，其事不同，而文則一也。六十四卦，其事不同，道則一也。學者至此卦，往往不能不浸而轉於事，惟覩其事，不省其道。《大傳》曰「百姓日用而不知」，不可爲不知之百姓告也。

《象》曰：山下有火，賁。君子以明庶政，无敢折獄。

山者，生育之所，其下有火焉而明，殊無用刑之象。賁，文也。文，柔德也。君子知民之未化，不在乎民也，在我而已，在庶政而已，不在乎刑也，在養之而已，未有庶政咸得其道而民不化者。刑獄，武德也。武，文之反也。使其折獄爲本務，無不得已之意焉，則刑益繁，民亦亂，失本末之敘故也。秦漢而下，罕明斯旨。

初九，賁其趾，舍車而徒。《象》曰：「舍車而徒」，義弗乘也。

初九在下，義不乘車。君子以義爲榮，不以車爲榮。義在於徒，其榮在徒；義在於趾，其賁在趾。人達此者寡矣，故聖人於是發之。

六二，賁其須。《象》曰：「賁其須」，與上興也。

六二柔不能自立，依剛而立，亦猶須不能自興，從頤而興。九三一陽在上，有頤之象。六二耦而附於下，有須之象。六二離體，自知也明，故能依九三而成賁。其有不度德，不量力，妄欲以弱才獨任，有覆餗之凶矣。六二雖無吉，亦免凶，自知之明也。

九三，賁如濡如，永貞吉。《象》曰：「永貞」之「吉」，終莫之陵也。

賁卦雖以剛柔相濟爲賁，而柔以得剛爲美，剛以比柔爲醜，卦分剛上而文柔。臣之事君，不得已也，比肩而居，非所善也，而九三居二陰之間，乃有小人濡染君子之象。天下之變，固有不得已居乎小人之間而不失其體，若爲小人所濡而實不濡也。「賁如濡如」，此君子與小人相處之道。孔子見南子，子路不説者，以其有濡如之迹也，而孔子未嘗失其正焉，其正又未嘗不久。他人之居乎小人之間者，未必能正，正又未必能久。正之不永者，利欲動之而不固也；正之不永者，作意爲之，故有時乎衰也。惟道心昭明，道心無我，道心非意，有意則有盛衰，無意則無盛衰也，終始無二也，故小人終莫能陵我也，爲其所動而害吾之德，雖謂之「陵」可也。此聖人教君子之言，當如是嚴也。九三與上九皆陽，無相應之象，故有與上下陰相濡之象。

六四，賁如皤如，白馬翰如，匪寇婚媾。《象》曰：六四當位，疑也。「匪寇，婚媾」，終无尤也。

六四與初九正應而下比九三，陰陽相比，疑有相與之情，故曰「當位，疑也」。而六四正應於初，應於初，不比於三矣。三之於四，非正德也，四之於初，乃正應也。正者君子之道，不正者小人之道，故以三爲寇。皤，白也。六四「賁如皤如」，言其潔白不爲小人所染污也，如「白馬」之驤往，應乎初九之陽，志專應乎正，一無駁雜，斷不與九三之寇爲婚媾。不與九三之寇爲婚媾，則人雖始疑之，終不尤之也。

六五，賁于丘園，束帛戔戔。吝，終吉。《象》曰：六五之「吉」，有喜也。

半山曰「丘」。六五居艮中爻，艮爲山，有丘園之象，六五以丘園爲賁。賁飾之世，六五能反本善矣。

束帛戔戔然儉陋，雖於賁之時爲吝嗇，而終於吉。《象》曰「有喜」者，言六五之所爲，雖人情之所不快，而實可喜也。六五有「丘園」之象，故有「戔戔」之象。

上九，白賁，无咎。《象》曰：「白賁无咎」，上得志也。

賁飾至如此極矣！上九超然於一卦之外，乃艮止其賁，一以白爲賁焉。一用質實，疑人情之所不說，聖人於是示之曰無咎尤也。人心不至於不説，❶忠誠相與，人必不咎。《象》曰「上得志」者，人心本善，本純誠而不雜，禮文之興，人心未必不流而入於僞，故《禮》貴乎「去僞」，又曰「防民之僞」。今也曰賁，❷則一由中心行之，無毫髮致飾之僞，故曰「上得志也」，正人心之本然也。周文之敝，繼周者當用忠質，亦人心之所厭也。

䷖ 坤下艮上

剥，不利有攸往。

《象》曰：剥，剥也，柔變剛也。「不利有攸往」，小人長也。順而止之，觀象也。君子尚消息盈虚，天行也。

---

❶「心」，原作「情」，今據明刻本、四庫本改。

❷「曰」，四庫本作「白」。

以五陰剥一陽，「柔變剛也」。柔象小人，剛象君子，「不利有攸往」者，小人之道長日盛，君子不利有所往也。「順而止之」，卦有此象，坤順艮止，觀象可知也。小人既盛，不可遽止，順而止之可也。小人既極其盛，盛極則衰，亦有可以順止之理。然不可必也，一觀天消息盈虚之勢如何，小人果有消虚之勢，則順而止之，如其未消未虚，是以天行之未可。聖人所以繼言於後者，深知順止之象，不可必也，君子亦何敢置己意於其間哉？「窮則獨善其身，達則兼善天下」，進退作止，無非天之所行也，有毫髮未與天爲一，君子恥之。

《象》曰：山附於地，剥。上以厚下安宅。

剥之義，悉具於卦畫之中，而人不知省，聖人於是發之。剥之爲卦，小人剥君子也。而艮山附於坤地，乃有「厚下安宅」之象，何也？剥之禍生於用小人，剥不必厚下，小人不剥下，則無所便其私欲。今欲救剥之禍，當用君子之道。厚下，君子之道也，君子小人率相反。「民惟邦本，本固邦寧」，剥其下則人心離，人心離則誰與守邦？取禍之道也，豈不甚危？厚下則民戴其上。上之安宅，如山之附於地，其安固若此，必無剥禍。

初六，剥牀以足，蔑貞凶。《象》曰：「剥牀以足」，以滅下也。六二，剥牀以辨，蔑貞凶。《象》曰：「剥牀以辨」，未有與也。

足最居下。辨者，上下之際曰「辨」，取象乎牀者，牀，人所安處。今曰「剥牀」，庶居上者，知所懼也。蔑，無也。貞，正也。小人剥牀，無能正之則凶。六爻惟初與二曰「蔑貞凶」，言初與二小人之勢未甚壯，尚可正之也，過此則雖欲正之，亦無及矣，禍成矣。初《象》曰「以滅下也」，明小人必剥下，剥下所以奉上之私欲也。二《象》曰「未有與也」，言未有陽爲之應，未有君子與之正救也。

六三，剥之，无咎。《象》曰：「剥之，无咎」，失上下也。

六三在羣陰之中，獨與上九一陽應。此小人稍識邪正，不與君子相違，獨爲剥之無咎。《象》言其與上下衆小人相失也。

六四，剥牀以膚，凶。《象》曰：「剥牀以膚」，切近災也。六五，貫魚以宫人寵，无不利。《象》曰：「以宫人寵」，終无尤也。

魚，陰類，宫人，亦陰類，皆小人之象。貫魚，以柔制之也。「以宫人寵」，寵愛之如宫人也，皆順而止之道。制小人良難，恐其不利也。如「貫魚」，如寵「宫人」，則「無不利」矣，故《象》曰「終無尤也」，無怨咎也。

上九，碩果不食，君子得輿，小人剥廬。《象》曰：「君子得輿」，民所載也。「小人剥廬」，終不可用也。

陽實，有「碩果」之象。碩，本也。陽爲大，君子爲大。陽極衰而復生陰，陽無偏絶之理，故「碩果不食」。復於下生，當是時，小人盛極勢衰，君子衰極勢將復，故曰：「君子得輿，小人剥廬。」君子本爲人心所敬，況今將復，民咸載之矣。小人爲人心所賤，況今勢衰，如剥斯廬，終不可用，無庇身之所矣。

䷗ 震下坤上

復，亨。出入无疾，朋來无咎。反復其道，七日來復，利有攸往。

《彖》曰：「復，亨」，剛反。動而以順行，是以「出入无疾，朋來无咎」。「反復其道，七日來復」，天行也。「利有攸往」，剛長也。復，其見天地之心乎！

復，陽復也，君子復也。陽復則萬物發生，君子復則治康，是謂「亨」。《剥》「柔變剛」，小人剥君子也。《復》「剛反」，君子反復於内也。言變，惡其亂也，言反，喜其復也，謂君子本當在内，今復其所也。喜君子，惡小人，萬古人心如此也。人心即易之道也。君子雖爲人心之所喜，雖已反復於内，苟動而不以順行，即失人心，即轉而爲小人矣，安能「出入無疾，朋來無咎」？夫天下惟有道而已，順之則善，逆之則害，一日違之，則有一日之害；一事違之，則有一事之害；一念違之，則有一念之害。是故，君子反復，動必以順行，而後出入一無疾害，雖朋類咸來亦無咎。消息盈虚，咸有其勢，一陽雖微，其勢則長，五陰雖衆，其勢則消，而況於君子之朋來乎？而況於以順行乎？必無咎尤。「『反復其道，七日來復』，天行也」，反復有數焉，自姤之一陰生，遯二陰，否三陰，觀四陰，剥五陰，坤六陰，至於復，是爲七。陽言日，陰言月，故《臨》言「八月」，亦以易道欲君子之早復，故近其期曰「七日」。然消息盈虚之勢，七之數，雖天道不能違，而況於人乎？天人之道一也，異乎天，無以爲人，人心即天道。人自不明，意起欲興，人心始昏，始與天異，意消欲泯，本清本明，云爲變化。動者天之動也，静者天之静也，反復天之反復也，如是則全體天道，寂然而感通，無干時之禍，無作意之咎。既復矣，則「利有攸往」矣。剛長，君子之道長，故君子利有攸往，此非君子之私意也，亦天道也。「復，其見天地之心乎」，三才之間，何物非天地之心？何事非天地之心？何理非天地之心？明者無俟乎言，不明而欲啟之，必從其易明之所而啟之。萬物芒芒，萬物循循，難於辨明。陽窮上剥盡矣，而忽反下而復生，其來無階，其本無根，然則天地之心，豈不昭然可見乎？天地之心即道，即易之道，即人，即人之心，即天地，即萬物，即萬事，即萬理，言之不盡，究之不窮。視聽言動，仁義禮智，變化云爲，何始何終？一思既往，再思復生，思自何而來？思歸於何處？莫究其所，莫知其自，非天地之心乎？非道心乎？萬物萬事萬理，一乎？三乎？此尚不可以一名而可以二名乎？通乎此，則變化萬殊皆此妙也；喜怒哀樂，天地之雷霆風雨霜雪也；應酬交錯，四時之錯行、日月之代明也。孔子曰：「哀樂相生，明目而視之，不可得而見也；傾耳而聽之，不可得而聞也。」於戲至哉！何往而非天地之心也。

《象》曰：雷在地中，復。先王以至日閉關，商旅不行，后不省方。

三才一氣，三才一體，是故，人與天地不可相違。腹臓作疾，則首足四體皆爲之不安，爲其皆一人之身也。人事與天地乖戾，感觸上下，爲災爲害，亦以三才一體故也。雷在地中静，人事亦當静，亦以明人與天地一致。舜禹「十有一月朔巡狩」，往往於至日則不行耳，其前其後，無不可者。

初九，不遠復，无祇悔，元吉。《象》曰：「不遠」之復，以脩身也。

意起爲過，不繼爲復。不繼者，不再起也，是謂「不遠復」。意起不已，繼繼益滋，後雖能復，不可謂

「不遠復」。不遠之復，孔子獨與顏子，謂其「有不善，未嘗不知，知之未嘗復行」者。繼之之謂意起，即覺其過，覺即泯然，如虛之水，泯然無際；如氣消空，不可致詰。人心自善，自神自明，自無污穢。事親自孝，事兄自弟，事君自忠，賓主自敬，應酬交錯，如四時之錯行，如日月之代明，如水鑑中之萬象。意微起焉，即成過矣。顏子清明，微過即覺，覺即泯然，無際如初，神明如初，是謂「不遠復」。微動於意而即復，不發於言行，則不入於悔戾。祇，適也。某嘗自覺意初起，如雲氣初生上，未知其爲何意，而已泯然復矣。某何者猶爾，而況於顏子乎？若交又起而往，則入於悔矣。元，始也，復於意未動之始也。是元即乾元，即坤元。元不可思，元不可度，姑謂之始，又謂之大，又謂之道心，又謂之天地之心。其曰「元吉」，吉孰大焉！《象》曰「以脩身也」，明乎脩身當如此而脩。

六二，休復，吉。《象》曰：「休復」之吉，以下仁也。

休者，美之之辭。六二親賢樂善，虛心以下初九之仁，世俗衆人往往以爲卑辱，而聖賢則灼知其爲休美也，故曰「休復，吉」。所以破俗情之蔽，彰六二之美，助好善之心。夫人親小人則不善之心日熾，親仁賢則復于道矣。《象》曰「下仁」，所以明爻辭之未著者也。

六三，頻復，厲，无咎。《象》曰：「頻復」之厲，義无咎也。

六陰三陽，動善惡雜，有「頻復」之象。頻復亦危厲矣，其有不復，則入乎惡，豈不甚危？既復則無過，故「無咎」。

六四，中行獨復。《象》曰：「中行獨復」，以從道也。六五，敦復，无悔。《象》曰：「敦復，无悔」，中以自考也。

《益》六二、六四皆曰「中」，以三爻四爻居一卦之中，故亦有「中行」之象。此六四之「中行獨復」，與六五之「中以自考」，略相似而不同。既曰「中行」，則由道而行矣。中者道之異名，而猶以「復」爲言，猶以「從道」爲言，何也？孔子發憤忘食者此也，顔子好學者此也。得道而不能行，則意不能動，過未能寡，何以成德？是中行之復也，何思何慮，變化云爲，渾焉一焉，猶我而已。是我無體，是我無方，是我無思，是我無爲。無爲而行，是謂「中行」；無倚無畔，是謂「獨復」，是謂「從道」，是謂「蒙以養正」、作聖之功也。至於六五「敦復，無悔」，敦，不動也，不動而復。《象》曰「以自考」者，考，成也，中以自成，無俟乎行而自成也。「敦復」雖自卦而有復名，而實無復之可言。蓋曰復敦，復敦不動之復，異乎諸爻之所以爲復矣。進乎天矣，聖功等級有此。

上六，迷復，凶，有災眚。用行師，終有大敗，以其國君凶，至于十年不克征。《象》曰：「迷復」之凶，反君道也。

既不能「不遠復」，又不「休復」，又無「頻復」，放而不反，至如此極。迷復之道，不止於凶，又有災眚。災眚，天譴也。如此而言，已包括矣。而經言「行師」、「國君」者，復舉此二大事而言，以應筮者之問，所告切的，庶幾警懼而改也。「十年不克征」，亦繼繼不可之辭，使知懼也。夫族師者，一族之所師。黨正者，一黨之所正。州長者，其賢足以長一州之人也。國君，則其德足以居一國之上也。天下之君，則其德足以居天下之上。今迷復是反乎君道也。

䷘ 震下乾上

无妄，元亨利貞。其匪正有眚，不利有攸往。

《象》曰：无妄，剛自外來而爲主於內，動而健，剛中而應。大亨以正，天之命也。「其匪正有眚，不利有攸往」，无妄之往，何之矣？天命不祐，行矣哉？

復則不妄矣，❶未復則物爲主，復則我爲主。道心無外內，外心即內心，惟人之昏，不省乎內，惟流乎外，是故姑設內外之辭。目之於色，人惟見色，不知視者。耳之於聲，人惟聞聲，不知聞者。心思之於爲事，人惟覩萬事，不知心思之所從起。視者即聽者，聽者即心思之所從起。起莫知其所從，用莫知其所終。覺則復而爲主於內，不覺則放而爲客於外。此心有至剛不可磨滅之妙，昏猶金之混於沙泥，明猶金之出於泥沙。內非外內，復者自知。知無所思，變化云爲。動而健，不隨氣以衰。剛無所屈，中無所偏，姑名「剛中」。豈思豈爲，虛明而應，羣心自隨。「大亨以正」，天命在斯。與物亨通而失其正，是小人之中庸，其所以至於無忌憚者，蓋由於斯，故有眚。元，始也。元，大也。始難於言，惟曰「大亨」，足以明矣。下之至動，足以發揮無妄之至神，徒靜猶妄，至動無妄，愈動愈神，是謂無妄之貞。孔子從心所欲而不踰矩，「大亨以正」也。不言所利，利在其中。「不利有攸往」，禹曰「安汝止」是也，言其本止而不動。意動則

❶「妄」，原作「往」，今據明刻本、四庫本改。

往矣，往則爲妄矣，動則離無妄而之妄矣，故曰「無妄之往，何之矣」。離無妄而之妄，離天命而之人欲，天不祐也，何以能行？非天不祐，自取之也。

《象》曰：天下雷行，物與无妄。先王以茂對時，育萬物。

與，猶皆也。「天下雷行」，萬物皆無妄，聖人於是指無妄以示人，庶人心之或省也。何以明是時萬物之皆無妄？無妄本無可言，本無可思。雷動物生，無妄可言而不可知，不識不知，帝則在斯。非謂性此時無妄，他時則妄也，因其動生之機，發而易明也，省則物我一矣。先王對時茂育萬物，禁其傷害。仲春，「毋竭川澤」、「毋焚山林」；季春，「罝罘羅罔，畢弋」、「毋出九門」、「毋伐桑柘」；孟夏，「毋伐大樹」；季夏，虞人行木「毋有斬伐」，皆所以順天道也。

初九，无妄，往吉。《象》曰：「无妄」之往，得志也。

此無妄之往，異乎《彖》辭之云。《彖》辭謂舍無妄而他往也，此謂以無妄而往也，乃真心而往也。《象》所言無妄之往，動於意而離，是謂失其道心。道心者，人之本心也。真心，非放逸之心也，雖動而未嘗離也，正吾心之本也，故曰「得志也」。

六二，不耕穫，不菑畬，則利有攸往。《象》曰：「不耕穫」，未富也。

必耕而後可穫，斷無不耕而穫之理。田一歲曰菑，三歲曰畬，斷無不菑而畬之理。然而此爻曰「不耕穫，不菑畬，則利有攸往」者，其義何也？爲之而成、作之而得者，皆萬世横目之所知也。不爲而自成、不作而自得者，無妄之妙也。六二至陰至静而得中，有得其道之象，聖人於是發揮其妙，蓋不思而知、不爲而爲者，無妄之妙也。道心至靈，至神至明，變化云爲，如水鑑之照物，如四時之錯行，如日月之代明。孔子「不逆詐，不億不信，而抑亦先覺」，其詐不信，色勃如，屏氣似不息，終年應酬，「終日不食，終夜不寢，而思」，而又曰「吾無知也」，此非訓詁之所解也，非告語之所及也。又曰「哀樂相生，明目而視，不可得而見也；傾耳而聽，不可得而聞也」，夫哀樂皆可見也，皆可聞也，而曰不見曰不聞，萬古之所莫解也，而智者之所默識也。禹曰「安汝止」，人心自有寂然不動之妙，惟不安而好動故昏，故夫禹之所謂止，非無喜怒無思爲也，終日思爲而未嘗動也，❶雖有喜有怒而未嘗動也，如此則不妄，如此則「利有攸往」。往者以無妄而往也，不然則往皆放逸也，何利之有？「未富」之者，中虛無實之謂，因不耕穫而發此義。孔子與門弟子言，每每戒其意，戒其必，戒其固，戒其我，皆所以攻其害道者，使虛也。

六三，无妄之災，或繫之牛。行人之得，邑人之災。《象》曰：行人得牛，邑人災也。

六三無妄之爻，非爲邪者，以未能不作意，不能不立於我，故謂之災。人性本善，本神本明，作意則昏，立我則窒，意作我立，如雲翳空，如塵積鑑。所謂本無妄者災矣，災非其本心之所欲也，志在於善，反罹其災；志在於得，反有所失。心在於静，得静則失動矣；心在於一，得一則失二失三四失十百千萬矣；心在於萬則得萬，得萬又失一；心在於同則得同，得同則失異矣；心在於異則得異，得異則失同矣；心在於實則得實，得實則失虛；心在於虛則得虛，得虛則失實；心在於中則得中，得中則失四方；心在於四方

❶「思」，原作「心」，今據明刻本、四庫本改。

則得四方，得四方則失中；心在於知則得其知，得其知則失其不知；心在於不知則得其不知，得其不知則失其知。大抵有得則有失，無得則無失，無得則得無得，得無得則又失有得矣。有得非麤，無得非精，愈深愈窮，無深無窮，惟自覺者四闢不通，變化無窮，是謂「大中」，莫究厥始，無窮厥終。無得尚不足以言之，而況於有得乎？故取「或繫之牛」，爲象「行人之得，邑人之災」。《象》又曰「行人得牛，邑人災也」，有得則有失，其旨益明。六陰靜，三復陽動，有意我之象。

九四，可貞，无咎。《象》曰：「可貞，无咎」，固有之也。

九陽動，四陰靜。三與四皆非中道，六三雖靜而不能不動，九四則自動而之靜，去妄而學無妄。自聖人觀之，九四未免於習，未覺其本，未可以爲大正，然寖釋其意，寖消其蔽，有損而無加，有寡而無多。意蔽消則性自明，意蔽大消則性自大明。雲氣去盡，則日月自昭。夫明德人所自有，學者惟「自昭其明德」而已。覺則明，不覺則固，難乎其明，然九雖未覺未中，惟漸釋意蔽，意蔽盡釋，則本明自昭。是或一道也，故曰「可貞」，言亦可以正也。雖未盡正而寖改過矣，故「無咎」。《象》曰「固有之也」，言固有此道也。孔子曰「君子以人治人，改而止」，正謂此也。人爲蔽，以人爲治人爲，人爲盡改則止，不必復求也。意蔽盡去，則本德自明，九四可貞之道也。學道者亦不必專主一說。有忽覺而明者，有漸釋漸明者，明則一也。孔子思而漸釋其意蔽，明道心亦自明，故與門弟子語，每每止絶其意，❶曰「毋意」，曰「毋必」，曰「毋

❶「止」，明刻本、四庫本作「正」。

固」，曰「毋我」。知夫意蔽盡去，過盡改，則人人皆與聖人同也。人人之德性未始不明也，固有此道也。《中庸》曰：「其次致曲，曲能有誠。」

九五，无妄之疾，勿藥有喜。《象》曰：「无妄」之藥，不可試也。

五爲中，中爲道，九五得道者也。然有疾焉，意或微動而過差。此疾既小，不藥自愈，如加藥焉，其病滋甚，故《象》曰「不可試也」。此爻惟已得道者知之，未得道者不知此何等義理也。有病而勿藥，有過而不改，殆不可解也。昔者：「孔子遇舊館人之喪。入而哭之哀。出，使子貢脱驂而賻之。子貢曰：『於門人之喪，未有所説驂，説驂於舊館，無乃已重乎？』孔子曰：『予鄉者遇於一哀而出涕，予惡夫涕之無從也，小子行之。』」夫孔子之過於哀，此不可掩者也，然此無妄之疾也，孔子不加藥焉，子貢不知也。此四時寒暑之變，微有過差者也。《易傳》曰「變化云爲」，云爲乃變化，非心思之可度也，非訓詁之可解也。孔子曰「吾衰也久矣，吾不復夢見周公」，蓋孔子不夢周公也久矣，不知其幾年矣。孔子一不之省，則孔子無思無慮，數年而始覺，其覺矣亦非動。又曰「不知老之將至」，又曰「吾有知乎哉？無知也」，此蒙以養正、作聖之功也，加藥則不蒙矣，則有知矣，有知則不一貫矣，則妄矣。此爻辭不爲聖人而作，爲已得道而未新純者作。大休無妄，起意於善，是謂無妄之疾。若又治此疾，則於意上生意，疾中加疾。此疾自妙，非大非小，惟道心大明者始知此，未至於大明者終疑。

上九，无妄，行有眚，无攸利。《象》曰：「无妄」之行，窮之災也。

無妄至於此，至矣盡矣，亦無過之可言矣。而賢者於此，或尚疑己德之未盛，復有所行，則意復起，則有眚。眚者災之小，則失蒙養之功矣。將以爲利，適以爲害；將以爲進，反以爲退。無妄之藥，尚不可試，而況於無故而欲行乎？行則有眚，又況於行而窮之乎？窮之則災矣。此學道其終之微蔽，故於上爻言之。孔子曰「吾無知也」，無知則不行矣；又曰「不知老之將至」，老至猶不知，而況於行乎？孔子惟如此，故能至於「耳順」、「從心所欲」之妙。此爻惟已得道而蒙以養正之功未成者，當達斯義。

# 楊氏易傳卷十

宋慈谿楊簡敬仲撰

䷙ 乾下艮上

大畜，利貞。不家食，吉。利涉大川。

《彖》曰：大畜，剛健篤實，輝光日新。其德剛上而尚賢，能止健，大正也。「不家食吉」，養賢也。「利涉大川」，應乎天也。

大畜，大者有所制畜也。畜止健者，非有「剛健篤實，輝光日新」之盛德不能也。有盛德矣，而又「剛上而尚賢」，而後可以行止健之事，不然，則健者亦未易止畜也。健者，武勇奸雄之徒也。世不幸有奸雄作焉，惟大人能止畜之。「剛健」言其神武，能威能制，「篤實」言其誠一不二，剛健篤實，非二也。曰剛健曰篤實，皆所以明一德之盛。一言之不足，故再言之，非二德也。輝光中虛光明，神用四發，發於云爲變化也，如日月之光輝，敷散宇宙，而初無心焉。「日新」，常新而不故，湯《盤銘》曰：「苟日新，日日新，又日新。」意有起止，則有新故；意無起止，則無新故。行有作輟，則有新故；行無作輟，則無新故。無新故則常一，常一則常輝光日新，亦無二道。無二道，則曰剛健足矣，何必復言篤實，又言光輝日新？人心未明，雖明又未必大明，或誤釋，或偏見，則卦旨不明，故不得不合此數語以明其德。有如此盛德，又以剛在上，得利勢以行之，又尚賢，不自任其剛，尊賢諮謀，以輔其不及，則能止畜健者矣。奸雄難於止畜，德之未盛者不足以臨之；雖備天下之善德，苟不剛健，猶未爲盛德之全，亦不足以臨之；剛不在上，無利勢，則亦不足以臨之；德盛得位，苟不尚賢，亦非全德，雖堯舜之聖，猶資衆聖賢之輔，雖大智或有所不及，不尚賢則奸雄亦得以窺之，亦不得而止畜也。不能止畜健者，則德非大德，正非大正。正無大小，惟德之未盛者，未盡乎正之道，故以全盡之者爲大正。苟失其正，終難止健，故曰「利貞」。「不家食，吉」。「尚賢」而「養賢」，賢無家食也。既有大德行正道，又養賢尚賢，則畜止健者之道，無不盡矣，故可濟大險，故曰「利涉大川」。至於利涉大川，非與天爲一者不能也，故曰「應乎天也」。有毫髮私意，有毫髮意、必、固、我者，皆未免於人爲，非應乎天。

《象》曰：天在山中，大畜。君子以多識前言往行，以畜其德。

山中有天，所畜者大矣。卦已明「剛健篤實，輝光日新」之大，此又明多識之畜，皆德之所畜，皆易之道也。道雖一貫，雖學不可以不博，前言往行，千差萬殊，有是有非，有偏有全。萬善萬德，洞觀會同，「如四時之錯行，如日月之代明。萬物並育而不相害，道並行而不相悖」，「大積焉不苑，深而過，❶茂而有

❶ 「過」，《禮記》作「通」。

間」。孤陋而寡聞，坐井而觀天，汔至而未繘，小者之事耳。

初九，有厲，利已。《象》曰：「有厲，利已」，不犯災也。

大畜之時，上之人以剛制畜臣下，臣下有危厲之道。初九未得，似利於止而不進。已，止也，止則不犯災矣。

九二，輿説輹。《象》曰：「輿説輹」，中无尤也。

二已居位，當上以剛制畜臣下之時，則當如輿之説軸輹，不可行也。其「説輹」，中無怨尤之心也。其失道者，往往於此有怨尤，故此明其道。

九三，良馬逐，利艱貞。日閑輿衛，❶利有攸往。《象》曰：「利有攸往」，上合志也。

上下之情未通，則有制畜之事。今九三上承六四，陰陽有相得之象，則九三可以往矣。大抵卦至三爻，居上下卦之交，有變之象。泰三已言「無往不復」，此爻「良馬逐」，已有不制畜之象。「利艱貞」者，謹之也。徒謹而或失正，難於免禍。既艱既貞，又「日閑輿衛」，輿承上衛，謂防衛無致上疑。「輿衛」無他，「艱貞」而已，則「利有攸往」。以大畜之世，上方嚴制，雖合志不可往也。《象》言「上合志」者，明未合志，則斷不可往也。

六四，童牛之牿，元吉。《象》曰：六四「元吉」，有喜也。

---

❶「日」，《經典釋文》作「曰」，釋曰：「越音。」《茂陵中書》有「武功爵十一，二級曰閑輿衛」之文。

牛，柔順之象。「童牛」尤其柔者，而有牿焉，外莫得犯之矣。六四柔順之至，而能使人不得而犯，此非以威服，以德服人，故「元吉」。然非能止健者，能使健者不見犯爾，故曰「有喜」。以其無及人之功，故不曰「有慶」，慶大喜小。

六五，豶豕之牙，吉。《象》曰：六五之「吉」，有慶也。

牝豕曰豶。牝，陽也，五之象。牙能制物，有含藏之象焉。得止健之道矣，而止曰吉，不曰元者，以剛制乃適變之道，非其本也，然足以止健。奸雄不得肆其毒，福及天下，故曰「有慶也」。

上九，何天之衢，亨。《象》曰：「何天之衢」，道大行也。

大抵事終則變，上九居卦之極，有不待制畜而上下之情通達和暢之象。「何」之爲言，驚辭也。大畜之世，制畜方嚴，忽焉亨通，故驚喜曰：何天衢之亨也。天也，尚須制畜，非道亨也。上下一心，同由乎道，乃道之大亨也。

䷚ 震下艮上

頤，貞吉。觀頤，自求口實。

《象》曰：頤「貞吉」，養正則吉也。「觀頤」，觀其所養也。「自求口實」，觀其自養也。天地養萬物，聖人養賢以及萬民。頤之時大矣哉。

觀卦六畫，宛然如頤。頤，養也。養之而已，無所修治也。「養正則吉」，已正則養之而已，故「吉」。人多不自知己之非，而精於知人之得失，故觀頤先觀人之所養，是則効之，非則省己而懲之。「自求口實」，乃省己之所養，故曰「觀其自養也」。以彼照己，庶其易省也，人多不自覺，故聖人設法以教之，使先觀人而後觀己也。「天地養萬物」，天地之養，即人之養，知天地則知己矣。理人養民，乃先養賢，養賢則可以養民矣。君不用賢而能養民者，自古無之。「聖人養賢以及萬民」，疑異乎天地之養萬物，而孔子不以爲異，故比而言之。何獨聖人之養與天地同？雖天下人其養皆與天地同。何以明之？三才一體也，人自昏也，知其一則不昏矣，不昏則人與天誠未見其有間也。不特頤爲然，六十四卦皆然。孔子於此又慮人必索頤之義，乃不曰「義」而止曰「時」，曰「頤之時大矣哉」。大哉頤之時乎！誠可謂至大矣。頤者養而已，頤以口實奉養，不可得而索也；養有所修治，義亦不可得而索也；養無所修治，義亦不可得而索也；天地養萬物，義亦不得而索也；聖人雖養賢以及萬民，然亦如斯而已，義亦不可得而索也。無義可索，故唯曰大矣哉頤之時乎！大矣哉六十四卦之時乎！其曰「時義」，亦非有義之可索也，姑曰「義」，亦無義之可狀也。究義之始，莫得厥始；究義之終，莫得厥終。曰「義」曰「時」，皆不可索，未始不同，是謂帝則，不知不識，是謂大易。無思無爲，變化云爲。「不可度思，矧可射思」，六十四卦亦如之，三百八十四爻亦如之。書不盡言，時亦發之他卦，亦屢發「大矣哉」之旨矣。舉一隅以通三隅，即一以知萬，不必每卦每爻，既言而又言也。

《象》曰：山下有雷，頤。君子以慎言語，節飲食。

山有止之象，雷有聲而動。君子之言語，即雷之聲；慎而謹之，即山之止。君子之飲食即雷之動，而節之即山之止，不縱其所欲也。夫人之本心，自善自正，自神自明，惟因物有遷，始昏始放，言語始輕脱，今也慎其言語，言語不輕肆而内心得所養矣。因物有遷，始昏始放，飲食始不節，今也節之，則欲不縱而内心得所養矣。去其害心者，而本心之光明如初矣。

初九，舍爾靈龜，觀我朵頤，凶。《象》曰：「觀我朵頤」，亦不足貴也。

龜能引氣自養，不假於食。「朵頤」，口實充頤之狀。初九自有陽明至靈之性，不假外養，乃舍之而慕人之利欲以爲養，凶之道也。《象》曰「亦不足貴」，明其本有良貴，今觀夫朵頤，則失其所謂貴矣。初九以陽應六四之陰，有舍靈龜、觀朵頤之象。

六二，顛頤，拂經。于丘頤，征凶。《象》曰：六二「征凶」，行失類也。

以上養下，順也。今六二以上而反資初九之陽以爲養，是謂「顛頤」。陽陰相比多相與，故有「顛頤」之象。「拂經」，言其非經常，「拂經」未有凶也。倘而於丘求頤，六五居艮山之中，有半山曰丘之象，而兩陰之情不相應，故「征凶」。二五於位本相應，而今不應，則六二不可往也。征，往也。二五雖本類而今非類，故曰「失類」。天下人情事勢之變，無常有如此者。子曰君子「定其交而後求」，今交不定而妄求，故不應而凶。六二震體，有動而上求於丘之象。頤爲利養。

六三，拂頤，貞凶。十年勿用，无攸利。《象》曰：「十年勿用」，道大悖也。

六三不中，已有失道之象，而震卦之上，動之甚者。夫謹言語、節飲食則爲順動，非所貴也。正則爲順，與天地相似則爲順，豈紛動之謂乎？然則六三拂頤之正道，其凶可知矣，雖十年亦不可用。十者，數之極，言終不可用，終無所利也，又曰「道大悖也」。

六四，顛頤，吉，虎視眈眈，其欲逐逐，无咎。《象》曰：「顛頤」之吉，上施光也。

六四陰爻，不能以上養下，而反資初九之陽以爲養，是謂「顛頤」。與六二同，而四獨吉者，四與初正應，不拂經常也。四既資初以養，四雖上位，其體尊重，如「虎視眈眈」然，而其志欲乃逐逐於初，❶相親之誠有如此者，則無咎。其如不然，挾貴挾勢以資初九之養，彼將咎我以無禮矣。《象》曰「上施光」者，人情以上資下之養爲屈辱，乃其私也，聖人於是正之曰此乃上施之光也，義當資之，何辱之有？小人以爲辱，聖賢以爲光。聖人多以「光」一言明無思無爲而及物，如日月之光。此雖下賢，亦不動乎私意，有光之象。惟不動乎私意者人咸服，故亦有尊榮義。

六五，拂經，居貞，吉，不可涉大川。《象》曰：「居貞」之吉，順以從上也。

六五上資上九之養，其體順，故不爲「顛頤」。特以本非正應，非其經常，故曰「拂經」。非其經常，疑不能久而變，故戒以「居貞」。以陰資陽，正也，居正不變，則吉。然陰盛方資於頤養，未可遽然大有所濟，故曰「不可涉大川」。《象》曰「『居貞』之吉，順以從上也」者，言六五之貞，不在乎他，在乎順從上九之賢而

❶「逐逐」，原作「迷逐」，今據四庫本及六四爻辭改。

已。六五艮體，有止定居貞之象，六二震體則反是。

上九，由頤，厲吉，利涉大川。《象》曰：「由頤厲吉」，大有慶也。

上九有公師之象。一陽在上，四陰隨之，有舉天下皆由上九而得其養之象，故曰「由頤」。以人臣而居盛勢，雖危厲之道，而上九以陽明之德，居公師之位，又以六五好賢柔順，有順從之象，故吉。觀時物之宜，雖濟險可也，何危之有？舉天下咸賴之，故曰「大有慶」。

䷛ 巽下兌上

大過，棟橈，利有攸往，亨。

《彖》曰：大過，大者過也。「棟橈」，本末弱也。剛過而中，巽而說行。「利有攸往」，乃「亨」。大過之時大矣哉。

陽剛爲大，陰柔爲小。君子爲大，小人爲小。大者亦有過也，無過則何以「棟橈」？棟橈則本末必弱，無過則何以致本末弱？「剛過」，用剛之過也。上言「大者之過」，此又明用剛之過者，如湯、武之征伐，周公之誅管、蔡，而其心一無所偏私，一由中道而行，又巽而不忤，説而能和，不失天下之心乃可。二五有中之象，巽兑有巽説之象。其曰「利有攸往，乃亨」者，既以棟橈本末俱弱，俱不可不往而修治其過，扶其弱而隆其橈也。人情亦有雖知過，復循循悠悠，不即敏改者矣，故聖人警之曰「利有攸往，乃亨」。雖曰大者既有過矣，疑不可以言大，而聖人亦贊之曰「大矣哉」，何也？此蚩蚩橫目萬言之所未知，而聖人特發祕以示之也。今夫六十四卦、三百八十四爻，其間情僞凶盜，邪僻過咎，不知其幾，而無非易之道，特以昏則僞，萬心則爲奸盜；明則爲智爲賢，大明則爲聖人，故曰「一以貫之」，又曰「誰能出不由户，何莫由斯道也」。《易大傳》「百姓日用而不知」，不曰：惟聖賢由之，餘人不由也。通乎此，則人之目視以此視也，耳聽以此聽也，心思以此思也，不思以此不思也，變化云爲，以此變化云爲也，豈不大哉。

《象》曰：澤滅木，大過。君子以獨立不懼，遯世無悶。

澤甚卑，木甚高，今澤乃過之，滅没其木，是謂大過，有非常大變之象。君子處非常大變之中，獨立而不懼，疑君子一於爲人，不復隱遯，故繼之曰「遯世無悶」，明乎已在危難之中，則義當授命，如「見幾而作」，則亦遯世。若將終身焉無一毫悶鬱之意，「遯世不見知而不悔」，《中庸》篇「惟聖者能之」，則遯世無悶，亦大過人之道也。道心虚明，自無懼，自無悶。有不然者，乃因物而遷，意起而昏。

初六，藉用白茅，无咎。《象》曰：「藉用白茅」，柔在下也。

子曰：「苟錯諸地而可矣。藉之用茅，何咎之有？慎之至也。夫茅之爲物薄，而用可重也。慎斯術也以往，其無所失矣。」《象》曰「柔在下」者也，初六柔而在下。凡百尤宜敬順。白茅柔物而在下，又四陽實而在上。初六有「藉用白茅」之象，在大過卦則成過於謹慎之象。

九二，枯楊生稊，老夫得其女妻，无不利。《象》曰：「老夫女妻」，過以相與也。

楊者，陽氣之所易感，其發生也早，故取以爲陽象，「枯楊」又有陽之過象。稊者，楊之秀。枯楊而生稊，乃陰陽之氣和而生。老夫雖過陽而得女妻亦順，用剛雖過而能降心濟以柔於道皆順，故「無不利」。九，陽也，二陰，有陰陽和順、剛柔相濟之象。《象》曰「過以相與」者，取其相與之情，爲宜過以相與，又有剛過而濟以柔之義。

九三，棟橈，凶。《象》曰：「棟橈」之凶，不可以有輔也。

九三與上六爲應，九三陽奇，有棟之象，而反居上六之下，是棟橈曲而下也。棟之所以橈者無他也，以九三用剛，過而不中也，故《象》曰「不可以有輔」，言其剛過自用，不謙柔以受人之言，故曰：不可輔也。

九四，棟隆，吉。有它吝。《象》曰：「棟隆」之吉，不橈乎下也。

九四與初六爲應，九四陽奇，有棟之象，而居初之上，故曰「棟隆」，高而不橈乎下。九剛四柔，剛柔相濟，故能隆也。然有它則吝，他者，初六之陰，有它則爲親近小人，有橈乎下之象，故《象》又言之。

九五，枯楊生華，老婦得其士夫，无咎，无譽。《象》曰：「枯楊生華」，何可久也？老婦士夫，亦可醜也。

華異乎稊，華雖亦陰陽和而後生，至於華則極矣，極必衰。四陽至於此極，故有將衰之象，故曰「何可久也」。華不能久，行衰落矣。上六陰而上，老婦也。九五反居下，士夫也。老婦得其士夫，則老爲主，其義則柔陰爲主，爲柔之過而剛反柔，雖無剛過之咎，而懲創大過，剛陽頓衰，安能有爲？故曰「無譽」，又曰「亦可醜也」。生華不久，其此類歟。

上六，過涉滅頂，凶，无咎。《象》曰：「過涉」之凶，不可咎也。

「過涉」，濟險也，而滅没其頂，凶也。雖凶而濟，險之至正也，不可咎之也，故曰「無咎」。古者有志之士，見危授命而功不濟，亦有後而議其非者，故聖人正之曰「無咎」，又曰「不可咎也」。「過涉滅頂」而又咎之，則鄉原之道行，而見利忘義者得志矣。

䷜ 坎下坎上

習坎，有孚，維心亨，行有尚。

《彖》曰：習坎，重險也。水流而不盈，行險而不失其信。「維心亨」，乃以剛中也。「行有尚」，往有功也。天險，不可升也；地險，山川丘陵也。王公設險，以守其國。險之時用大矣哉。

習坎，重險也。八卦惟坎言習，餘卦皆不言，何也？非不可言，因義生言，餘卦文義，自不必言重習也。非八卦有異道也，六十四卦同此一道，而況於八卦乎？「習坎」之義，何義也？人心遇險而懼，懼而甚則亂，亂則或失其信，其心安能亨？有能在險中而不失其信，迹雖在險難而心亨，已難乎人矣，❶至於再遇險而亦不失其信，❷其心亦亨者，非深得其道成全其德者不能也。❸大抵有志於善者，皆能履其初險，而至於重險則難，故聖人特於坎曰習，所以明其道也。得乎道則重險猶初險也，雖十百千萬險，猶一

❶「難」，四庫本作「離」。
❷「於」，原作「遇」，今據四庫本改。
❸「全」，原作「矣」，今據四庫本改。

險也。人心即道，道心無體，無體則易猶是也，險猶是也，一險猶是也，十百千萬險猶是也，而況於「重險」乎？人人皆有此道心，而昏昏者衆，昏則亂，昏甚者遇險輒亂，不甚者重險則亂，惟不昏而常明者，雖歷十百千萬險而不亂，故於坎曰習，所以明其道也。不爲重險所亂，則無不通矣。夏《易》曰《連山》，以重艮爲首，則艮亦可以言連，今《周易》艮不言連者，山可以連，艮不可言連，取義不同，立言隨義，言異而道則一。「水流而不盈」，所以爲坎。人心本乎信，亂則失之。孟子曰：「周乎德者，邪世不能亂。」當重險之中而不亂者，有盛德也。道心無體，如太虛然，險難何能亂之？身則有體者，身固不可得而亨矣。心則無體，無體則坎險不能陷，故常亨。言「維心亨」，則身不可言亨矣。孔子厄於陳蔡，畏於匡，而弦歌不衰，是遇重險而心常亨也。重險不得而亂，「剛中」之名於是乎著。既在險中，則當求濟其險，故曰「行有尚」。言往濟其險，則險可濟而有功，不往則險不能出，何功之可尚？難險非善也，而「天險，不可升；地險，山川丘陵。王公設險，以守其國」，險之義又未始不善。半山曰丘，大阜曰陵。設險則城郭溝池之固之所設也。王公設險非私也，所以守國也。守國所以安民也，天下之大公也。王公所設之險，即天地之險，聖人比而言之，明三才之一體也。人情又概以險爲不善，聖人於是發明險之時用曰「大矣哉」，所以破人心之疑蔽，明大易之道也。天地之間，何物非易？何事非易？何理非易？何時非易？何用非易？易未始不一，人心自不一。人心亦未始不一，人心無體，自神自明，自無所不一，有體則不一，無體則無不一。意動則昏，昏則亂，亂則自不一而紛紛矣。自不昏者觀之，重險之時大矣哉，有乎心亨大矣哉，行有尚大矣哉，六十四卦之用皆大矣哉！

《象》曰：水洊至，習坎。君子以常德行習教事。

水則洊至，德行本常，昏則不常。人本不昏，意動則昏，不昏則未始不常。常德行，在我之水洊至也。人心既放，教者貴熟，一暴十寒，何以善俗？習則熟，熟則常。「習教事」，在人之水洊至也。

初六，習坎，入于坎窞，凶。《象》曰：「習坎」入坎，失道凶也。

習坎，重險也，居險而能出險者，爲得其道。今居「習坎」之中，不惟不能出險，而又「入於坎窞」，「失道」故也，故凶。初六居下，故於習坎又有「入窞」之象。

九二，坎有險，求小得。《象》曰：「求小得」，未出中也。

二在險中，所求僅「小得」。《象》曰「未出中也」，言未出險中。

六三，來之坎坎，險且枕，入于坎窞，勿用。《象》曰：「來之坎坎」，終无功也。

六三來則入坎，之亦入坎。之，往也，外亦坎卦也，故曰「來之坎坎」，無功也。《象》曰「終無功也」，及六三又自枕于坎，不獨枕險，又入於坎窞，六三陰險不中，失道所致。然小人既以陷於此，豈無改過之道？聖人於是亦教之曰「勿用」。但一切勿有所用，則所謂失道之心熄，庶乎免矣。

六四，樽酒簋貳，用缶，納約自牖，終无咎。《象》曰：「樽酒簋貳」，剛柔際也。

酒養陽，食養陰，故「尊酒」陽奇，「簋貳」陰耦。九五陽剛，六四陰柔，剛柔交際，君臣相親。已離内卦，有濟險之道焉，君臣一德一心，何險之不可濟哉？然上下方交際，六四當「用缶」，缶虚中，毋實己意，一觀夫君心之如何。從君心之所明者，納誠以咎之，則君臣一明，君臣益和，終無尤咎，險可濟矣。

牖，明通之象。孟子因齊宣不忍於牛之心而啟之，以爲是心足以王矣，齊宣爲之興起，即「納約自牖」之道也。

九五，坎不盈，祇既平，无咎。《象》曰：「坎不盈」，中未大也。

九五雖得中道，陽德不陷於陰，有平險之功。而坎亦「不盈」，祇適平而已，雖無咎而無大功。功之未大，由其中之未大也。《同人》曰「得中」，《大有》曰「大中」，得道固有大小深淺之不同也。

上六，係用徽纆，寘于叢棘，三歲不得，凶。《象》曰：上六失道，凶三歲也。

上六失道，與六三同，而禍又甚焉者，上六因陰而又陰，險而又險。陰險小人，處險難之極，故有「係用徽纆，寘于叢棘，三歲不得」之象。

☲ 離下離上

離，利貞，亨。畜牝牛，吉。

《象》曰：離，麗也，日月麗乎天，百穀草木麗乎土，重明以麗乎正，乃化成天下，柔麗乎中正，故亨，是以「畜牝牛，吉」也。

「離，麗也」，麗猶附也，又重明之卦也。「日月麗乎天，百穀草木麗乎土，重明以麗乎正」，一也。離者，易道之異名也。三才無非易，而況於重明乎？始因離麗，指其同者以開人心。悟三才之未始不同，則萬物、萬事、萬理無不同矣，無不同者易也。今徒知日月麗天、百穀草木麗土、重明麗正，而不知其爲易之道者，實不識日月、百穀、草木、重明者也。重明，本明而又明也。人皆有明德，惟君子能明之，故《晉·象》曰「君子以自昭明德」。惟君子明之，衆人不能，則人雖有明德，又以能明爲善，故曰「重明」。人心非氣血，無形體，虚明神用，無所不通，意動故昏，一日覺之，自神自明，六通四闢，視聽言動，心思變化，無不皆妙，無不中正。其有小人略窺迂似，放肆顛倒於非僻之中，故曰「小人之中庸無忌憚」，是故重明之卦，利乎貞正。重明而不失貞正，則不入乎小人之無忌憚，則得易道之正，正則無不亨通矣。重明以麗乎正，非作意而附麗也；「重明」而不失正，即謂之麗義。讀《易》者當悟斯旨，勿執其辭。人之常言，亦多此類。夫天下之人心，不可以力化，不可以權術化，惟可以德化。重明則不失德性之本明矣，麗乎正則所行皆正，明德達而布于天下矣。人人皆有此德性，惟昏故愚，其本有之德性，未嘗磨滅也。今也上之人重明麗正，達而行天下，則天下同然本有德性，無不默感默應默化矣。化成之道，通於神明，光於四海，無所不通，《詩》云「自西自東，自南自北，無思不服」，非人力之所能爲也。孔子於《孝經》，以孝悌言之，即重明之正化也。《觀·象》曰：❶「聖人以神道設教，而天下服矣。」道化之神，誠有不可測識之妙。離卦陰柔居中，離爲中女，柔體也。體之柔者，難以致亨，惟不失中正則亨。中正者道之異名，中言乎其無所倚，無所偏，正言乎其不流於邪僻，不倚不偏不邪，非道而何？得乎道而不能亨者，未之有也。「牝牛」，柔之象

❶「彖」，原作「象」，今據文義改。

也。麗乎中正而後爲「畜牝牛」之吉也。

《象》曰：明兩作，離。大人以繼明照于四方。

《震》曰「洊雷」，《巽》曰「隨風」，《坎》曰「水洊至」，《艮》曰「兼山」，《兑》曰「麗澤」，獨《離》言「明」不言火，何也？聖人知繼明之義爲大，而兩火爲之物，繼明本一德，故曰「明兩」。明無實狀，雖曰兩，以發繼明之義，實無二體。作猶爲也，明兩爲離，立言之常也，不必贅起其意。《象》以言「重明」而兼言「中正」，重明之告猶未甚著，故此復發繼明之義。「繼明」，猶重明也。人皆有明德，惟意動而昏，故不繼。堯聰明，堯不昏而能繼也。舜濬哲文明，舜不昏而能繼也。文王若日月之照臨，以文王不昏而能繼也。作好作惡，則昏則失。道心虛明，光輝四達，如水鑑，如日月，無思無爲，自無所不照，有思有爲則意動。知此則失彼，知一則失十百千萬，況所知之一，未必果知乎，而況於照四方乎？舜告禹曰「人心惟危，道心惟微，惟精惟一」，道心不繼，不精一也。意爲人心，意不作爲道心。

初九，履錯然，敬之，无咎。《象》曰：「履錯」之敬，以辟咎也。

離爲火，火性躁。履，行也。錯然而起意念每如是躁之性也，於其初也敬之，勿遂其錯然之過，則不放不逸，免於咎矣。卦取離麗離明之義，此又發離火炎躁之象爲義。易道無所不通，不可執一而論。

六二，黄離，元吉。《象》曰：「黄離，元吉」，得中道也。

黄，中也。離，麗也。麗乎中道，故曰「黄離」。離，明也。明而不失乎中正，故曰「黄離」。離，火也。有火之明，不入於躁，是爲得中，故曰「黄離」。凡離之事無窮，黄中之道亦無窮。凡有意則有所倚，有所倚則有所偏，皆不可以言中。凡意皆不作，自然本明本神，自不偏不倚，而名之曰中，其獲「元吉」固宜，元亦道之異名，亦曰大，其獲大吉固宜。

九三，日昃之離，不鼓缶而歌，則大耋之嗟，凶。《象》曰：「日昃之離」，何可久也？

此爻又取離爲日月之象。日過中則昃，二爲中，三爲過中。「日昃之離」，將老之象。衰則老，老則死，一也。人之生如日之東升，壯如日之中天，衰如日之昃，死如日之西入。日有東西出入之異，其光明一也。生者，血氣之所聚，其性猶是也。老死，血氣之衰散，其性亦猶是也。性非氣血，無形體。有形體血氣，則有聚散，非血氣形體，則無聚散。愚者執氣血以爲己，故壯則喜，老則憂，懼其無己也。明者知性之爲己，性本無體，平時固自不立己私，不執血氣爲己。性如日月之常明，則血氣之或衰或散，固不足以動其心也。《象》曰「日昃之離，何可久也」，庶乎愚者懼而思道矣。

九四，突如其來如，焚如，死如，棄如。《象》曰：「突如其來如」，无所容也。

六五，大君也，柔而在上。九四乃以炎上之性，爲暴爲躁，突然而來犯，天下之所共憤，大義之所必誅，故繼曰「焚如，死如，棄如」，謂可以焚而死、死而棄之也。《象》曰「無所容也」，言無所容於天地之間也。

六五，出涕沱若，戚嗟若，吉。《象》曰：六五之吉，離王公也。

六五大君，爲暴虐之臣所陵，而六五柔弱莫能制，惟「出涕沱若」，又「戚嗟若」而已。然亦吉者，何也？君臣，天下之大義。君者，人心之所共戴，雖柔弱非剛暴之君也。而九四以臣犯君，人心之所共憤，故九四終於無容，六五終於不失其位而吉。《象》曰「六五之吉，離王公也」，離，麗。以其麗王公之位，故人心憤其臣之逆而共誅之也。苟非王公之位，則人心未必如此共憤之甚，加以柔懦特甚，難保其吉。

上九，王用出征，有嘉折首，獲匪其醜，无咎。《象》曰：「王用出征」，以正邦也。

離爲甲胄，爲戈兵。甲胄，外剛而堅也。戈兵，其性鋭也。此爻取甲胄戈兵之象而言出征，備明離卦之變義也。征伐，非王者之本心也，不得已而用之。《洪範》八政，師居其末。此爻一卦之極，事至於極，不得已而用之，所以正天下之不正也。以至明之王，行不得已之征，上合天心，下合人心，宜其有嘉而又折其首，不及其衆。非吾之醜類則獲之，苟不逆命，即吾類也，宥之可也。如此則雖用戈兵，人無怨咎。《象》曰「以正邦也」，明王者之征，所以正邦，非有他也，非行其私忿也，非黷武逞欲也。

# 楊氏易傳卷十一

宋慈谿楊簡敬仲撰

䷞ 艮下兑上

咸，亨，利貞，取女吉。

《彖》曰：咸，感也。柔上而剛下，二氣感應以相與，止而説，男下女，是以「亨，利貞，取女吉」也。天地感而萬物化生，聖人感人心而天下和平。觀其所感，而天地萬物之情可見矣。

觀卦之象，上六之柔，有自下而升之象，九三之剛，有自上而下之象，是謂「柔上而剛下」。剛柔陰陽，二氣感應以相與，艮止兑説，説出艮止者，其咸之道歟？亨利貞歟？變化之神歟？夫既以感應相與而説矣，而曰「止」者，何也？豈始説而終止邪？今曰「止而説」，言乎止而不動而又説爾，非止與説離而爲二，止與説合而爲一也，如水鑑中之萬象，水常止而萬象自動也，如天地之相感而未嘗不寂然也。大哉止説之道乎！人心皆有此妙，而自不省不信者，何止百人而九十九也！歸妹也，「歸妹，天地之大義也」。艮少男居下，兑少女居上，男下女之正禮也。言乎其禮則男下女，言乎其義則止而説，一也，皆正也。如此娶則吉，不然則不吉，小不然則小不吉，大不然則大不吉。舜「鼓琴，二女果，若固有之」，止而説也，貞也，吉也，天地之感也。「天地感而萬物化生，聖人感人心而天下和平」，一也，男女之相感，即君民之相感。感應之機，神不可測，雖感應而遂通，自寂然而不動。省此機者，則止而説，則能感人心而天下和平。志有之：「聖人先得我心之所同然者爾。」人心自善，自神自明，惟昏故亂，一日感之，則固有之機忽發，默感默應，自和自平矣。何獨人心？舉天下萬物之情皆然。何獨萬物？天地亦然，惟此感應之妙，變化之神。知天地萬物之情，則知己之情，而大易之道在我矣。目之所以視者此也，耳之所以聽者此也，口之所以言者此也，心之所以思者此也。不知其所自來也，不知其所從往也，雖視聽言動之神，無體也。此其神也，雖聖人不能自知也，而況於他人乎？「不識不知」者，文王也。曰「吾有知乎哉？無知也」者，孔子也。三才一也，古今一也，動静一也，晝夜一也。

《象》曰：山上有澤，咸。君子以虚受人。

澤甚卑，山則甚高，今山上而有澤焉，氣之所感也。氣虚故通，人惟虚故能受，植己私焉窒其中，則安能受？人心自虚，自無體，自廣大無限量，意動而窒，始好己勝，始恥於從人之言而不受而愚而闇而亂矣。「君子以虚受人」，非本窒而强虚也，不失其本虚爾。因愚衆之窒，故言君子之虚。

初六，咸其拇。《象》曰：「咸其拇」，志在外也。

咸爻取一身爲象，初六最下，有拇之象。其拇感動者，「志在外也」。其動也微，故不及吉凶。

六二，咸其腓，凶，居吉。《象》曰：雖「凶，居吉」，順不害也。

自拇少升而上則腓。人之行，其腓先動。止者道也，動非道也。道心虚静，感而斯應，迫而後起，及其意動而逸，則不待感迫而先動如腓矣。然艮體止，亦有居之象。知動之非，能居則轉凶爲吉。居，止也。

九三，咸其股，執其隨，往吝。《象》曰：「咸其股」，亦不處也。志在隨人，所執下也。

自腓而上，其爲股乎？股雖不至如腓之先動，而亦非静止者，故曰「亦不處也」。處，止也。股專於隨人而動，故曰「執其隨」，執此而往，良可羞吝。夫咸感之道，雖戒躁動，務去己私，❶感而斯應。然亦志於隨者，「志在隨人」，則全無主本，失道從人，「所執下矣」。堯舜之舍己從人，非隨人也。舍己從人者，其中虚明；志在隨人者，窒闇而已矣。

九四，貞吉，悔亡，憧憧往來，朋從爾思。《象》曰：「貞吉，悔亡」，未感害也。「憧憧往來」，未光大也。

初拇，二腓，三股，五脢，上輔頰舌。九四居中，正當心象。爻辭亦言心之所爲而不明曰心者，何也？心非氣血，非形體，惟有虚明，而亦執以爲己私，若一物然，故聖人去心之名，庶乎己私之釋而虚之神著矣。九陽明，有貞正之象，而四又陰闇，明未純一，意不能不動，未能無悔，而陽明貞正，其悔終亡。《象》曰「未感害」者，意雖動而未發於言行，未達於外，故「未感害」。夫能勉而貞正，雖可悔亡，苟於貞正之中，意念擾擾，「憧憧往來」，則隨其所思而「朋從」之，雖貞正亦未光大也。言念念動，朋從之多，不可勝紀。

❶ 「務」，原作「矜」，今據明刻本、四庫本改。

或意謂若是者爲仁，又謂若是者爲義，又謂若是者爲禮，又謂若是者爲樂，於仁義禮樂之中，又各曲折支分之，意度不可勝紀。於是雖有得乎「一以貫之」之説，又亦不免乎意。意以若是者爲一，若是者非一；或以爲静，或以爲動；或以爲無，或以爲有；或以爲合，或以爲分；或以爲此，或以爲彼，意慮紛然，不可勝紀。苟爲正而若是，亦「未光大」矣。光大之貞，不勞外索，不假思慮。孔子曰：「吾有知乎哉？無知也。」又每每止絶學者之四病「毋意，毋必，毋固，毋我」，又曰「心之精神是謂聖」。孟子亦曰：「仁，人心也。」舜知此心之即道，故曰「道心」，直心爲道，意動則差。愛親敬親，此心誠然而非意也；事君事長，此心誠然而非意也；忠信篤敬，此心誠然而非意也；先意承志，晨省昏定，冬温夏凊，出告反面，此心誠然而非意也；應物臨事，此心誠然而非意也。如水鑑中之萬象，如四時之錯行，如日月之代明，其「積焉而不苑，並行而不繆，深而通，❶茂而有間」，是謂變化云爲，不識不知，一以貫之。

九五，咸其脢，无悔。《象》曰：「咸其脢」，志末也。

心之上口之下曰脢。脢者，無思慮，無營爲之所。雖感而無應，雖静而無用，雖無悔而非大道，故曰「志末也」。末，爲言卑之也。何謂大道？孝悌忠敬，交錯泛應，喜怒哀樂，云爲思度，如四時之錯行，如日月之代明。

上六，咸其輔頰舌。《象》曰：「咸其輔頰舌」，滕口説也。

❶「通」，原作「道」，今據四庫本改。

上體之上惟輔頰舌，有咸感之象。輔頰之中有舌，爲言感人，以言不由乎中，「滕口説也」，鄙之也。

䷟ 巽下震上

恒，亨，无咎。利貞，利有攸往。

《彖》曰：恒，久也。剛上而柔下，雷風相與，巽而動，剛柔皆應，恒。恒「亨，无咎。利貞」，久於其道也。天地之道，恒久而不已也。「利有攸往」，終則有始也。日月得天而能久照，四時變化而能久成，聖人久於其道而天下化成。觀其所恒，而天地萬物之情可見矣。

觀卦之象，九四之剛，有自下而上之象，初六之柔，有自上而下之象，又震長男而在上，巽長女而在下，剛上而柔下，得體之正，得理之常。然上下之情不相與則不和，不和亦不能恒。雷動風作，率常相與，巽而動，不忤，六爻剛柔皆相應，如此則可恒矣。久者必亨通，雖亨通又必無咎而後可。其未免於爲人所尤咎，猶爲未可也。亨通無咎矣而未正者容或正之，蓋不拂乎人情者，亦亨亦無咎而未貞正。誦王莽功德者滿天下，而莽非貞正。必亨、無咎、利貞而後爲道，而後爲久於道也。天地之道，恒久不已，必如天地之久，而後始全乎恒久之道。三才未始不一也，惟人因物有遷，意動而昏，而後裂而爲三也，不遷不昏，則未始不一。人心之神，不可測也，不可知也，無體也，莫知其鄉也。三才一體，豈不實然。「恒，亨，無咎。利貞」，則「利有攸往」，而無所不通，無所終窮矣。「終則有始」，無窮之道也。此事雖終，後事復始，如日月之代明，如四時之相推，循環無端而莫知已極也。「日月得天而能久照」，初無深義之可求也；「四時變化而能久成」，亦無深義之可索也。得天，麗乎天也。變化，寒暑温涼之變化也。「久照」者，久照也。「久成」者，久成也。日月即四時，四時即聖人，一也。是道也，至人久焉，賢人亦久而未盡乎久，未盡乎久則未精一，未精一則其化也淺。惟聖人久於其道，全體爲道，全心爲道，即日月四時，四時即天地，即天下之心。聖人運天下同然之機於上，而天下默應默化默成矣，豈人力之所能爲哉？故曰神化。「觀其所恒」，所恒即所感，知所恒即所感，則天地萬物之情昭然矣。苟以爲所感自有所感之情，所恒自有所恒之情，則不惟不知恒，亦不知感。今飄風不終朝，驟雨不終日。此其不恒者皆形也，其風之自、其雨之自，不可知也，不可知者，未始不恒也。其音聲則不恒，其動作則不恒，其聲音之自、動作之自，不可知也，不可知者，未始不恒也。知其自未始不恒，則知其發其變化亦未始不恒，無所不通，無所不恒。曰恒曰咸，皆其虚名，曰易曰道，亦其虚名。天地萬物之情如此，六十四卦、三百八十四爻之情如此。

《象》曰：雷風，恒。君子以立不易方。

雷風天下之至動，疑不可以言恒，而恒卦有此象，此人情之所甚疑，而君子以爲未始或動也，此非訓詁之所解，非心思之所及也。孔子曰「哀樂相生」，即風雷之至也，而繼之曰：「正明目而視之，不可得而見也；傾耳而聽之，不可得而聞也。」夫哀樂不可見、不可聞，其謂之未始或動，其孰曰不可，未始或動，非不易方也。此之謂立，此之謂君子，此之謂雷風，此之謂不可以動静論。

初六，浚恒，貞凶，无攸利。《象》曰：「浚恒」之凶，始求深也。

天下萬物，皆有其序。不由其序而遽求之深，皆不可也。其於事則其進鋭者其退速，其於人情則相與未久，相知未深，而遽求之深，則彼將不堪，將莫之應。浚，深也。遽求深入，雖貞正亦凶。始求深入，多由貞正之人，執正義而爲之急也。易之道不如此，惟時惟變，不主一説，天下之大用也。用小道者，雖正猶凶，猶無所利，❶故孔子止絶人之意、必、固、我，其爲害道也。

九二，悔亡。《象》曰：九二「悔亡」，能久中也。

九二以陽明之臣，事陰柔之君。陽非臣道之恒，有悔之道，今也能久於中，故悔亡。其在進德，九陽二陰，駁雜未純一，有悔，能久於道，其悔終亡。顔子有不善未嘗不知，知之未嘗復行。既有不善，豈能無悔？然能「久於其道」，至於「三月不違仁」，則悔亡矣。過三月雖不無違，違則不無悔，而益久當益亡。

九三，不恒其德，或承之羞，貞吝。《象》曰：「不恒其德」，无所容也。

九三不得中道，而陽性多動。不能恒久之人，尚不可以作巫醫，則何往而不「承之羞」？雖中於貞正，既「不恒」矣，亦吝。孔子曰：「人之所助者，信也。」不恒不信，無所容於天地之間。

九四，田无禽。《象》曰：久非其位，安得禽也？

四，陰位也，今以九居之，「非其位」也。非其位者，非其所也。非其所，謂「久非其道」也。既非其道，雖久之安能得禽？言無功也，言其徒久而無成也。

❶「利」，原作「和」，今據四庫本改。

六五，恒其德，貞。婦人吉，夫子凶。《象》曰：「婦人貞吉」，從一而終也。夫子制義，從婦凶也。

六五亦得中道，且得静正。六有柔静之象，而專應九二。天下固有静正之德而未剛大者，如六五之「恒其德，貞」是也，故婦則吉。以婦人之道，從一而終也。至於「夫子」，則當「制義」，當有剛健無所不通之德，而專静柔從，則爲凶也。道心中虚，何剛何柔？虚名泛應，無所不通，而知剛知柔之德，隨時而著，初不用毫髮之思慮。氣質之拘者，養德未成，弱質未成，六五之「恒其德，貞」是也。惟養德之成者，氣質盡化而爲天德，故無所不通，無强無懾。剛健柔順之德，無非變化之神，此聖人之道也。

上六，振恒，凶。《象》曰：「振恒」在上，大无功也。

振，振動也。震卦之上有振象。❶ 夫初六始而遽求「浚恒」則不可，今至於其終而猶震動其恒，未純未一，則「大無功也」。凶，凶道也。學者於此而進德未純一，殆未至於凶，故悠悠不學也，孔子獨於顔子稱「好學」者，此萬古之通患。孔子聖人而發憤忘食者，何爲也？懼其至如此也，故自「十五志學，三十而立，四十而不惑，五十知天命，六十耳順，七十從心所欲不踰矩」，而其功大成也。得道則吉，失道則凶，甚可畏也。

---

❶ 「上」，原作「吉」，今據四庫本改。「振」，原作「震」，今據四庫本改。

䷠ 艮下乾上

遯，亨，小利貞。

《彖》曰：遯，亨，遯而亨也。剛當位而應，與時行也。「小利貞」，浸而長也。遯之時義大矣哉。

陽爲君子，四陽雖多，勢則外往也。陰爲小人，二陰雖寡，勢則内來也。是故君子當遯，遯則亨通之道，不遯則與小人争，取禍之道也。然剛當位，君子猶居位，人心猶應，與時偕行，隨宜而施，亦可也。曰「小利貞」，則亦不大利於貞正之道矣，以小人浸長，乘時得勢，不可制也。方是小人浸長，君德可知，姦狀百出，亂政日滋，君子方遯，事情擾擾。處此往往不無動於意，隨於事而往，聖人於是乃曰「遯之時義大矣哉」，謂夫此時之義至大也。至大者，極其不可形容之辭也。孔子曰：「哀樂相生。是故正明目而視之，不可得而見；傾耳而聽之，不可得而聞。」夫哀樂相生，人皆以爲可見可聞也，孔子曰不可見不可聞，則小人浸長，君子好遯，雖擾擾萬狀，孰謂其可見可聞乎？此非訓詁之所解也，非思慮之所及也，惟心通内明者自知之，惟可曰「大矣哉」而不可復加之言也。某自弱冠左右，讀孔子「一貫」之語，堯舜「執中」之誨，常疑先聖啟告之未爲詳明。及微覺後，始知前聖之言，及此已詳矣，復加焉則非矣。則思慮之所及爾，訓詁之所言耳，非「大矣哉」之道也。

《象》曰：天下有山，遯。君子以遠小人，不惡而嚴。

君子如天，小人如山。君子未嘗惡之也，而自遠自嚴，此易之道也，此非君子以權術待小人也。人心無我無體，自神自明，由中心而達，自無適而不當，寂然不動，無爲而自不惡自嚴自遠也。使後世之君子，皆同此道，則於小人何怨？此遠遯小人之一義爾，非謂遯卦之義盡於此。

初六，遯尾，厲，勿用有攸往。《象》曰：「遯尾」之厲，不往何災也。

尾居其後，言乎遯之遲也。初爻而曰遲者，初係内卦，二陰爲小人，居内勢浸長，初居小人之中而未遯，爲遯之尾。遯諸爻以遠於陰爲善，故初爲遯尾，爲危厲。戒之「勿用有攸往」者，此往謂進，蓋内卦惟二爲中而猶居下位，故尚德言往進。孔子爲乘田委吏之時，必無出位干時之災。

六二，執之用黄牛之革，莫之勝説。《象》曰：「執用黄牛」，固志也。

黄，中也。牛，柔順之物。革，堅固之物。二居中，有道之象。六與二皆陰，有柔順之象。二正在内卦之中，正與小人並處，非遯者，故爻辭不言遯。柳下惠當之，居人之朝而隱，人稱其和，是爲柔順，而「不以三公易其介」，是故有堅貞不可移奪之德。不偏於和矣，是爲中，是爲「黄牛之革，莫之勝説」，言其堅貞不移之至，不可勝言。然自古以來，安得人人皆如柳下惠德性自然、無勞固執者？近朱者赤，近墨者黑。利勢易以動人，而況於日處其中，則固志難久，執之之堅，誠不可不謹也。意念一動，即化而爲小人矣。

九三，係遯，有疾厲，畜臣妾，吉。《象》曰：「係遯」之厲，有疾憊也。「畜臣妾，吉」，不可大事也。

三與二比，九陽與六二之陰相得，而九三陽爲君子，雖知義所當遯，而尚不忘利禄，有戀係之意，故曰「係遯」。初六雖遯之遲居後，而無陰陽相得、戀係於小人之象，故初止於厲。而九三「有疾厲」，明其已得自有患疾。《象》又曰「有疾憊也」，言其憊弱，無剛毅之德，不能決去也。其曰「畜臣妾，吉」，臣妾賤者，畜養於人者，❶戀而不思去，則爲忠愛其主，則爲吉也。此至賤之義，不可施之於大事也。

九四，好遯，君子吉，小人否。《象》曰：君子好遯，小人否也。

四已入外卦，有「好遯」之象。然君子則好遯而吉，若小人則不然也，謂小人則不能遯也。九四與初六相應，此一小人不能遯之象。大凡人情之乖違者，皆當遯避，小人與小人乖違，亦當遯，小人溺於利，故不能遯。

九五，嘉遯，貞吉。《象》曰：「嘉遯，貞吉」，以正志也。

九五爲遯之嘉者。何謂嘉？九五剛當位而應，非早遯者。小人之勢，雖已得位而浸長，位猶在下，猶須命而應。九五雖欲遯而義猶未可去，猶可隨時而行。《象》既言之而此爻又發其象者，箴於爻爲急急，此事變之大者，故不得以重復而廢也。又貞吉之義，《象》所未言，故并發之。自古大臣知小人之勢長，己位莫安，陰相結納，永固其位，其志不正者多矣，斯義詎可不特省？

上九，肥遯，无不利。《象》曰：「肥遯，无不利」，无所疑也。

肥遯，若爲一卦之善也斯舉矣。其遯最早，與小人一無相涉之迹，不與二陰相應也，故無所不利。《象》曰「無所疑」者，❷無可疑之迹也，無與小人相涉可疑之迹也。

---

❶「人」，原作「父」，今據四庫本改。

❷「所」，原作「有」，今據上九《象》辭改。

# 楊氏易傳卷十二

宋慈谿楊簡敬仲撰

䷡ 乾下震上

大壯，利貞。

《彖》曰：大壯，大者壯也。剛以動，故壯。「大壯利貞」，大者正也。正大而天地之情可見矣。

陽爲大，陰爲小。君子爲大，小人爲小。大壯在天地則爲四陽之長，陽氣甚壯；在國則爲君子以類進，其勢盛壯；在德則爲得大道，剛健變化。孔子三十而立之後，有不可摇奪之壯也。天下之柔者，不能壯，惟剛故壯。雖剛而不動，亦無由見其壯。下卦乾剛，上卦震動，天然義見，故曰「剛以動，故壯」。其在德也亦然，能柔不能剛，非大德也。道心無體，神用無方，不可得而屈，不可得而窮，於是名之曰剛。應酬交錯，變化云爲，名之曰動。因其動而知其不可屈，不可窮，故又曰壯。是三者名殊實同。其曰利貞者，利於正也。剛壯而不出於正，非道德之剛壯，乃氣勢之剛壯。忤人傷物，取禍之道也。君子之道雖長雖盛壯，苟其行有不正，則小人得以候其隙，執其短，君子反受害。德雖大而不出於正，縱心於規矩之外，世所謂道家者流，間有之，而人心不服；孔子謂悖德悖禮，雖得之，君子所不貴，世所鄙賤，非大壯，非大正。孔子大正，故當世尊信，壯孰甚焉。聖人於是又闡明正大之道。大與正初非二物，皆道之虚名，道之異名，人自有二，道無二，道心無二，人心有二。正大之道，即易之道，即天地之道，即萬物之道。此止曰「天地之情」，不曰萬物之情，以萬物之情有不正，故不言也，非天地萬物之道果有異也。立言垂教之法，當如是也。内心明通者，不於此而疑也。

《象》曰：雷在天上，大壯。君子以非禮弗履。

君子體壯，以自勝爲强，故「非禮弗履」，正將以行禮也。如古所稱：「日莫人倦，齊莊整齊而不敢解惰，此衆人之所難，而君子行之，故所貴於勇敢者，貴其敢行禮義也。」斯言則正矣，殆非聖人之言也。禮者，人心之所自有，不可言敢行也。《易》曰「君子自强」，乃自强也，非强於外也。《周禮》云「以五禮防萬民之僞」，《記》云「著誠去僞，禮之經也」。敢行之云，乃爲僞也。或疑君子取象必與象同，是不然。「雲上於天，需。君子以飲食宴樂」，「天與水違行，訟。君子以作事謀始」，亦未嘗與象齊同，矧天人一道，不必執取象之説。

初九，壯于趾，征凶，有孚。《象》曰：「壯于趾」，其孚窮也。

初居下，有趾之象。九有壯之象。陽實又有孚之象。方在下，未宜壯也，而遽於爲，決意前往，征，往也，其凶也宜然。此等人必巧黠圓變之士，蓋愚質拙貞之人，其忠信可守。而果決妄發，孚以致凶，是爲孚信之窮，故《象》曰「其孚窮也」。

九二，貞吉。《象》曰：九二「貞吉」，以中也。

用其壯，故九二不言壯，惟言貞。貞，正也。由正道而行爾，不置毫髮己私焉，故吉。《象》曰「以中也」者，明其不作意，一無所借，斯見所謂正道也，中正非二道。二柔而中，有不用壯之象。君子勢雖壯而不用其壯。

九三，小人用壯，君子用罔，貞厲。羝羊觸藩，羸其角。《象》曰：「小人用壯」，君子罔也。

九三雖益進，勢雖益壯，君子之心未嘗以爲意焉，惟小人則自嘉己勢之壯，而益肆益壯，是謂「小人用壯，君子用罔」。罔，無也，無則不必言用，對小人用壯爲言，故言「君子用罔」，言君子之所用，異乎小人之用也，君子則用無，故《象》曰「小人用壯，君子罔也」，不復言用矣。如其用壯，雖貞正亦厲，如「羝羊觸藩，必羸其角」，未有用狠力而能濟者。九四奇畫，横截其前，觸藩羸角之象。以九居三陽，又乾體之極，又過，有「小人用壯」之象。

九四，貞吉，悔亡。藩決不羸，壯于大輿之輹。《象》曰：「藩決不羸」，尚往也。

四未得中，九陽用壯，本有悔，而四陰以柔居之，用壯不過，非行其私者也，故爲貞正而吉，故悔亡。惟其如是，故能藩決而不羸。大車而壯其輹，益可通而無阻。九三用壯，其害如彼。九四濟以柔，其吉如此，不特不羸而已，尚可以復往而進也。六五居前，耦而虛，有「藩決」之象。

六五，喪羊于易，无悔。《象》曰：「喪羊于易」，位不當也。

陽壯有羊狠之象。勢壯用壯，人情之常。使物用壯，殊爲難也。今六柔順，五得中道，喪羊之壯，甚易然者。道心中虚，無體無我，壯無從而生也，不勞遏抑，而自無壯之可用也，故最爲「無悔」。「位不當」者，亡樂道亡勢，虚中無我，雖居是位，如不居是位也，不以己當之也。有其我則當其位，當其位則居其勢，居其勢則用其壯矣，安能喪羊於易哉？大抵二五之中，似有得道之象。此爻貞得其道者，以「喪羊於易」而知之也。

上六，羝羊觸藩，不能退，不能遂。无攸利，艱則吉。《象》曰：「不能退，不能遂」，不詳也。「艱則吉」，咎不長也。

上六雖陰，而居卦之極，壯之極，震之極，亦有「羝羊觸藩」之象。虚氣壯往，則不能退，用壯者必不濟，故不能遂。進退無所利，然能克難則吉。六柔體有艱象。其曰「不詳」者，極壯極震，極矣，故不審詳也。觸藩之患，在他卦則凶，在大壯則得時得勢，故止於咎厲。咎者衆非咎，艱則不用其壯矣，故轉咎爲吉，不長矣。

䷢ 坤下離上

晉，康侯用錫馬蕃庶，晝日三接。

《象》曰：晉，進也。明出地上，順而麗乎大明，柔進而上行，是以「康侯用錫馬蕃庶，晝日三接」也。

孔子曰：「天下有道則見，無道則隱。」惟安康之世可進，故曰「康侯」。古諸侯皆仕於王朝，商紂之時，文王以西伯與九侯、鄂侯同爲商朝之三公，崇侯虎亦同朝，周亦多用諸侯輔政。離出地上，言乎人臣知己德之不可不自明也。己德明，而後可以進而輔其君也；己德不明，則不能自治，何以啟其君？何以治國？何以治天下？明而未順，其明尚蔽，曰明曰順，皆所以明晉之道矣。明矣順矣而有麗，非大明之君，則亦難於進。以明順之臣，而又麗乎大明之君，故「柔進而上行」，上行者，其道行也。道行乎君也，故康侯用此晉卦卦象之義，而能致「錫馬蕃庶，晝日三接」。蒙君眷，禮也。馬應有柔順之象。「晝日」有大明之象。

《象》曰：明出地上，晉。君子以自昭明德。

人皆有明德而自知者鮮。自知者已鮮，而能自昭而求無蔽者又鮮。何謂自知？人心自神自明，自廣大，自無所不通，惟因物有遷，意動而昏。孔子所以每每止絶學者之意，他日門弟子總而記之曰「子絶四：毋意，毋必，毋固，毋我」，皆意之類，皆意之別名。孔子每每止絶學者四事，門弟子不勝其紀，故總而記於此，此萬古學者之通患。箕子亦曰：「無有作好，遵王之道；無有作惡，遵王之路。」孔子又曰：「天下何思何慮。」意象不作，而本神本明之性，自無恙矣。變化云爲，自如四時之錯行，如日月之代明矣。孔子又曰「主忠信」，忠信者，不詐僞而已矣。不詐不僞，實直無他，何意之有？何思慮之有？純然本明，何假求索？六通四闢，何假計度？是謂自知，是謂知及之。此雖能自明，而未保其常明。雖變化云爲，無所不通，而與物交擾，其間不能無動。未盡仁者寂然不動之至，是猶有或蔽而不明之瑕，亦未可謂能全其明，故亦未可謂自昭之道。惟既明而常明，則進於三月不違，久全乎輝光日新之本德矣。

初六，晉如摧如，貞吉。罔孚，裕无咎。《象》曰：「晉如摧如」，獨行正也。「裕无咎」，未受命也。

初六與九四爲正應，故「晉如」。而九四離性炎上，不應乎初，故又有「摧如」之象，言其見摧抑也。一進一退，皆其外物，不足爲意，但自行其正則吉，故曰「獨行正也」。雖不見孚信，而初六未受命，無官守，無言責，甚寬裕也，故無咎尤。如已受命，有官守，有言責，則一不見信，即不得其職，即當去。信不得其職而不去，是戀固利禄，公論所不容，難乎免於人之咎議矣。

六二，晉如愁如，貞吉。受茲介福于其王母。《象》曰：「受茲介福」，以中正也。

六二已進而得位矣，故曰「晉如」，而六五不應，故「愁如」。知六五之不應者，二陰有不相應之象，一陰一陽有相應之象。然而六二得中正之道，中正者無不獲吉，故受大福於其王母。介，大也。六五陰而尊，又離體而明，有王母錫福之象。祖母曰王母，王者之母，亦曰王母，大抵王母者婦人居尊之名。古聖作爻辭，所以備天下之事變，故及此。

六三，衆允，悔亡。《象》曰：「衆允」之，志上行也。

人臣事君，竭力至於過中，似不能無悔者。三有過中之象。而坤爲衆，羣承耦比，有「衆允」之象。衆咸信之，故「悔亡」。上九正應，有「志上行」之象。

九四，晉如鼫鼠，貞厲。《象》曰：「鼫鼠貞厲」，位不當也。

鼫鼠，陸德明云：五技鼠也。《本草》：螻蛄，一名鼫鼠。許慎《説文》云：「鼫，五技鼠，能飛不能過屋，能緣不能窮木，能游不能渡谷，能穴不能掩身，能走不能先人。」荀子曰：「鼫鼠，五技而窮。」楊倞所註本《説文》。吾鄉樓尚書亦注《説文》曰：「異乎《詩》之碩鼠。」九陽，有進象。四，陰也，有不終進之象。居大臣之位，欲有所爲以輔國安民者多矣，而終於不能有所爲而姑止者亦多。固如鼫鼠，夫其才智不足以當天下之重任，則不可以居大臣之位。大臣者當以道事君，使天下之民無一不被堯舜之澤，乃稱其職。今也欲爲而不能，欲進而不得，以其所居之位不當如是也，故《象》曰「位不當也」。若是者，雖貞正而非好邪，然亦危厲，於本職有闕，禍將及之矣，有危亂之道也。

六五，悔亡，失得勿恤，往吉，无不利。《象》曰：「失得勿恤」，往有慶也。

六有懦柔之象，五有動静之象。五，陽也。人君陰柔而懦，有悔之道，而終於能進而有爲，故「悔亡」。夫柔懦而欲其所爲，必多疑二憂慮，故勉而進之曰「失得勿恤」，言不必以失得爲憂也。恤，憂也。但「往吉，無不利」，亦誘進之言也。夫其所爲，其間曲折萬狀，其得其失，不可必也，而遽使之勿憂，必曰「往吉，無不利」者，何也？《易》，占筮之書也，聖人因以通之，使歸於道。卦六十四，爻三百八十四，因事變情理之不同，故隨宜以啟告之。一爻之辭，豈能周盡曲折萬變之理？《詩》云：「一人有慶，兆民賴之。」《易》凡言有慶有喜，喜小慶大，君之所及者大也。

上九，晉其角，維用伐邑，厲吉，无咎，貞吝。《象》曰：「維用伐邑」，道未光也。

角者，上窮之象。天下事不可窮也，上窮不已，維可用於改過。伐邑，自攻治其己也。自攻治己過，則窮治不解爲吉。雖攻己太急，亦恐亂而不堪，然大體則吉，雖爲貞正，亦異乎蒙之「養正」矣，故吝。吝者，小疵象。言「維用伐邑」，自治己之外，皆不可用，則其道亦未光大。

䷣ 離下坤上

明夷，利艱貞。

《彖》曰：明入地中，明夷。内文明而外柔順，以蒙大難，文王以之。「利艱貞」，晦其明也。内難而能正其志，箕子以之。

夷，傷也，明德見傷夷之卦也。上坤下離，明入地中，是爲明夷。内雖文明，外則柔順，以蒙大難，文王以之。知文王之蒙難而已，不知即大易之道也。明夷之時，利於克艱而不失貞正。晦其明，❶謹而不敢發也。惟尚乎艱，不言乎退，義有未可去者。居乎内難之中，其志常正，箕子以之。人知箕子居難而已，不知即大易之道也。

《象》曰：明入地中，明夷。君子以莅衆，用晦而明。

莅衆之道當隱晦己德，詢謀從衆，惟其中不失其明，是非賢否不可亂。莅衆之道也，非明夷之道也，而聖人乃云者，所以明不一之義也。明入地中，亦有「用晦而明」之義也，其義不同，其爲大易之道無二也。

---

❶「晦」，原作「悔」，今據《彖》辭改。

初九，明夷于飛，垂其翼。君子于行，三日不食。有攸往，主人有言。《象》曰：「君子于行」，義不食也。

明德見傷，引而去也。「垂其翼」，隱其去迹，使不見其飛也。居内難之中而遽去，不可速也。「三日不食」，義當速也，故曰「義不食也」。君子初未嘗置己意於其間，苟彰彰然著其引去之迹，是謂「有攸往」，是謂不垂其翼，主人將有言矣。

六二，明夷，夷于左股，用拯馬壯，吉。《象》曰：六二之吉，順以則也。

「夷於左股」，言傷不至甚。左不如右，力尚全，右股可以行也。居内難之中，引去宜速，左股既傷，用拯壯馬以佐其速則吉。六二之所以雖傷而不甚、不失其吉者，順以則也，不失其道也。凡二五多有得道之象。道心行乎患難之中，其行其止，其久其速，自不失其則，自柔順而不忤。

九三，明夷于南狩，得其大首，不可疾貞。《象》曰：「南狩」之志，乃大得也。

大抵内卦之極多有變。明德之見夷傷，今乃變而「南狩」。南者，亨通之地。離，南方之卦。「得其大首」，湯武之得桀紂也。舊染汙俗，不可疾貞，故周之治商頑民，知其深染，不可速化，寬以教之，歷三紀而始變。《象》曰「南狩之志，乃大得」者，不在乎位也，在乎道也。道可以大行於天下矣，此聖人之志也，此聖人之大得也。

六四，入于左腹，獲明夷之心，于出門庭。《象》曰：「入于左腹」，獲心意也。

坤爲腹。四陰邪不中正，有入左腹之象。九三奇畫爲阻，有門庭之象。明德遭夷傷而退，至四已出門庭，而在外卦矣。夫其傷明德者，小人也。而小人之徒如六四者，乃致其巧，乃深入明夷之左腹，深得其心。

彼明德者多醇正，往往雖已遭出逐，未悟其奸，往往多墮其計中而不知。曰「獲心意」，言其入之巧也。

六五，箕子之明夷，利貞。《象》曰：箕子之貞，明不可息也。

箕子居大臣之位，故有六五之象。箕子不死又不去，居難而不失其貞。居難而失其貞者畏難，故曰「明不可息也」，一息則入於不正矣。

上六，不明晦，初登于天，後入于地。《象》曰：「初登于天」，照四國也。「後入於地」，失則也。

上六，坤卦之極，有「後入於地」之象，故聖人發此義。初明後晦，亦明夷之變類之也。「惟聖罔念作狂」，禹戒舜以「無若丹朱傲」，舜告禹以「惟精惟一」，益曰「儆戒無虞」，又曰「無怠無荒」。凡是深知聖狂之分，其端甚微。禹告舜曰「安汝止」，舜告禹曰「惟精惟一」。此心常安，則常無所不照，一不安於止，微動其意，則如雲氣忽興，日月昏晦。古人所以兢兢業業者以此。

䷤ 離下巽上

家人，利女貞。

《象》曰：家人，女正位乎内，男正位乎外。男女正，天地之大義也。家人有嚴君焉，父母之謂也。父父子子，兄兄弟弟，夫夫婦婦，而家道正，正家而天下定矣。

卦辭惟言「利女貞」，深明家道之亂，多由女禍，此萬世之通患，治家者不可不念，不可不謹。謹之之道，莫尚乎禮。「女正位乎内，男正位乎外」，女不可遊庭，出必擁面。牝雞無晨，牝雞之晨，惟家之索。男女之正，天地之大義也。男陽爲天，女陰爲地，斯義豈不昭然？而或者歉然自以爲不足以與此者，邪僻之習錮之也。人心即天地之心，晦昧者以思慮爲己之心，故紛紛擾擾，如雲翳日，如塵積鑑。孔子曰「天下何思何慮」，箕子曰「無有作好」、「無有作惡」。好惡、思慮不作，而本心無體，清明在躬，其謂「男女正」爲「天地之大義」，亦何愧？父母，一家之君也。「父父子子，兄兄弟弟，夫夫婦婦，而家道正，正家而天下定矣」，其家之不正，而欲求天下之正，是無源而欲求流也，無根本而欲求枝葉也。

《象》曰：風自火出，家人。君子以言有物而行有恒。

「風自火出」，風化自言行出，言行又自心出。「言有物」，非無實之言。「行有恒」，❶非設飾之行。誠心善道，則言自有物，行自有恒。誠心之足以化人，初不在諄諄告語，切切檢防。其家之長上敬恭者，其子弟必不多傲；其長上寬厚者，其子弟必不多急。長上儒雅，子弟亦儒雅；長上武勇，子弟亦武勇。以至字畫相似，氣貌畧同，神化心傳，誠有不令而行之妙。

初九，閑有家，悔亡。《象》曰：「閑有家」，志未變也。

治家之道，當防閑其初。及其心志未變而閑之以禮，使邪僻之意無由而興，而悔可亡矣。不曰無悔，而曰「悔亡」者，以治家之難，難乎無悔，故止曰「悔亡」。以帝堯大聖而不能免丹朱之朋淫，以周公之大聖

❶「恒」，原避宋真宗趙恒諱作「常」，今據《象》辭改。

而不能免管、蔡之興辭，然則難乎言無悔矣。

六二，无攸遂，在中饋，貞吉。《象》曰：六二之吉，順以巽也。

六二居内卦之中，妻道也。妻道不可遂事，未嫁從父，已嫁從夫，禮也。妻道惟在中治飲食之事耳，故曰「在中饋」。妻道雖柔順，不可失正，非一於柔從而不問邪正也，故曰「貞吉」。「順以巽」者，妻道之正也。爲夫則制義，爲妻則順正，一也。

九三，家人嗃嗃，悔厲，吉。婦子嘻嘻，終吝。《象》曰：「家人嗃嗃」，未失也。「婦子嘻嘻」，失家節也。

「嗃嗃」，過於嚴也，故有悔，亦危厲，然終吉。若「婦子嘻嘻」然不肅敬，則終吝。悔生於大過，吝生於不足。九三重剛過中，有過嚴之象。

六四，富家，大吉。《象》曰：「富家，大吉」，順在位也。

六與四皆陰柔，而又巽體，柔順之至也。順則和，和則富。諺云：十人十心，無財市針；十人一心，有財市金。此語屢驗。《書》曰：「德惟一，動罔不吉；德二三，動罔不凶。」

九五，王假有家，勿恤，吉。《象》曰：「王假有家」，交相愛也。

假，大也。王者大有其家之道，以天下爲一家者也。或者往往憂慮一人之智力，安能撫愛天下如一家？雖竭庫胡能周之？於是不敢作此念，不能盡假大之道，故聖人釋之曰勿憂恤也。假大之道自吉，孔子又從而詳釋之曰「交相愛也」。惟君民交相愛之心如一家爾。言其心也，不言其人，人衣而食，如家人也。《書》曰「不自滿假」，《詩》曰「假以溢我」，又曰「假哉皇考」，皆取大義。

上九，有孚，威如，終吉。《象》曰：「威如」之吉，反身之謂也。

九三重剛，故有過嚴之象。上當六位，非重剛也，況居巽，故上九之剛，惟有「威如」之象。雖不用威而如威者，德威也。德威無他，惟誠心於善而已矣。善心誠實，人自信服。孚，信也。家道難乎其齊，以嘻嘻爲吝，故以威如爲吉。夫不用威而如威，其初未見其齊一信服之效，久斯見矣，❶故曰「終吉」。威如之道，非用威於外，反身修德，人自信服。

❶「久」，原作「九」，今據四庫本改。

# 楊氏易傳卷十三

宋慈谿楊簡敬仲撰

☲☱ 兑下離上

睽，小事吉。

《彖》曰：睽，火動而上，澤動而下。二女同居，其志不同行。説而麗乎明，柔進而上行，得中而應乎剛，是以「小事吉」。天地睽而其事同也，男女睽而其志通也，萬物睽而其事類也。睽之時用大矣哉！

離火自炎上，兑澤自流下，睽之象。曰離爲中女，兑爲少女，「二女同居，其志不同行」。女子有行，各從其天，此亦睽之象也。然卦象之中，亦有「小事吉」之義。兑，説也。離，麗也，明也。和説而不忤乎物，而又附麗乎明哲之人。六五又有柔進而上行之象，上行亦得其勢矣。五又得中道，又應乎九二之剛。備此數者而止可以小事獲吉者，以在睽之時故也，以其質柔故也。睽之吉，其事甚小；睽之時用，其道甚大，何也？天高地下，睽矣，其造化之事則同也。男陽女陰，睽矣，而夫婦之至，通和而不睽也。萬物不勝其睽異矣，而其事則類也。萬物雖多，不出乎八卦之屬，雖鳥獸草木昆蟲之微，各從其類。八卦又不出陰陽之二類，陰陽又不出易道之一類。曰同曰通曰類，姑以曉天下之聵聵者。昏昏不可遽盡告之，盡告之將駭而不信，聖言將不行於世，而况筮者多逐逐滔滔之徒乎？聖人亦非不盡心告之，告之有序云爾。類則通，通則同，同則一者，非合而爲一也，未始不一也。人心無體，無體則無際，無際則天地在其中，人物生其中，鬼神行其中，萬化萬變皆在其中，然則何往而不一乎！如人之耳、目、口、鼻、四肢雖不同而一人也，根、幹、枝、葉、華、實雖不同而一木也，源、流、瀦、派、洑、激雖不同而一水也。人唯意動而遷，自昏，自亂，自紛紛，而不昏者自不覩其爲異也，終日應酬交錯，如四時之錯行，雖未嘗無喜怒哀樂，如雷霆風雨露霜之變化也。《易傳》曰「變化云爲」，至言也，故曰「睽之時用大矣哉」。用者，運用通達之稱。乾之所以用九者，此也；坤之所以用六者，此也；三百八十四爻之九六，皆此用也。此用不可以心而思也，不可以力而爲也，不可以目而見也，不可以耳而聞也。故孔子告子夏曰：「哀樂相生，是故明目而視之，不可得而見也；傾耳而聽之，不可得而聞也。」

《象》曰：上火下澤，睽。君子以同而異。

《象》已言其同，此又言其異，言同可也，言異亦可也，故曰「以同而異」。以同而異，雖異實同也。君臣臣、父父子子、兄兄弟弟、夫夫婦婦，異也。道心之中，固自有如此之異用而非異。「知微知彰，知柔知剛」，「可以仕則仕，可以止則止，可久則久，可速則速」。道心之中，固自有如此之異用而非異也。孔子曰「天下何思何慮」，無思無慮，是謂道心。

初九，悔亡。喪馬勿逐，自復。見惡人，无咎。《象》曰：「見惡人」，以辟咎也。

由天命而行之，自無不利。人自起心，妄見妄疑，妄作妄止，而人心益昏，天道益遠而人禍至。夫人失其御，故喪其馬，逐則馬逸，愈不可追，「勿逐，自復」。九，天之道。然天下之喪馬而能不逐者寡矣。得失累其心，疑不逐則不復，後悔無及，故多逐。聖人直告之曰「悔亡」，言他日不至於有悔也。「喪馬勿逐」，當自復也。人有乖睽之時，遇惡人，惟見之則免咎，不見則有咎，是又以美惡累其心，疑其不可見而止，故亦直告之曰「悔亡」，「見惡人，無咎」。《象》曰「以辟咎也」，言止於辟咎則可，苟有利心焉則不可。孔子無利心，故見季康子，康子不悦，孔子又見之，而不失其聖。苟以利心行之，人人視己，如見肺肝。

「獲罪于天，無所禱也」。初與四兩陽不應，有喪馬之象。

九二，遇主于巷，无咎。《象》曰：「遇主於巷」，未失道也。

九二與六五應，「遇主」也。睽乖之時，致曲以事者，「於巷」也。孔子因南子以見衛君，無咎也，未爲失道也。由道心行之，無非道者，乃天地之變化也。苟動於意欲，則爲人心，爲利心，爲失道矣。

六三，見輿曳，其牛掣，其人天且劓，无初有終。《象》曰：「見輿曳」，位不當也。「无初有終」，遇剛也。

六三與上九正應，欲往從之，而九四阻其前，故「見輿曳，其牛掣」。以牛駕車，牛掣則輿曳而不得進矣，不特爲阻而已。而九四之陽，與初九皆陽，既不相應而近比六三之陰，陽欲得陰，而六三正應乎上九，不從乎四，四陽剛居上，且傷之矣。四臨三上，有天之象。三見傷，不得上通於上九，有「鼻」之象。劓刑其鼻，鼻者上通之物。此其所以爲睽也。然邪不可以滅正，睽極必通，故曰「無初有終」。《象》曰「位不當」者，言六三所處之地不當，既居乎剛暴之間，宜其阻傷也。曰「遇剛」者，終遇上九之剛也。

九四，睽孤，遇元夫。交孚，厲，无咎。《象》曰：「交孚」、「无咎」，志行也。

四與初皆陽，兩陽無相應之象，故「睽孤」。然初九陽明，有「元夫」之象。其睽也，未相知也，一日相知，其心則交孚矣，雖居睽乖危厲之時，亦「無咎」。賢者之志，所以寡合獨立，非絶物也，已志乎道，無同志焉故也。無同志則豈能以獨行？今得元夫交孚，則道可行於天下矣，故曰「志行也」。

六五，悔亡。厥宗噬膚，往何咎？《象》曰：「厥宗噬膚」，往有慶也。

悔亡之義，已見初九爻。嘗觀人心固有彼已之情，俱無他意，徒以因事起疑，因疑生睽，遂至失人失賢失天下之大利。睽疑之情，六五有焉。二五本正應，徒因九二、六三有相比之象，故六五疑九二之失正而不往，遂成乖睽，故聖人之悔亡，不必疑其有悔。宗指九二。膚，柔脆，六三象之。九二中正，噬六三而不從不正。五若從九二，何咎之有？六五之君，能用九二之賢，則澤被天下，民咸賴其慶矣。君當求賢而後賢從之，故六五當先往。

上九，睽孤，見豕負塗，載鬼一車。先張之弧，後説之弧，匪寇婚媾。往遇雨則吉。《象》曰：「遇雨」之吉，羣疑亡也。

上九睽疑之極，不可告語，本與六三正應相從，以六三居二陽之間，陰陽有相得之象，見豕首趨下，疑其下比於九二，又「見豕負塗」，疑其上比於九四。鬼無形，安可載？見其「載鬼一車」，明其疑，疑結以無爲有。六三與上九本正應，初疑故張弧欲射之，而六三正應乎上，其誠終著，睽極亦通，故後説弧而不射。六三乃不與寇爲婚媾，不與二、四親比，能守乎正。上九若往從六三之正，和而雨則吉。陰陽和則雨至，至則羣疑亡矣。明乎天下人事，本自昭明，本自無事，徒以不明，因迹起疑，因疑積意，遂至於此極，百疑釋則本自無事，初無可言。

䷦ 艮下坎上

蹇，利西南，不利東北。利見大人，貞吉。

《彖》曰：蹇，難也，險在前也。見險而能止，知矣哉。蹇，「利西南」，往得中也。「不利東北」，其道窮也。「利見大人」，往有功也。當位「貞吉」，以正邦也。蹇之時用大矣哉！

此卦上坎下艮，坎正北，艮則東北之卦，爲蹇則坎艮，不蹇者其西南乎？是故卦「利西南，不利東北」。「利見大人」，大人有大德而在位之稱也。平蹇之難，其惟大人乎？見大人則可以得位，可以正邦矣，故曰「貞吉」。夫見險而止，凡衆之所知也，何能之有？何知之有？而《彖》曰「能止，知矣哉」，何也？智者初無奇智，鉤深而索微也，不昏而已矣。凡衆之心，即聖智之心。衆人因物有遷，意動而昏，動於利而昏，動於害而昏，愈動愈昏，則雖有險而莫之見，安其危而利其災。而聖智則不然，意未嘗動，故事未嘗昏。衆人於是有愚之名，智者於是有智之名，非智者之特明，乃衆人之昏爾。孔子因東南西北之象而發其義曰：自春之始於東而中於西南，窮於東北，則西南有中之象，東北有窮之象。惟道爲中，失道則窮。無意，無必，無固，無我，則中。作好作惡，有意、必、固、我，則窮。有意、必、固、我，則有所倚，則有所偏，非中。無意、必、固、我，則無所倚，則無所偏，故名之曰中。微起意焉，即昏即不中，則不能見險而止，則蹇而愈蹇則窮。蹇之時用，其詳釋已見於睽前諸卦。六十四卦也，坎、睽、蹇皆非善吉之卦，凡衆於此，往往礙於險，雖勤於憂思，汩於事情，安知爲至大之道哉？故聖人特明之，使天下後世知如坎如睽如蹇之類，無非大易之妙，不可以爲險難憂思事情也。不特此，凡曰時曰時義與其餘不言之卦，皆一也，皆大也，皆易之妙也。

《象》曰：山上有水，蹇。君子以反身修德。

山上有水，蹇象甚明。君子遇蹇難，則反諸身，懼己德之未善也，懼己德之有缺也，懼己德之猶有違而致此也。未善也，有闕也，猶有違也，則修焉，不敢怨天也，不敢尤人也。卦解及《彖》未發此義，故於此發之。

初六，往蹇，來譽。《象》曰：「往蹇，來譽」，宜待也。

坎險在上，故以遠險爲善，往則陷於險，來則獲譽。蓋往者見利而往，來者不動於利而來，故譽。「往蹇，來譽」，則宜待也。

六二，王臣蹇蹇，匪躬之故。《象》曰：「王臣蹇蹇」，終无尤也。

六二應乎九五之君，見入乎蹇難之中，雖蹇之又蹇，終不退縮，匪躬之故也。爲君也，苟徒爲其身而蹇蹇，則没於利也，安能免夫人之尤議。

九三，往蹇，來反。《象》曰：「往蹇來反」，内喜之也。

往則入坎險中，來則反是。九三居下卦之上，二陰之所喜也，陽陰有相得之象，二陰順承于下。

六四，往蹇，來連。《象》曰：「往蹇來連」，當位實也。

六四居二陽之間，皆阻蹇不通，故往則蹇，來亦連禍。往來皆不可，則當不動自實也。實有安正不動搖之義。

九五，大蹇，朋來。《象》曰：「大蹇朋來」，以中節也。

九五正居坎險，大蹇之中朋來，當蹇難輻湊而來，其事衆多也。《象》曰「以中節」者，言蹇難雖多，而九五得中道，一以中節之。節者，制之節之正之治之也。中者道之異名，無意、無必、無固、無我，則無所倚，無所偏，無所黨，自然無所不通，是之謂中。雖居大蹇朋至之中，如鑑照物，應酬交錯，靡不適宜，自足以節制之矣。

上六，往蹇來碩，吉。利見大人。《象》曰：「往蹇來碩」，志在内也。「利見大人」，以從貴也。

天下之事變無窮，不可以一定論。此卦在上、初與三四，皆言「往蹇」，則上爻宜往言，而此爻之辭來吉者，何也？天下之事變無窮，不可以定論。今内有九五中正之君，則當來内從中正之君，以成濟蹇之功而碩大也。上六亦有應九三之象，此則不然，從九五之大人耳，故象特言「從貴」。

䷧ 坎下震上

解，利西南。无所往，其來復，吉。有攸往，夙吉。

《彖》曰：解，險以動，動而免乎險，解。「解，利西南」，往得衆也。「其來復，吉」，乃得中也。「有攸往，夙吉」，往有功也。天地解而雷雨作。雷雨作，而百果草木皆甲坼，解之時大矣哉。

解者，蹇之反。蹇阻於險，因險而動，動而免乎險辭，蹇難解矣。聖人作《易》，因筮設教，因人情引之而歸諸道，明則爲聖人，幽則爲鬼神，其道一也。因人之蹇難，思以避難，有東西南北之意，因卦之象而發之，蹇卦以東北而蹇，則知反之者西南，西南則免乎險而解矣，故「解，利西南」。西南之卦爲坤，坤爲衆，故有得衆之象。夫衆人易得也，必得道焉，乃得其衆心，苟不得衆，不利也。因象發義，啟人心於正。天之道，鬼神之道也。既解矣，既利矣，既得衆矣，則可以已矣，不當復有所往，來復其常則吉。夫天下惟有此道而已矣，由之則利，反之則害。有險則思所以濟險，往而濟險，道當如是也。及乎險難之解，則已亡矣，若又紛紛不已，則是起私意而爲擾，道不當如是也。故復平常，則合乎中道，故曰「乃得中也」，中者道之異名。今不復而又動，是其意必有在，有所在，則偏倚乎意之所在，若無適無莫者不然，此《易》多吉中之旨也。苟有故往，夙則吉。夙，早也。方解之初，解功未成，則往而解之，則有功也，已解則無俟乎復往也。不當往而往，恐不止於無功，將反生禍。天地之解，則雷雨變作，百果草木皆甲坼。所謂解之時，如斯而已，初無義之可求，而贊之曰「大矣哉」，何也？《頤·彖》已言之矣。❶三才内外，何物非此大？何事非此大？何理非此大？何時非此大？有義可言亦此大，無義可言亦此大。學者惟知義理之爲大，

❶「彖」，原作「象」，今據文義改。

則不惟不知義理。《易》之言時義者，非可以心思盡也。不聞文王之詩乎？「不識不知，是爲帝則」。又不聞孔子之言乎？「吾有知乎哉？無知也」，又曰「天下何思何慮」，又曰「天有四時，春秋冬夏，風雨霜露，無非教也」。春秋冬夏，何義之可索？風雨霜露，何理之可言？是道也，天以此運，地以此順，雨雷以此作，百果草木以此甲坼，人以此言，以此動，以此視，以此聽，以此事父事君，以此修身治國平天下，故禹曰「安汝止」，苟微動其意慮，則失其止矣。故孔子每每止絕學者之固，每每止絕學者之我。學者惟數動於意、必、固、我，故不省「大矣哉」之妙。

《象》曰：雷雨作，解。君子以赦過宥罪。

其在天地，則雷雨作而萬物皆和解，其在君子，則赦人之過誤而宥罪之疑者小者，可宥者不必言取象，於以明三才一道也。《書》曰「刑故無小」，罪雖小，苟故爲之，必刑無赦也。苟如漢以來之大赦，不問故不故，一切赦之，則凶暴得志，良善無所安存，於是本善良者，亦勉而爲好暴，覬以禦暴也。此豈治安之道哉？豈天地之道哉？

六二，无咎。《象》曰：剛柔之際，義无咎也。

初六與九四正應，一陰一陽，交際和應，故其象爲「無咎」。

九二，田獲三狐，得黄矢，貞吉。《象》曰：九二「貞吉」，得中道也。

狐多疑，非疑阻則非解矣。今「田獲三狐」，則一無所疑。無所疑，則得黄中通理。蓋謂意起則必有所倚，則爲有所偏，不可以言中。一無所用其意，則無所倚，名曰中。土居中色黄，故黄者中之象。矢之爲物直，直亦道之異名。人之所以違道者，以其不直也。直心而往，不支不離，無非道者。人心即道，故曰「道心」。坤爻曰「直方大，不習無不利」，不動乎意，直心即道，曰黄曰矢，皆所以發揮此道而已。貞，正也，貞亦道之異名，正者無邪之謂。人之得道，變化皆妙。懼其寖而入於無忌憚之中庸也，故又曰貞曰中曰直曰正。而得道之全者無所失矣，故吉，《象》曰「得中道也」。此爻明學者之疑蔽至切至的，而學者能通其解，千無一，萬無一。以孔子大聖，其啟迪學者，不爲不至，三千之徒，不爲不多賢，惟顔子惟月至日至之徒，爲不疑爲自信爾。自子夏、子張、子游、以有若似聖人，惟曾子不可，其言曰「江漢以濯之，秋陽以暴之，皜皜乎不可尚已」，此豈口語心思之所及哉？曾子雖如此言，羣子安知其解？孔子曰：「二三子以我爲隱乎？吾無隱乎爾。吾無行而不與二三子者，是丘也。」是惟孔子無疑，羣弟子皆疑。

六三，負且乘，致寇至，貞吝。《象》曰：「負且乘」，亦可醜也。自我致戎，又誰咎也？

蹇難未解之時，則小人道長。今既解矣，小人道消，而猶乘君子之器，則盜斯奪之矣。邦有道而猶居君子之位，禍將至矣。小人雖勉勉於貞正，僅可免禍，亦吝。吝，小疵，有歉歉可羞之意。孔子曰：「作《易》者，其知盜乎？《易》曰『負且乘，致寇至』。負也者，小人之事也。乘也者，君子之器也。小人而乘君子之器，盜斯奪之矣。上慢下暴，盜斯伐之矣。慢藏誨盜，冶容誨淫。《易》曰『負且乘，致寇至』，盜之招也。」

九四，解而拇，朋至斯孚。《象》曰：「解而拇」，未當位也。

拇微而在下，初六之象。九四之所解者，初六而已。惟其朋類至則始孚應，而有所解。未能無所不解，其解也狹，以其不當位也。人臣之分，不可博大，人臣之有大功者，皆君之命，不敢自爲也。

六五，君子維有解，吉。有孚于小人。《象》曰：「君子有解」，小人退也。

君子得位，無所不解，異乎九四之解拇矣。君子之解，有孚驗於小人。小人退則爲有解，小人不退則亦安能無不解？孚，信也。有孚，可信驗之謂也。夫惟正爲能解，惟公爲能解，有道者爲能解。小人反是，爲不正爲私。小人不退，則安能無所不解？

上六，公用射隼于高墉之上，獲之，无不利。《象》曰：「公用射隼」，以解悖也。

隼者，貪財之物，小人似之。解之時，至於上六，極矣，無所不解矣。而貪殘之小人，猶據高位而不退，悖之甚者也。矧公尊爵，得時得勢，以大公而去甚悖之小人，何不利之有？《象》曰「以解悖」者，明有悖當解而解之，未嘗置毫髮私意於其間也。置己意焉，即私即非公。孔子他日又從而推廣其義曰：「隼者，禽也。弓矢者，器也。射之者，人也。君子藏器於身，待時而動，何不利之有？動而不括，是以出而有獲。語成器而動者也。」上六解之極，小人皆退，而貪殘小人，猶據高位，不退聽而去，又爲公，此雖有其時，苟無德器，則亦不能有爲。且括矣，語成器而後可動，器未成猶未可動，而況於非器乎？此器以忠信爲質，發於禮則生文，立於義則成方，其中常安常止，故禹曰「安汝止」。苟起毫髮意、必、固、我，則蔽則敗。孔子絶意、必、固、我之四者，有此器矣，又當養成，是故君子求諸己。世固有志之君子，有志於國，有志於民，雖得時得位，其功業亦未爲光明碩大者，其器小而未大也，大而未成，猶有所虧。

☶☱ 兑下艮上

損，有孚，元吉，无咎，可貞，利有攸往。曷之用？二簋可用享。

《彖》曰：損，損下益上，其道上行。損而「有孚，元吉，无咎，可貞，利有攸往。曷之用？二簋可用享」。二簋應有時，損剛益柔有時，損益盈虚，與時偕行。

此卦之象，損下之剛而益上之柔，是爲上九之畫，損下而益上，「其道上行」也。夫民爲邦本，爲民上者，損上而益下則順。今乃損下而益上，雖其有不得已而取於民，或粟米之征，或布縷之征，或力役之征，必本之大公，民咸孚信之。元，大也，仁也，道之異名也。不特民信其公，又行之也有道而獲大吉。雖下民信之，雖有道，雖大吉，而或者猶得而譏咎之者，亦未可以爲貞正。必也民信之，又有道而大吉，又或者無得而咎之，而後可以有攸往而利也。不得已取之於民，則何以用之？曷，何也。當極其儉約，雖二簋亦可用享。享，禮之至大至重也，而猶可以用二簋。二簋，儉之至也，則其他可知矣。苟取於民而輕用之，則民心自此離畔矣。此聖哲之所灼見，而昏庸之主以爲無害，以爲未必至是也。國之大事在祀，於祀而極其儉，亦豈得已，於取民財而輕用之不可也，於斯時極其儉爾，非其常也，故曰「二簋應有時」。剛者未易損也，損剛益柔，亦有時爾，於時不得已而損之，則剛者無憾。大抵損己則順，損人則難，故以損下益上之卦謂之損，損上益下之卦謂之益。不特取民財，凡天下曰「君之及此言也，百姓之惠」，此弗損而益之者。至於公謂「冕而親迎爲已重」，則不敢從之矣。虎會爲趙簡子荷戟而不推車，亦以弗損者益之也。是貞也，亦不必執之而過也。執之而過，則失道矣。九二「利貞」，蓋中以爲志也，中則無作好，無作惡，無偏無黨。虎會荷戟而不推車，正矣，至於行歌，則又過之不中矣。九二下卦之中，有中象。

《象》曰：山下有澤，損。君子以懲忿窒欲。

山上有澤，其山日損。人有忿欲，其德日損。知忿欲之害己，則知懲之窒之矣。學者好讀書而不懲忿窒欲，猶不讀也；喜窮究義理而不懲忿窒欲，不成義理也；雖已得道而不懲忿窒欲，是謂「智及之，仁不能守之，雖得之，必失之」也。

初九，已事遄往，无咎，酌損之。《象》曰：「已事遄往」，尚合志也。

損之時，方上損下，光武之不用功臣之時之類是也，是故，已事則當遄往。遄，速也。臣功成身退，況方損下，豈宜少留，所以合上之志也。然亦不必激而過之，酌事情而損之足矣。大抵天下事，不可加損毫髮，損益盈虛，一惟其時，微置己意則乖。酌損之言，所以去其己意，去其激過，使不失中，使不失宜也。

初爻在下，有退而居下之象，故曰「遄往」。

九二，利貞，征凶，弗損，益之。《象》曰：九二「利貞」，中以爲志也。

人臣之損，利於貞正，損己而不正，則爲奸爲邪。征者前進也，前進而過之，則失真矣，故凶。必無損於道者，用以益乎上，則可以益矣。昔者魯哀公問「人道誰爲大」，孔子愀然作色而對。何柔何剛？何動何静？何實何虛？微起意焉，則有所倚，倚則偏則昏，昏謂之疾。「損其疾，使遄速有喜」，則無咎。疾不可久，久則成疾，將不可治矣，是故以速爲貴。

六三，三人行則損一人，一人行則得其友。《象》曰：「一人行」，三則疑也。

內卦本三陽，於外卦之上，此爻有此象，故曰「三人行則損一人」。夫二人同行則無疑，三則疑，此人情之常，凡事畧同，正當此爻之象。筮而得此，筮爻必有此事。他日，孔子曰：「天地絪緼，萬物化醇。男女構精，萬物化生。《易》曰『三人行則損一人，一人行則得其友』，言致一也。」孔子欲明致一之道，故引此爲證。聖人循循善誘人，苟能於此達致一之妙，則知《易》曰「觀其所感而天地萬物之情可見矣」，則知萬物一致，三才一致，一以貫之，无所不一矣。

六四，損其疾，使遄有喜，无咎。《象》曰：「損其疾」，亦可喜也。

偏於陽爲疾，偏於陰爲疾。六四之疾，偏於陰也。陰爲柔，陽爲剛。陰爲靜爲虛，陽爲動爲實。道心無體，何陰何陽？何之或損或益、或盈或虛？事變无窮，與時偕而已。君子無敢置己意於其間也，微致己意焉，則失道。

六五，或益之十朋之龜，弗克違，元吉。《象》曰：六五「元吉」，自上祐也。

損卦之象，其道上行，損下卦益上卦。上卦之獲大益者，其惟六五乎？六五中正之君也。天下惟有此中正之道而已矣，得之者吉，失之者凶。得之者人心歸之，失之者人心去之；得之者天祐之，鬼神祐之，失之者天災之，鬼神禍之。「或」者不一之辭，「益之」者不一也，人心歸之也。十朋之龜，皆從而弗違，天與鬼神祐之也，此非六五之所求也，鬼神自祐之也。使六五動乎意，則係乎意，有所倚則偏矣，非中正之道也。中正有名而无體，故六五一無所爲，而自「或益之十朋之龜」，自弗違，自元吉，自上祐也。文王

「不識不知，順帝之則」，禹「安止」。「安止」者，寂然無所動也，故龜筮協從。

上九，弗損益之，无咎，貞吉，利有攸往。得臣无家。《象》曰：「弗損益之」，大得志也。

上九，損之極，過乎中，故教之以弗損也，又使益己，乃合中道。夫既弗損又益之，疑人心之不歸而有怨咎，聖人正之曰「無咎」。此乃所以爲貞正也，有吉焉，苟如此而往，無不利也。得人臣之心，至於有國而無家，夫能致臣心至於國爾忘家，可謂得臣心之深矣。而今也乃以「弗損益之」而得之者，何也？大抵人能損己而益人，已得人心，至於居極止之位而損己之極，則尤得人心。今雖弗損己而又益之，乃合中道。此爻之辭，皆所以抑其大過而有道之象。曰「弗損益之，大得志也」，心志中正，始爲得也，始爲大得也，如不失乎本心之大全也，非世俗所謂得志也。

# 楊氏易傳卷十四

宋慈谿楊簡敬仲撰

䷩ 震下巽上

益，利有攸往，利涉大川。

《彖》曰：益，損上益下，民説无疆，自上下下，其道大光。「利有攸往」，中正有慶。「利涉大川」，木道乃行。益，動而巽，日進无疆。天施地生，其益无方。凡益之道，與時偕行。

觀卦之象，損上之陽以益下，是謂「損上益下」。損上益下，自然民説无疆矣，是謂「自上下下」。以貴而下賤，以君而下賢，自然「其道大光」矣。卦象如此，豈不「利有攸往」？雖濟大險亦利也，故曰「利涉大川」。《彖》又推明利有攸往之道，曰惟中正故有慶也。彼行乎私意者，惟豐己而已，安能損上而益下？自矜自大而已，安能自上而下下？損上益下，自上下下，非中正者不能。惟中正，故凡有攸往則利。其言「損上益下」、「自上下下」，不過一二事爾。孔子以「中正」言之，則無所不通。得中正之道，則不獨行於益下下下而已，凡中而不倚、正而不邪之事，皆行之無所不利。涉大川者，非木不可。玆言木道，非有他説，言乎濟險得其道云爾。道即中正之道，非有二道。是道也在天曰天道，在地曰地道，在人曰人道，言乎其不倚則曰中道，言乎其無邪則曰正道，言其自上下下則爲大光之道，言乎涉大川則曰木道，於此卦又言「凡益之道」。未至於一貫之，不足以爲道。得其道則行，失其道則敗。動而巽，不忤於物，則日進無疆，其益無窮，此人之得其道，故致益也。天施焉，地生焉，其益無方，廣大無際，此天地之得其道，故致益也。動巽不忤，動巽不忤而已，不必復求其説。復求其説，則失動巽之道。「天施地生」，天施地生而已，不必復索其義，復索其義，則失施生之道。凡益之道，不可勝言，與時偕行，隨事而應，不可預料，而不可有所倚，不可入於邪，則同是謂中正萬世不易之道。人心即道，故曰「道心」。道心無體，因物有遷，遷則有所倚，有所倚則入於邪。不動於意，本無所倚，本無邪偏，何思何慮？自至自中，自神自明，自無所不通，人之所以「動而巽」者此也，何思何慮？天之所以施者此也，何思何慮？地之所以生者此也，何思何慮？惟無思故無所不明，惟無爲故無所不應。凡《易》之道，皆此道也，皆大易之道也。

《象》曰：風雷，益。君子以見善則遷，有過則改。

凡善即遷，當如風雷之疾；有過則改，當如風雷之疾，如此則獲益。人誰無好善之心，往往多自謂己不能爲而止；人誰無改過之心，往往多自以難改而止。凡此二患，皆始於意，意本於我。道心無體，何者爲我？清明在躬，中虚無物，何者爲我？雖有神用，變化云爲，其實無體。知我之本無體，則聲色甘芳之美、毁譽榮辱之變、死生之大變，如太虚中之雲氣，亦如水鑑中之萬象，如四時之變化，其本體無所加損，何善之難遷？何過之難改？舜「聞一善言，見一善行，若決江河，沛然莫之能禦」者，以舜之胸中，洞然一無所有，故無所阻滯也。

初九，利用爲大作，元吉，无咎。《象》曰：「元吉，无咎」，下不厚事也。

此卦損上之一陽而益下，則初九一爻爲一卦得益之最，矧六四在上而應之，上下陰陽之情和，故初九利用爲大作益利之事，然必「元吉」而後「无咎」。元者道之異名，以道致吉，謂之元吉，亦曰大吉。元，大也。必元吉而後無咎者，下不宜厚事乎？厚事猶大有爲也，非居下之道也，惟上之人，任而用之，知而信之，則可元吉，不然則不可。

六二，或益之，十朋之龜，弗克違，永貞吉。王用享于帝，吉。《象》曰：「或益之」，自外來也。

此卦下卦獲上之益，而六二居下卦之中，得中正之道者，必大得人心，大得天地鬼神之心。以天地神人，同此一中正也，宜其同歸焉，已詳著於損六五之爻。而六二臣道也，臣下而獲盛，益慮其失正也，又慮其不能久，是故永貞則吉者，伊尹、周公則永貞矣。若王者用此中正之道，克享上帝之心，則無所患慮，其吉也無疑。《象》曰「或益之，自外來也」，亦猶損六五之「或益之，自上祐也」，皆言乎本無求益之意而益自至也。曰「自外來」，言乎非中心之所期，自外而至也。苟動乎意，即失乎道，安能致大益？

六三，益之，用凶事，无咎。有孚中行，告公用圭。《象》曰：益「用凶事」，固有之也。

初言「下不厚」，二言「永貞」，懼其獲上之益而戒之也。初居下，二得中，猶諄諄恐其大過而失人臣之正也，而況於六三之過中乎？然既有所以致益，惟用之於凶事，施之於禍難之中，則竭忠盡力，雖不免過常，亦無咎也。雖則云然，亦必在我者有忠信誠確之心，人咸孚之，又中行而無偏無黨，告於上九之公，

「用圭」以通誠。《象》曰「益用凶事」，固有此道也。

六四，中行，告公從。利用爲依遷國。《象》曰：「告公從」，以益志也。

諸卦惟二、五言中，餘爻皆不言中，惟復之六四，與益之六三、六四言中。聖人蓋欲以此發明中道無所不在，無所不通，人心皆有之，顧人不行耳。此不曰行中而曰中行，益以明中道人心之所自有，非在彼而我行之也。舉此三爻言中，則他卦他爻皆可以言中，謂天下萬世人心有一之非中者，是誣天下萬世也。惟中行，故告公而公從。六三告公，以上九有公象。至此爻則以何爲公象？四初應而爲公，則公不在下，然則九五在上既親比，而陰陽有相得之象，則九五爲公也。事變之不可執一論率類此。況五之爻亦非止言大君，公亦一國之君，亦有霸王之象，言公則所包者廣。屯之五，小畜之五，大臣之象。遯之五「嘉遯」，明夷之五爲「箕子之明夷」，旅之五，皆昭然非君象。小過之五亦言公，同人之五，噬嗑之五，賁之五，復、无妄之五，大過、習、坎、咸、恒、大壯、夬、艮、漸、歸妹、既濟之五，皆泛言，不明著君象。公亦有公而不私之義，使其不公，則難於告矣。「利用爲依遷國」者，六四體柔，不能自有所爲，依公以遷國爾。益卦本以九四下而爲初九，初六上而爲六四，有遷徙之象。遷國所以益民也，以益民之志告公，故公從也。益民之志，非私也，故「公從」也。

九五，有孚惠心，勿問元吉。有孚惠我德。《象》曰：「有孚惠心」，勿問之矣。「惠我德」，大得志也。

人君欲施益於民，不必求諸物，不必求諸外，求諸己，求諸心是矣。何謂心？人皆有心，人心皆善皆正，自神自明；惟因物有遷，遷則意動則昏，昏則亂，如雲翳日，如塵積鑑；其本善本正本神本明者，未始磨滅也。今誠能不因物而遷，意不爲動，則正善神明之心，乃治安之本根，未有君心善正神明而民不被其惠者，亦未有君心不正不善不明而民被其惠者。苟惟以財惠民，則財有限，惠有限，雖被小惠，不免濫刑，不免虐政。設被惠於今日，必不及於他日。夫惟國之庶政，皆自君心出，君心一正，則庶政咸正，而民不被其惠者乎？其有不正，則庶政即隨以亂，姦邪得志，善良無所告，民被其禍，有不可勝言者是矣。故君心者，民惠之大本，惟聖哲之主，能用此以惠民，苟非聖哲，皆不能求諸此乎信也。有能求諸心，誠信而無僞，則不必復問其如何，必獲「元吉」，必信其民之「惠我德」。惠，我德之惠也，言民心被我德之惠，斷可信也。聖言所以諄諄者，恐人心多疑，疑心必不能惠民，故云云也。若夫聖哲之君，則深知己心之本正，深知民心亦皆本正，惟無以感之，有以感之於上，則同然之機，其應如響。《書》「若有恒性，克綏厥猷惟后」，此人主之本職也。今民惠我德，則順其性，綏其猷，人主之本職不曠矣，聖哲之本志得矣，故曰「大得志也」。

上九，莫益之，或擊之，立心勿恒，凶。《象》曰：「莫益之」，偏辭也。「或擊之」，自外來也。

孔子曰：「莫之與，則傷之至矣。」則「莫益之」者，言無有益之者，當從孟氏本。曰「偏辭也」，言乎人心皆疾之，莫有益之者。周徧之辭也，謂衆人之辭也。若從陸本作「偏」，則義説迂曲，非孔子之旨也。「立心勿恒，凶」，明此爻立心之不善，宜即改易，切勿恒久。其象凶，衆皆不與之，莫之與，則或擊之矣。「自外來」，言非所料而自至也。孟子曰：「不仁者可與言哉？安其危而利其災，樂其所以亡者。不仁而可與言，則何亡國敗家之有？」然卜筮則求諸神，筮而得此爻，庶乎畏明神而或改也。彼立心之不仁，不可以枚數，或慢天，或虐民，或悖亂其天倫，或窮兵，或棄賢，或棄政，言之莫窮。而或者因孔子他日有所感而言曰：「君子安其身而後動，易其心而後語，定其交而後求。君子修此三者，故全也。危以動，則民不與也。懼以語，則民不應也。無交而求，則民不與也。莫之與，則傷之者至矣。《易》曰：『莫益之，或擊之，立心勿恒，凶。』」遂止以此三事釋此一爻，殊失孔子本旨。夫此三失甚微也，尚不免於凶，而況於他乎？

☱ 乾下兑上

夬，揚于王庭，孚號有厲。告自邑，不利即戎，利有攸往。

《彖》曰：夬，決也，剛決柔也。健而説，決而和。「揚于王庭」，柔乘五剛也。「孚號有厲」，其危乃光也。「告自邑，不利即戎」，所尚乃窮也。「利有攸往」，剛長乃終也。

夬，決也。以五陽而決一陰，以衆君子而決一小人也，故曰「剛決柔也」。下卦乾健，上卦兑説。雖則健而説，雖決而和，未嘗怒也，未嘗私也，怒則私矣。覆載之間皆吾之赤子，彼昏而爲小人，良可念也。小人不可居上，天道也，決而去之，何私怒之有？動於怒則我已爲小人矣，已當在所去之類，安能去人？是故，健而説，決而和。卦出此象以教君子也。「揚於王庭」，以一小人勢將去，而反居上乘五剛，衆君子殊爲抑逆，輿情之所大不平也。得時得勢得理，故可揚於王庭也，不然，則不可也。此雖當揚庭而決去，而亦不可不相與誠心警戒以危厲也。號，警戒也，故曰「其危乃光也」，以得時得勢之衆君子，而去一已衰之小人，亦何至於危也？而事不可忍，不可不戒，能自危厲，乃爲君子之光也。「告自邑」者，謂特警號其己類爾。邑者，己之象，其詳釋已見謙上六爻。「不利即戎」，言不可以兵戎也，即戎則縱矣。甚矣尚者，縱甚而不謙下之謂也。即戎得以爲尚也，乃以取窮也。「天道虧盈而益謙」，「人道惡盈而好謙」。孚號有厲，告自邑，則利有攸往，則可以決小人也。曰「剛長乃終」者，言小人未盡去，則當決，則當往，有所決，至小人已去而剛道已長，則終止不可復有所往也。如其爲已甚，窮治小人不已，則反取禍矣，故曰「乃終」。終，止也。

《象》曰：澤上於天，夬。君子以施禄及下，居德則忌。

澤上於天，則夬決而下及萬物。一柔已決，羣剛成功，君子則施禄及下以報其功。君自以爲己德而自居之，則爲忌嫉，非君子之道也。

初九，壯于前趾，往不勝，爲咎。《象》曰：不勝而往，咎也。

初九位下德弱，乃不自度，奮然而欲行夬決之事，是爲壯於前趾。趾，在下而小之物，往必不勝其任矣，故爲咎。不勝其任而冒往，故咎。

九二，惕號莫夜，有戎勿恤。《象》曰：「有戎勿恤」，得中道也。

惕懼警號，雖莫夜不懈，則雖有兵戎，勿用憂恤。何以知九二之能「惕號莫夜」？以九二「得中道」而知之也。既得中道，必不縱逸，必明，明則必知所警慎。聖賢之道，中而已矣，何所往而不通？卦言孚號，又言惕號，《易》筮其急於爻，故爻辭尤不可廢。

九三，壯于頄，有凶。君子夬夬，獨行遇雨若濡，有愠，无咎。《象》曰：「君子夬夬」，終无咎也。

頄，面之顴也。「壯於頄」，悻悻之怒，見諸顴也。用壯如此，君子中之小人也。淺者之決，大率類此。遵道而行，何怒之有？動於怒，怒而見有凶，言君子道長、小人已衰之時，雖未必至於凶，而有凶之道焉。君子雖夬夬，大義不可易，而斷不動於意，故「獨行遇雨」。陰陽和而後雨，雨有和之象，其和亦未嘗作意和之，而君子之道心，自是「健而説，決而和」，故曰「遇雨」也。若濡而實不濡，彼徒見若濡之迹，必有見愠者，而君子之心，忠信無私，夬夬之義，亦未嘗變，人所深信，故終無尤咎。彼不知道者，以爲君子既夬夬，安能與之和？既和，安能夬夬？不知道心如天地寂然，無思無爲，而有風雨，有雷霆，有霜雪，變化無私。

九四，臀无膚，其行次且。牽羊悔亡，聞言不信。《象》曰：「其行次且」，位不當也。「聞言不信」，聰不明也。

九四乃君子中之小人，九剛四柔，外雖剛而中實柔邪，居羣剛之中，不與俱決，故爲在下之剛者所傷，故「臀無膚」。勢不得不與之俱，而其行次且，若能如羊以羣進，相牽以往，則可悔亡。然雖聞是言，往往不信。何以知其不信？以九四不知道，其心與小人同，故不可告語也。「位不當也」者，言九四所處之位，亦已高矣，況在乎衆君子之間？不當如是也。「聞言不信，聰不明也」，使其聰明，則曉是非榮辱吉凶，安得不信？

九五，莧陸夬夬，中行无咎。《象》曰：「中行无咎」，中未光也。

君子之勢，至於九五，亦已盛矣。一陰之勢已去，特其體猶存爾。柔脆如莧，而又在陸，陸人所行踐，其莧之不可復存昭昭矣。如必施夬夬之決，蓋過之矣。故聖人教之曰「中行無咎，中未光」者，謂夫莧陸夬夬之人，雖勉而爲中行，非本性之大中，未爲光明也，惟實得道者爲光明。他卦惟二五爲中，今乃未光，以有莧陸夬夬之象故也。

上六，无號，終有凶。《象》曰：无號之凶，終不可長也。

夬之去六，柔已決去，剛道已長，然不可不敬戒。苟忽焉不敬不戒不警號，則亦「終有凶」。雖未必凶遂至，而既不警戚，則放逸，逸則既失道矣，失道者終於凶。

䷫ 巽下乾上

姤，女壯，勿用取女。

《象》曰：姤，遇也。柔遇剛也。「勿用取女」，不可與長也。天地相遇，品物咸章也。剛遇中正，天下大行也。姤之時義大矣哉！

一陽之生曰復，一陰之生曰姤。姤者內非陰之本位，故不言復，惟取剛柔相遇之義。曰「柔遇剛」者，明柔爲主也。一陰雖微，而其勢則自內而長，陽剛雖盛，而有寖消之勢，故此卦有女壯之象。女之壯者，不可取也。其物雖和，其後必乖，壯則漸不可制，故曰「不可與長也」。女壯之足以敗國亡家，往古可監也。小人之柔邪諛媚，猶女壯也，其足以敗國亡家，亦猶是也。人不善之心寖而長，其端甚微，其流寖廣，此則敗國亡家之本，尤不可不戒也。爝火之微，即可燎原。涓涓之流，或可滔天。是故禹曰「克艱」，皋陶兢兢業業，皆此道也。是卦非善也，而聖人發揮之曰：天地亦相遇也而品物咸章，剛遇中正亦遇也而天下大行。顧人未知夫遇之之道爾。男女之相遇，天地之大義也，人惟不明斯義，故有女禍。是卦二五皆剛而中正。體之剛者，既足以興事造業，而又中正焉，則豈不可以大亨於天下。遇之爲言，若出於二，遇之爲義，實出於一，故曰：「天地之道，其爲物不貳，則其生物不測。」人心自善，自中自正自剛健，如玉自白自瑩自温潤而非二玉也，如金自黄自剛自明而非二金也。人惟因物以遷，意動而昏，如雲翳日，如塵積鑑，故紛紛擾擾，曰二曰三，十百千萬，斷斷殊列，一日覺之，心本無體，清明如日月，變化如四時，衆德自備，百年自有，未始不善，思慮不作，一無所倚，彊名曰中。本心如此，自無邪僻，彊名曰正。是其清明無體之妙，非血氣也，非物也。有物有氣血，則可得而屈息，非物非氣血，則不可得而屈息。因其不可得而屈，不可得而息，故彊名曰剛健。此人之心也，即天地之道也，一也，故天地可得而範圍，萬物可得而曲成。「姤之時義大矣哉」，於人相遇之時，男女相遇之時，天地相遇之時，萬物相遇之時，有義焉，人所不知也，「大矣哉」，即其所不知，即大矣哉之妙也。聖人於此，惟曰大而止，亦不得而贅其辭，故孔子曰「吾有知乎哉？無知也」，又曰「天有四時，春秋冬夏，風雨霜露，無非教也」。聖人竭誠啟告，盡於此矣，學者於此，往往又謂於此當復有不容言之妙。吁！是又以意求之。姤之時義非意也，即此學者之妄意，即姤之時義，即六十四卦之義，即天地之義。往往人不知，惟不知故妄，故曰：知則不知，不知則知。

《象》曰：天下有風，姤。后以施命誥四方。

后不親往四方也，惟施命以誥之，而四方咸周焉，即風之無形而廣被萬物也。愚者以爲有二，明者以爲實一，何止與風爲一，其與天地萬物未始不一也。

初六，繫于金柅，貞吉。有攸往，見凶。羸豕孚蹢躅。《象》曰：「繫于金柅」，柔道牽也。

柅，王作「柅」，子夏作「鑈」，《蒼頡篇》「柅」作「柅」，許氏《説文》曰：❶「吕氏《字林》曰『欄』，系跌也，字或作『鉺』，女指反，蓋絡系之器也。」陰爲小人，雖在下而有浸長之勢，不可不制，惟君子乃能制之。金柅，君子之象。君子之制小人，不以剛暴，惟以陰道奉制之，亦以初六在下尚微弱，不必以剛制也。君子之制小人，亦非私意，惟以貞正之道而已矣，苟不出於正而有譎術，則既失道矣，安能制之？天下惟有道者能行能濟，不於其微弱易制之時制之而有所往，則見凶矣。豕雖羸，他日必蹢躅。孚，信也，言可信可必也。

九二，包有魚，无咎，不利賓。《象》曰：「包有魚」，義不及賓也。

姤之時，惟其所遇，不必遠應。陰者陽之所欲，魚，陰類，魚亦人之所欲。九二得初六而有之，雖非正應，惟在姤時，以遇爲主，遇則親焉，故無咎。在常時則爲不正，難乎免咎，今既包有之，自然他人不得而復有之，故曰「不利賓」。此理義之自然，勢之所必至也，故曰「義不及賓也」。得民心而有之，民爲文王、武王所有，則紂不得而有之矣。得小國而有之，鄭在晉則不在楚，在楚則不在晉矣。得賢才而有之，齊有

❶ 「説文曰」，此當指楊氏所見《説文》之注本。

管夷吾，則他國不得而有之，士會入晉，則秦不得而復有之矣。

九三，臀无膚，其行次且，厲，无大咎。《象》曰：「其行次且」，行未牽也。

初六一陰，爲衆陽所應，九二既包而有之，勢不及其他，而九三乃有争取之意，故爲九二所傷。「臀無膚」，有所傷也。「其行次且」，意猶未已，豈不危厲。然無大咎者，何也？以其行未至於牽於初而不行也，故有小咎，無大咎。苟復行，則二終不已，獲咎大矣。楚雖欲鄭而晉既有之，楚雖不樂，而終於已矣，楚所以無大咎也。

九四，包无魚，起凶。《象》曰：「无魚」之凶，遠民也。

初本與四爲應，今以四遠之，故近爲九二所有，則九四「包無魚」本我所有而歸之他焉，人心畔離矣，故起則凶，謂動則凶。民可近不可遠，其義於是著。凡《易》一爻，該義甚多，此惟以「遠民」爲言者，明其義之著者也。

九五，以杞包瓜，含章，有隕自天。《象》曰：九五含章，中正也。有隕自天，志不舍命也。

杞者，美材也，九二之象。瓜者，陰柔在下之物，初六之象。九五中正在上，不自用其章，而用九二之賢，以杞葉包瓜，以柔道制小人。九五已盡中正之道，而有隕墜，乃自天也，非人之所爲也，非人之所致也。人道已盡，已無毫髮之愧，而後可以言命也。大王已盡中正之道，而不免狄人之難，天也。文王已盡中正之道，而有羑里之難，天也。大王、文王何與焉，故曰「志不舍命也」。

上九，姤其角，吝，无咎。《象》曰：「姤其角」，上窮吝也。

上九剛而上窮，有角之象。失其所以與人，姤遇者如角然。剛固之過，枯槁而不和洽，吝道也。狷者之疵爲吝，然嚴勁剛介，異乎輕肆放逸者矣，故無咎。《象》曰「上窮」者，言其窮而小通也。泄柳閉門而不納，段干木踰垣而避之，是謂「姤其角」。孔子見南子，欲從佛肸公山之召，變通之道也。

# 楊氏易傳卷十五

宋慈谿楊簡敬仲撰

䷬ 坤下兑上

萃，亨。王假有廟，利見大人，亨，利貞。用大牲，吉。利有攸往。

《彖》曰：萃，聚也。順以説，剛中而應，故聚也。「王假有廟」，致孝亨也。「利見大人，亨」，聚以正也。「用大牲，吉。利有攸往」，順天命也。觀其所聚，而天地萬物之情可見矣。

「順以説，剛中而應」，何以能聚也？順説剛中而應者，道也，具見於卦象。坤順而無拂，兑説而能和，九五之剛足以有立，中而無所倚，人心咸應，備此衆德故也。此衆德皆非自外至也，道心之所自有。道心無蔽，則無虧焉，則自全；有蔽焉，則有虧，則不全，或盡失之。其有不順則生於意之支，支則違；其有不説則生於意之固，固則不和；其有不剛則生於意之懾，懾則弱；其有不中則生於意之有所倚，倚則偏，其有不應則生於意之猶有未善，猶有意有我也，不然，則何以不應？人心即道，故曰「道心」。道心無體無我，如日月，如天地，其變化如四時，意不作則無蔽之者，無窒之者，洞然混然，自順自説，自無所懾而剛，自無所倚而中，人心自無所不應，曰順曰説曰剛曰中曰應，皆所以形容道心之言，而非有二也。假，大也。王大其廟之道，教孝享也，此萃聚之道也。人心之所以乖離者，君不君，臣不臣，父不父，子不子也。「有廟」，父父子子之道也。愛敬之心生而達之天下，則無所不愛敬也，不敢侮鰥寡，不敢遺小國之臣。尊賢敬民，皆由愛敬之心以生，況以愛感愛，以敬感敬？上以孝慈之心動於上，則下以孝慈之心應於下。人皆有忠孝之心，惟其無以感之，感斯應，應則忠孝達於天下。忠孝一心也，一道也，萃聚之道也。「利見大人，亨，利貞，聚以正也」，惟大人爲正。人心之所同然者，道也。孝也，忠也，正也，皆道之異名也。御之以道，則人心皆應皆聚；御不以道，則人心皆離皆散。萃聚之時，民物甚大，則當用大牲隨時也，故曰「順天命也」。盛大，天之所命也，不可以爲己之爲也。既見大人，既貞正，既亨而利，既萃盛大，則有攸往，當無不利，亦天命之往也，人則順之也。「觀其所聚」，聚必以正，聚必以道。天地之氣所以和而聚者此也，萬物之所以生而聚者此也，凡人心物情之所以萃聚皆此也，咸卦言之矣，恒亦言之矣，通乎此則無所不通矣。通天下一而已矣，即他卦「時義」、「時用」、「大矣哉」之道也，即六十四卦、三百八十四爻之道也。

《象》曰：澤上於地，萃。君子以除戎器，戒不虞。

澤之所以能瀦水而高上於地者，以有坊也。民之所以得安居焉而聚者，不可無武備之防也。除治戎器，戒備不虞，皆大易之大道也。

初六，有孚不終，乃亂乃萃。若號，一握爲笑，勿恤，往无咎。《象》曰：「乃亂乃萃」，其志亂也。

初六柔而不堅，弱而不固，有初而無終，有「有孚不終」之象。「有孚不終，乃亂乃萃」矣，言亂其萃聚之道。九四正應，不見相違之象，而初六孚信自不固，似號而悲矣。又「一握爲笑」，言號笑雜而爲一也，於是教之以勿憂卹。四之不應而遂往，則「無咎」。《象》曰「其志亂也」，以號笑雜而知之。

六二，引吉，无咎，孚乃利用禴。《象》曰：「引吉，无咎」，中未變也。

六二正得臣位，故正言事君之道。君子未嘗不欲仕也，又必待上之求之而後可進，不見引而遽進，則言將不聽，道不可行，故必引之而後吉無咎，不然，則人將議我之冒進矣。禴者，祭之薄，誠則至也。必俟上之見孚而後臣可以竭誠而達於上，不然，則未可易達也。《象》曰「中未變」者，中謂六二之中心也。六二中正，不遷於物，不以進退窮達變其中心也。中正則無己私，無己私則安得而變？故曰「中未變也」。坤六五「文在中也」，亦中内之中。

六三，萃如嗟如，无攸利。往无咎，小吝。《象》曰：「往无咎」，上巽也。

「萃如」，六三之本志，「嗟如」，以上六之不應，故「無攸利」。雖無攸利，然往亦無怨咎，有「小吝」。吝者，不足之詞。《象》曰「上巽」者，言上六柔巽，雖不應而亦不至於相忤也，人情事理有如此者。

九四，大吉，无咎。《象》曰：「大吉，无咎」，位不當也。

九四居近君之位，而羣陰承之，羣心萃之，非所宜也，必「大吉」而後「無咎」。大吉難以備言，已盡其道，得君之心，無失無害，斯無咎矣。所以必大吉而後無咎者，以九四所處之地難也。不當者，不安之意，人心不歸君而歸臣，故不安也，伊尹、周公之事也。

九五，萃有位，无咎，匪孚。元永貞，悔亡。《象》曰：「萃有位」，志未光也。

九五之萃，民雖咸君之，然有位而已，雖人無怨咎，而匪孚信之也。元永貞則悔亡矣。元者，道之異名。貞，正也。正而不永其正非元。曰元是矣，又曰永貞者，慮人守正之不永，故又以明之也。《象》曰「志未光也」，於己見其德之不光大，故徒有其位，未得人心。人心在四而不在五，見之於卦象。

上六，齎咨涕洟，无咎。《象》曰：「齎咨涕洟」，未安上也。

位之上者，宜以賢明居之。今上六乃以陰柔而居上，非其道也，非其道故人心不應不聚。六與三兩陰無相應之象，然上六非傲亢者，柔巽之極，故有「齎咨涕洟」之象，故「無咎」。《象》曰「未安上也」，言其不自安於上位也，故齎咨涕洟。

䷭ 巽下坤上

升，元亨，用見大人，勿恤。南征吉。

《象》曰：柔以時升，巽而順，剛中而應，是以大亨。「用見大人，勿恤」，有慶也。「南征吉」，志行也。

上坤下巽，木從地中而升，故有升象。然而柔升於上，柔非能升者，得時故升爾。其所以元亨者，何由而致之也？巽而不忤，順而無違，剛而不懾屈，中而無偏倚，人心咸應，合此五者，是以大亨。元，大也。道之見於升者有此五者之名，名雖五而實一也。道心無我，中虛無體，自然於物無忤，自然於理無違。無我無體，則安得而懾屈？何思何慮，則安有所偏倚？無毫髮之私，無一之不善，則自然感應矣，是以大亨。「大人」者，道之所在也，是故「用見大人」。見大人則亨矣，勿庸憂恤也。道之所在，亨利隨之，見大人則有慶，澤之所及者廣也。不見大人，則道何由而行？南者，離明之方。征，往也。就明則吉，慮人妄有所依而非明哲，實非大人，故又曰「南征」則吉。不然，則亦未保其吉也。所往就者果明，則志斯行矣。

《象》曰：地中生木，升。君子以順德，積小以高大。

孔子曰：「據於德。」德，得也，實得於道也，非言語之所及，非思慮之所通。故《中庸》曰：「苟不至德，至道不凝焉。」夫道一而已矣，豈有道、德之異哉？人心有昏之間，故聖賢立言，辨析其所以異。自古昔以來，崇道者紛紛，而得道者千無一，萬無一。學者以思慮之所到爲道，以言語之所及爲道，則安能無所不通、變化無窮哉？據之爲言，非若有若無，惚恍之間也，實有而實可據也，惟其未嘗思而思也，未嘗爲而爲也。「蒙以養正」，養此也，順是而養之，自漸至於高大，不可揠苗也。揠苗者，是無妄之疾而施藥也，愈益其疾戾，惟蒙可以養之。蒙者，文王之「不識不知」也，孔子之「無知」也。善養德者，莫善於此。道雖洞明，質有故習，故習難於頓釋也，順而養之，意態不作，則本德自明自神，自無不善，自高大矣。本無高，因人之卑陋而名其不卑陋者之爲高；本無大，因人之小狹而名其不小狹者之爲大。曰順曰積，皆設爲之辭，自得自信者自知之。彼未有德者，往往徇名失義，徇名失實，是謂章句儒。

初六，允升，大吉。《象》曰：「允升，大吉」，上合志也。

初在下，不可以遽升，必待在上信之而後可升。允者，信之至也，故「大吉」。

九二，孚乃利用禴，无咎。《象》曰：九二之孚，有喜也。

是爻與初六允升之義亦同，與萃二之辭又同，何聖人重復致意若此？斯義臣下之所急，人之躁於進者多，故聖人復發其象。以不待上之見孚而冒進已説者，往往而是，故《象》曰「有喜也」，明夫九二之能待上之見孚乃用禴，殊爲難得可喜也，知其不能待者多也。禴，通誠於上也，禴祭物薄而誠至。待孚而用禴者，易之道也。不待見孚而冒進者，失易之道也。

九三，升虚邑。《象》曰：「升虚邑」，无所疑也。

凡卦之奇畫在前，多有阻遏之象。今九三之前盡耦畫，無所阻遏，故有「升虚邑」之象，又曰「無所疑也」。凡升而一無所疑阻者，謂之「升虚邑」。

六四，王用亨于岐山，吉，无咎。《象》曰：「王用亨于岐山」，順事也。

此文王之象也。或謂周公作爻辭者，於是知其指文王也。文王之位，幾於五矣，三分天下，其二已歸心矣，而文王就順事之德。六與四皆陰，有柔順之象也。

六五，貞吉，升階。《象》曰：「貞吉，升階」，大得志也。

六五之升，貞正斯吉。貞正之吉，如「升階」然。升階以禮而升也，舜禹是也。其有不幸而爲湯武之權，豈聖人之本志哉？大不得已也。故湯使伊尹五就桀，覬其或可轉也，卒不可轉，天命伐之，不得已而奉天。故聖人如舜禹之以禮而升，而後爲大得志。「大得志」者，出民於塗炭之中，以斯道而覺之。此心，天地之心也。

上六，冥升，利于不息之貞。《象》曰：「冥升」在上，消不富也。

「冥升」者，亦不知其所以然而升也。貪進不已者，冒昧而升，則大禍也，何利之有？所利者獨利於不息之貞，冥升正道，不息悠久。「蒙以養正」，乃作聖之功。孔子既曰「發憤忘食」，可謂不息矣；而又曰「吾有知乎哉？無知也」，然則孔子之不息，未嘗有知，知則動於思慮，動於思慮則息矣，非進德也；又曰「忠信所以進德也」，忠信非思慮，如斯而已矣。如斯而已，何思何慮？心慮一作，即有穿鑿，即失忠信。文王「不識不知，順帝之則」者，冥升之貞也。顏子「三月不違」者，冥升之貞也。其餘，月至者，一月之冥升也；日至者，一日之冥升也。自一日一月，三月之外不能無違者，意微動故也，未精未熟故也，熟則意不復作，如孔子之皜皜矣。《象》曰「消不富」者，消則虛，不富者不實也，不實而虛者，非意之也。人心無體，無體則何所有？未始不虛也，意動故不虛。此虛明無體，本無進退，因故習積久，故蒙養以漸消其習氣，其間有惰者，故以不惰者爲不息。非思亦非爲，有思有爲，皆息皆惰。孔子止以顏子爲好學，餘月至日至者亦不與，罪其惰也，故曰「知及之，仁不能守之。雖得之，必失之」。不息之貞，仁也。

䷮ 坎下兌上

困，亨。貞，大人吉，无咎。有言不信。

《彖》曰：困，剛揜也。險以説，困而不失其所亨，其唯君子乎！「貞，大人吉」，以剛中也。「有言不信」，尚口乃窮也。

此卦剛盡爲柔所揜，故爲困。坎險兑説，雖在險中而不失其所説樂，是「困而不失其所亨」，惟君子則然。蓋君子不以氣血爲己，以氣血爲己，則勞其筋骨，餓其體膚，處其賤辱，則已勞已餓已賤辱也，安得説樂而亨乎？惟君子不以氣血爲己。道心無體，變化云爲，神用無方，無明不息，其樂何窮？不以貴富而加，不以賤貧而損，宜其不以困而失其所亨也。然而至於貞正，則爲大人乃吉無咎。謂夫於困揜之中，而能不失其貞正者，又非君子之所能。君子德未備，道未全，大人則道全德備，睿知燭微，如日月之代明，神聖應變，如四時錯行，從容委蛇乎羊腸九曲之間而每發中的，故雖困而不失其正。子路之死，子羔之去，可以爲君子，不可以爲大人之貞。孔子則不然，雖見南子，背蒲適衛，欲從公山佛肸，未嘗失正也。子路剛矣，而未中。中者不作於意，一無所倚，如大虛然，虛則明，明則不輔子以拒父矣。「剛中」之德，惟大人有之。人皆有之，昏而蔽之，賢者昏明雜之，惟純明爲聖人，聖人即大人。子路、子羔未能免天下後世之議，故不謂無咎。困之時，安可「有言」？有言必「不信」。言而見信，則不困矣，故曰「尚口」，以正有言者之罪，使君子知所忌而不敢也。

《象》曰：澤无水，困。君子以致命遂志。

上兑下坎，是水在澤之下，澤中無水也，澤而無水，其困槁之象可見。君子以爲困者，命也，天也，安之不敢復有所爲，惟自遂其志。志非氣血，非形體。形體氣血可困也，志孰得而困之哉？故《象》曰「不失其所亨」，習坎曰「維心亨」，此之謂也。

初六，臀困于株木，入于幽谷，三歲不覿。《象》曰：「入于幽谷」，幽不明也。

「株木」，九四之象。木能庇下，困之時，九四不足以庇其初，初六困而不能興，故曰「臀困於株木」。坎險之下，耦畫虛闕，有「入於幽谷」之象，三歲無所見。覿，見也。幽，不明也。此爻可謂甚矣，而不言凶者，何也？困雖君子、大人不能免，而吉凶則在人也。

九二，困于酒食，朱紱方來，利用亨祀。征凶，无咎。《象》曰：「困于酒食」，中有慶也。

「困於酒食」，困於禄也，困則未見用於君，故無禄也。紱，蔽膝之物。朱者，南方文明之正色，而含其君之象，含則爲朱，發則爲赤。九五中正陽明之君，必求九二中正陽明之臣。「朱紱方來」，言九五行且來於二，九二利用亨祀，竭誠以事之。祀尊上謂之亨祀，祭其下曰祭祀，雖通稱，而因亨以致其别，則明九五之祭祀爲祭下。然不待朱紱之來而遽征往焉，則將爲小人所困，故凶。其「無咎」者，以二五君臣皆賢，心相知，故無咎尤而衆亦信之，惟陰邪小人則揜之也。《象》曰「中有慶」者，謂九得中道而致慶。使九二不賢，則九五必不求之。

六三，困于石，據于蒺藜，入于其宫，不見其妻，凶。《象》曰：「據于蒺藜」，乘剛也。「入于其宫，不見其妻」，不祥也。

九四阻其前如石，九二剛而在下如蒺藜，故「乘剛」也。上下俱困，及反而「入於其宫」，又上六不應，是「不見其妻」，故凶。其所以不祥至此者，何也？自取之也。六三不中，中者道之異名，不中失道也，失道致凶，自取之也。君子所以自反求諸己。

九四，來徐徐，困于金車，吝，有終。《象》曰：「來徐徐」，志在下也。雖不當位，有與也。

九四之正應在初，而九二在下，堅剛阻之。以九二、初六比近，陰陽有相得之象。初爲二所有，則九四不得而應而困矣，故曰「困於金車，吝」。然四與初，正應也，九二雖金車，終不能奪正，故四終與初六爲應，故曰「有終」。來者志在於初也，初，下也，徐徐「困於金車」也。《象》惟曰「來徐徐，志在下」者，舉其略也。九四雖未甚得位，然有初六之相與，不至甚困。

九五，劓刖，困于赤紱。乃徐有説，利用祭祀。《象》曰：「劓刖」，志未得也。「乃徐有説」，以中直也。「利用祭祀」，受福也。

劓刑其鼻，是上爲陰所困也。刖刑其足，是乘剛而困於四也。爲君而遭困如此，其志未爲得也，言必有失。「赤紱」，臣有爲而色舒發，九之象也。朱色含，赤色發。紱者，蔽膝之物，有行之象。謂九二不應，故曰「困于赤紱」。然九五志求九二中正之臣，其理中直，中直者終得之，故徐徐而有喜説。既得九二中正之臣，則當竭誠相與。祭祀用誠也。九二曰享，享上也，則知九五之祭，祭下也。上下相與以誠，致福之道也。夫二、五皆中，而二則微困而全美，五乃「劓刖」，而又曰「志未得」者，何也？臣則義有所制，不得自爲也；君則一無所制，一無所制，罹困焉者，是必有以致之也。然九五居中，又非無道之象，故曰「志未得也」，明其用心必有失。又曰「中直」而已，不曰中正也。

上六，困于葛藟，于臲卼，曰動悔有悔，征吉。《象》曰：「困于葛藟」，未當也。「動悔有悔」，吉行也。

上六前無阻，宜往以脱困，而柔懦疑滯不能決，葛藟滋蔓，柔弱盤旋，實似之。又乘剛，故有𣂷𡰣不安之象。聖人教之曰：苟疑慮而曰動懼悔，則果有悔矣。若不復疑慮而遂征則吉。征，往也。夫其疑慮，將以求當也，而於此疑慮之過，則未當也。「吉行」也者，在乎行也。

# 楊氏易傳卷十六

宋慈谿楊簡敬仲撰

䷯ 巽下坎上

井，改邑不改井，无喪无得，往來井井。汔至，亦未繘井，羸其瓶，凶。

《彖》曰：巽乎水而上水，井。井養而不窮也。「改邑不改井」，乃以剛中也。「汔至，亦未繘井」，未有功也。「羸其瓶」，是以凶也。

上坎水下巽，有「巽乎水而上水」，井之象。井贍養潤澤之功無窮，而實寂然不動。邑可改，何爲乎莫之改也？人心即道，故曰「道心」，道心無體，變化云爲，養物惠民，而心未嘗動。無喪無得，或往或來，巽水而上，而所謂井者如故也。應酬無窮，而所謂無體者則一也。微泉汔至，未淵未深，亦未繘井，未有及物之功。學未通達，是爲「汔至」。小有知省，雖異乎昏蒙，而猶蔽猶阻。通達未淵澄，養己尚不足，難乎及物。苟强以及物，則有羸瓶之凶，適足取敗。蓋人雖皆有道心，而自知者寡，自知則自信，自信則自善自正，自神自明，自無所不適。此非告語之所及，自知而已矣。人惟自見其過失之多，而自莫之改也，故不信自心之本善本正，本神本明，不知夫患生於妄意之興。意興則昏則亂，一日覺之，則吾未始或動，未始有改，未始不備衆德。神用四發，如風雨之散潤，如日月之代明，如四時之錯行也。「不可度思，矧可射思」。

《象》曰：木上有水，井。君子以勞民勸相。

井至於及物，則有功。水本在下，今木上有之，爲出而及物之象。卦辭既言「繘井」巽而上，大《象》又言「木上有水」，皆所以明及物之功。何也？疑其重復爲贅，深惟聖人設教，厥有大旨。學道之士，往往索盡精微，極之於寂然不動，又雖欲静未必果静，雖欲不動未必果不動，此萬古學道之通患，不知夫道非動静之可言，尤非溺於沈寂者之可得。道心神明，通達無方，變化無窮，而亦未嘗或動，如水鑑中之萬象，是謂天下之至動，天下之至動即天下之至賾。不得乎變化之妙者，非實得道者也，故聖人屢言及物之功，其旨在此。君子勞民，所以安養之也，又勸之交相爲養，養物之功於是乎無窮。君子之勸相，非後世之空言。觀《周官》比、閭、鄰、里之治，如家人子弟，則君子之勸相，實有勸相之功。

初六，井泥不食，舊井无禽。《象》曰：「井泥不食」，下也。「舊井无禽」，時舍也。

初與四兩陰不相應，有「不食」、「無禽」之象。「井泥不食」，汙下故也。己德不清明，致人不食，此當求諸己。至於舊則非汙下，乃時舍之廢之，禽尤去之，而況人乎？此則在時而不在我。

九二，井谷射鮒，甕敝漏。《象》曰：「井谷射鮒」，无與也。

九二中正，非泥者，而九五不應，君不用之，則二之所及者，惟鮒而已。鮒，魚之至小者，初六象之。

「甕敝漏」，汲者之過，非井之罪，故曰「無與也」，言無應不見用也。

九三，井渫不食，爲我心惻，可用汲，王明，並受其福。《象》曰：「井渫不食」，行惻也。求「王明」，受福也。

井上出則及物有功。諸爻凡在下者，皆有不食、不及物之象。九三則陽剛，有爲有力，能渫治其内者也。雖渫治而亦不見食，「爲我心惻」者，以九三不中，非有道者，徒彊力於善。此類多有憂世太過，怠於爲人之意，以此反爲人所棄而不食，然此亦吉士，亦可汲，有明王作，「並受其福」，言亦不棄也，亦可用也。「求」之爲言，亦以明九三之過。惻也求也，其狀可見。

六四，井甃，无咎。《象》曰：「井甃，无咎」，脩井也。

三與四皆不中，皆非有道者，然三動四静，故三爲渫，四爲甃。甃雖未免乎脩，比之渫則稍静矣。惟静故不行惻，不求王明。

九五，井洌，寒泉食。《象》曰：「寒泉」之食，中正也。

寒泉洌然，無喪無得，寂然不動也。食者，及物也。「中正」之道自不動，自有及物之功，非索之外者，人心之所自有也。

上六，井收勿幕，有孚，元吉。《象》曰：「元吉」在上，大成也。

收者，斂藏之義。井卦之上，其及物之功盛矣。人以爲散出也，聖人特反而言之曰「收」，所以明道也，知散與收之無二，則得其道矣。又慮其或止於静也，故又曰「勿幕」。勿幕所以大開及物之功用，明井道之大成也。「收」與「勿幕」，言似異而實同，似二而實一。孔子又以「有孚」明此道。「有孚」者，誠實也。

孔子又嘗言忠信爲大道，又曰「主忠信」，又曰「信以成之」。直心誠實，何思何慮？思慮微起，則支則離。全體誠實，自無放逸，自不流，自不陷於静止，自及物而無窮，如天地之變化，如四時之錯行。施生之功無窮，而非思非爲，是謂「元吉」。夫井之上爻，及其物之功，而乃元吉焉，非「大成」孰能與此。「寒泉之食」，君子也。「元吉在上」，聖人也。故九五止於吉，上六元吉也。

䷰ 離下兑上

革，已日乃孚，元亨利貞，悔亡。

《彖》曰：革，水火相息，二女同居，其志不相得曰革。「已日乃孚」，革而信之。文明以説，大亨以正。革而當，其悔乃亡。天地革而四時成，湯武革命，順乎天而應乎人。革之時大矣哉！

兑澤之水，與離火相息滅，革之象也。離爲中女，兑爲少女，二女同居，志不相得。女謂嫁曰歸，則二女同居，其志終不相得，亦革之象也。天下之相革，皆生於志之不同。湯、桀之志不同故革，武王、紂之志不同故革。凡變革，人情之所難，革已乃信之。盤庚之未遷，人言聒聒，已遷則人始信之矣。文明則事咸宜，而説則人咸和而心服。下離明，上兑説，易象昭然。大亨而不失正者有幾？事變之大，往往不無差，夫惟得易之道者，動静一致，雖大亨而常正。變革難於無悔，所革得當，其悔乃亡。天地變革故四時成。湯武革命，即天地之變革，故順天應人。彼不知道者，當革之時，駭於事變，不然，則遷於事情，安知至大之道哉？於變革之時，不與天地相似則失所謂變革之道，不得聖人「大矣哉」之旨也。三才一體，動静一體，人情事變一體，事變無窮，即四時之變通，匪異匪同，是謂道心，是謂大易之道，是謂元亨利貞，亦謂之神，謂之道，謂之大中。

《象》曰：澤中有火，革。君子以治曆明時。

孫季和云：澤中非有火之地，今也有火之變也。高岸爲谷爲陵，物變有如此者。季和之説，深當某心。澤中而有火，其變也不知其幾年矣。曆之差，亦積累百年而後差。《志》言黄帝迎日推策，則已有曆矣。而顓帝又有曆焉，後又有夏曆、商曆、周曆、魯曆。漢興，張蒼言顓帝曆，此於六曆疏闊，最爲微近，遂用其曆，以九百四十分爲日法，以四百九十九爲朔餘。武帝時，以顓帝曆後天，造大初曆，以八十一分爲日法，以四十三爲朔餘，而後天有甚於顓帝曆，後爲四分曆，後亦差。諸曆莫精於唐之大衍曆，大衍以三千四十分爲日法，以一千六百一十三爲朔餘，而厥後復有後天之失。諸曆迭爲改造，實寫大衍曆之分，其差如故。蓋徒示更曆之狀，而實用大衍之法。自開元至熙寧三百五十年，後天半月餘，而諸曆未有能改者。紹興統元曆，雖以萬二百分爲日法，以五千四百一十二爲朔餘，其實亦寫大衍之分。諸曆家雖知其當減朔餘，而無法可減。曩者清晨，忽悟可減之法，以百分折之，其損其益，無不如《志》。天道不可窮盡，可窮盡者非天道，故曆當數以求合其中。而天道終非法數之所能盡，此天人之分，而皆易之道也，謂天人有二道亦非。

初九，鞏用黄牛之革。《象》曰：「鞏用黄牛」，不可以有爲也。

初位居下，義從乎上，不當有所變革，故曰「鞏用黄牛之革」。黄，中也，牛，順物也，此革固不變之義。中道柔順，鞏固堅守不變，此居下之道，斷不可易者，故曰「不可以有爲也」。人心好動，使之動則易，使之静則難。不可爲云者，所以成之，止其放逸之意也。初九中象，而辭曰「黄」者，明中道人皆有之也。

六二，已日乃革之，征吉，无咎。《象》曰：「已日革之」，行有嘉也。

六二臣道，體柔静，非首革者。如堯以薦舜於天，堯崩，三年之喪畢，舜猶避堯之子於南河之南，及天下諸侯朝覲訟獄者，不之堯之子而之舜，舜不得已，乃踐天子位，是謂「已日乃革之，征吉，無咎」。所行如此，豈不可嘉尚？

九三，征凶，貞厲。革言三就，有孚。《象》曰：「革言三就」，又何之矣。

此爻辭有宜安不宜動之象。九與三俱陽，有陽動之象。夫天下事惟迫而後動，不得已而後應，豈可遽欲有所往乎？故凶。雖以貞正行之，亦危厲。九三純陽，有正實之象。三有「三就」之象。可革之言，三就於我，民以孚信心服，何必更往，此當安以待之。

九四，悔亡，有孚改命，吉。《象》曰：「改命」之吉，信志也。

君臣相信之深，雖改命何害？而人臣往往難之，爻辭於是釋之曰：悔亡，有孚而改命，吉也。勿謂懼其有悔而不改也，言不至於悔也。信者心相信也，未至於心相信則不可也。四、五皆陽實，有誠信相孚之象。

九五，大人虎變，未占有孚。《象》曰：「大人虎變」，其文炳也。

大人之有所變革，豈淺智之士所能識哉？大人之心，天地之心也。「行一不義，殺一不辜，而得天下，不爲也。」使大人有一點利心焉，安能致民心之信如此？「未占有孚」，信在事先，此非權術而致之也。大人之心，天地也，其心即道，故曰「道心」。由心而變，無非道者。其變如虎，其文炳然。虎之生文，天也，自爾也。大人之變，天也，亦自爾也，未嘗置一點己意於其間也。其發如風雲，其威如雷霆。未至於此，未可謂「大人」也，未可謂「虎變」也。

上六，君子豹變，小人革面，征凶，居貞吉。《象》曰：「君子豹變」，其文蔚也。「小人革面」，順以從君也。

君子之變，不逮乎大人，故曰「豹變」。「小人革面」，面雖順從，其中未必服也，異乎「未占有孚」矣。此不可强而有加也，往而求加焉，則强其所不及，將有所傷，反致凶矣。惟當居貞而無失其吉。其文蔚然，亦由中而發，非勉强之可成。虎則「其文炳」，豹則「其文蔚」，皆由中發，不可求諸外，不可强而取，各有分量，不可强而通也。上六體柔而非大中，故有不逮聖人之象。

䷱ 巽下 離上

鼎，元吉，亨。

《彖》曰：鼎，象也。以木巽火，亨飪也。聖人亨以享上帝，而大亨以養聖賢。巽而耳目聰明，柔進而上行，得中而應乎剛，是以元亨。

鼎之卦，有鉉，有耳，有腹，有足，儼然有鼎之象。下巽木，上離火，亨飪甚明。聖人亨於鼎以享上帝，大亨以養聖賢。亨帝止曰「亨」，而養聖賢曰「大亨」者，上帝則一而羣臣衆也。斯義坦然，而學者往往又外求其指，謂此乃取象，當復有義也，意此大易之道，所以至易至簡，而人輒惑之者，率類是也。其曰「鼎，象」者，以卦象有儼然之形也。繼曰「以木巽火，亨飪」矣，又曰「亨以享帝」，又曰「大亨以養聖賢」矣，又何疑而疑其復有他指也？若曰亨飪之事麤淺不足道，疑非大易之道，則是求道於事物之外，索理於日用之外，孔子何以曰「一以貫之」？《易大傳》何以曰「百姓日用而不知」？《乾・象》何以曰「品物流行」？❶孔子何以又曰「庶物露生，無非教也」？道在邇而求諸遠，大易之妙，不離目前，而妄疑其有他。腹耳足鉉，自賾自妙，不必於腹耳足鉉之外求義；以木巽火，自賾自妙，不必於以木巽火之外索理。亨以享帝，不可度思；大亨養聖賢，矧可射思。不聞孔子之言哀樂乎？哀樂豈不可見？而孔子以爲明目而視，不可得而見也。哀樂豈不可聞？而孔子以爲傾耳而聽，不可得而聞也。《易大傳》又曰「微顯闡幽」，豈謂顯者特微之，而幽者特闡之？故顯即微，幽即闡，顯微幽闡，皆名也，吾未覩其爲二也。惟不知道，而後求道於事物之外。道與事物皆名，吾未覩其爲二也。名即實，實即名。孔子曰：「天下何思何慮？」思慮，人以爲不可無者，而孔子以爲無庸焉，惟思慮動而後始昏，始分裂，始亂義也，始不可告語矣，學者斷不可索義於亨飪之外。自「巽而耳目聰明」而下，則爲義矣，義即事物，事物即義，巽而不忤於物，耳目聰

❶「彖」，原作「象」，今據文義改。

不蔽於物。六五柔上行而得位，得中道而一無倚，應乎剛而得剛之中，是義必見於卦象之中。元吉之道也，亨之道也。不巽則招禍，不聰明惑於聲色，亂於是非，不得位則雖備德，何由而亨？中者，道也。《坤・文言》曰「黄中通理」，通理所以明中之義。中本虚名，特無所倚之名。道心人所自有，有所倚則失之，有所倚則偏黨，爲私爲過。徒柔不足以亨，應乎剛，剛德爲助，則亨矣。體本柔，雖應乎剛，亦不可以大亨，故曰「元亨」。元者，道之異名。此所以元吉，以道致吉，言亨則吉在其中矣。

《象》曰：木上有火，鼎。君子以正位凝命。

革物者莫若鼎。「木上有火，鼎」，革物矣。湯武革命，天實命之。命既在，位不可得而辭。天命君子正位，則君子惡得不正位？惟天命不可恃，順乎天則其命凝；不順乎天則其命又將去之，不可得而凝矣。是故，君子不敢有一念之忘乎天，兢兢業業，無敢放逸，無敢置人欲於其間，一惟天道，故能凝命。《書》曰「宅天命」，又曰「及天基命定命」，又曰「祈天永命」。觀鼎，亦有「正位凝命」之象。

初六，鼎顛趾，利出否，得妾以其子，无咎。《象》曰：「鼎顛趾」，未悖也。「利出否」，以從貴也。

方鼎之初，未亨飪也，則顛趾而出否焉，何害？得妾猶顛趾也，而以子焉從其貴也，何咎？天下之事，其權有如此，類可以通也。初有鼎趾之象。

九二，鼎有實，我仇有疾，不我能即，吉。《象》曰：「鼎有實」，慎所之也。「我仇有疾」，終无尤也。

九奇畫而在中，「鼎有實」也。鼎中有實，難於遷動，「慎所之」也。已委質事君，已任其事，不可二也，不可遷也。「我仇有疾」，不我能疾則吉。仇非我之所欲也，使彼即我而我違之，彼將尤我。彼有疾而自不至，則無尤也。

九三，鼎耳革，其行塞，雉膏不食。方雨虧悔，終吉。《象》曰：「鼎耳革」，失其義也。

三居下卦之上，亦有耳象，而不虛中以受鉉，其義革矣。革者，失耳之義也。失耳之義無他，其行塞固而不通，故雖有「雉膏」之美，不見食焉。「段干木踰垣而避之，泄柳閉門而不納」，可謂不虛中而受鉉，固塞而不通者。三剛，實而不虛，不應乎上九，有「不食」之象。然賢者人之所慕，終當有遇。「方雨」，言今未雨，後當有際遇之理，但有不足之悔爾，故曰「虧悔」，言三雖善而固塞，有此未全，然終於吉。

九四，鼎折足，覆公餗，其形渥，凶。《象》曰：「覆公餗」，信如何也。

九雖陽壯，四實陰柔。居大臣之位，是許國以大臣之事業也，而實則不稱，折足覆餗，失許國之信矣。孔子曰：「德薄而位尊，知小而謀大，力少而任重，鮮不及矣。《易》曰『鼎折足，覆公餗，其形渥，凶』，言不勝其任也。」九四下應初六，陰小之趾，有折足覆餗之象。「其形渥」，備言折趾之狀。

六五，鼎黄耳，金鉉，利貞。《象》曰：「鼎黄耳」，中以爲實也。

六五正當耳象而得中，故曰「黄耳」。黄，中也，「黄中通理」，則中者道之異名也。夫天下惟有此道而已矣，得此道則無所不通，無所不利；失此道則無所能通，無所能利。六五得中矣，何患不能舉鼎哉？故又曰「金鉉」。金鉉則力足以舉之，不必以九二爲鉉，《象》辭未嘗及九二也。得道者雖無所不通，而無所不通者，其間或至失正，則猶非道之全，故曰「利貞」。貞，正也。曰中正，于以驗得道之全。然中正非二道，人心即道，道無我，中虛無所倚，無所倚，故有中之名，自然出於正，故有貞之名，故象止言「中以爲實」，不復言正，於以明中正之非二也。夫天下至實而不可易者，中而已矣。中乃虛名，亦無體狀，或謂之正，或謂之道，或謂之易，或謂之神，或謂之天，一也。舉三才、萬物、萬事、萬理，皆此而已矣，安得而易之？其實爲至一也。

上九，鼎玉鉉，大吉，无不利。《象》曰：「玉鉉」在上，剛柔節也。

上九正當鉉象。玉者温潤之物，玉鉉則剛柔節而和。九爲剛，上爻當六爲柔。夫天下事，偏剛不可，偏柔亦不可，剛柔和則中，中則事無不舉矣，故「大吉，無不利」。此義與六五同，此爻則因玉鉉而發義。夫道一而已矣，六十四卦皆此道，三百八十四爻皆此道，何獨六五哉！

䷲ 震下震上

震，亨。震來虩虩，笑言啞啞。震驚百里，不喪匕鬯。

《象》曰：「震，亨。震來虩虩」，恐致福也。「笑言啞啞」，後有則也。「震驚百里」，驚遠而懼邇也。出可以守宗廟社稷，以爲祭主也。

震有動義，亦有恐懼義。他卦之有震者曰動，惟此重震之卦言震懼，亦猶離於他卦言明，於本卦言麗。《易》書固欲備衆義，曰動曰恐懼，皆震也，皆易之道也。方震懼之時，非亨也，而有亨之道焉。慢易則放肆，震懼則收斂，故曰「震來虩虩」，恐之狀也。放肆致禍，恐懼致福。「笑言啞啞」，後來致福，有準則之可驗也。堯舜之言多「咨憂」，禹曰「克艱」，益曰「儆戒」，皋陶曰「兢兢」。卒之堯有乃神武之德，舜四罪而天下咸服，禹會諸侯、執玉帛者萬國。道德之威，又何止於「震驚百里」而已，百里姑因震雷之象，明主器長子之道，故止言百里。至於「出可以守宗廟社稷，以爲祭主」、「不喪匕鬯」，則其體又大矣。體有大小，聽威則一。或者以猛厲爲威，是襲亡秦之故轍，安能不喪匕鬯？匕以登鼎實，鬯以通神明。祭之始禮也，長子主鼎器，故言匕爲宜。

《象》曰：洊雷，震。君子以恐懼脩省。

卦辭已言恐懼之道，此復言之者，人心多忽易，能「恐懼脩省」者寡，故諄諄誨之也。然學惟知恐懼脩省學者之事爾，易道精微廣大，往往不於是乎在。持是見者不惟不知易道，亦不識恐懼脩省。何以明之？天下無二道，悟恐懼脩省即何思何慮之妙，則無所不通矣。

初九，震來虩虩，後笑言啞啞，吉。《象》曰：「震來虩虩」，恐致福也。「笑言啞啞」，後有則也。

卦辭已詳言之矣，此復用其辭，何也？人之知所懼者幾何人哉？雖堯舜之聖而後「咨憂」，禹、皋陶、益言於唐虞之時，而猶曰「克艱」、曰「兢兢」、曰「儆戒」。然則惟聖智而後知所懼者，誠鮮其人矣。孔子曰：「人皆曰予知，驅而納諸罟擭陷穽之中，而莫之知辟也。」然則知所懼者，誠鮮其人矣。此聖人所以復用卦辭於此爻，覬人之少省也，況筮者於爻辭啟告爲切。

六二，震來厲，億喪貝，躋于九陵，勿逐，七日得。《象》曰：「震來厲」，乘剛也。

六二來則過初九之剛，億而安焉，則亦以乘初九之剛而不可安處，故「億喪貝」。往而「躋於九陵」，九陵，六五之象也。雖今未應，不可爲得，至於歷六爻七日一卦變，則時當得矣，勿用逐也。避難曲折，有如此者。昔大王既不可禦狄，不可安處，去而邑於岐山之下，而他日興周焉，此象也。

六三，震蘇蘇，震行无眚。《象》曰：「震蘇蘇」，位不當也。

「震蘇蘇」，恐懼失則，精神潰喪之狀。聖賢未嘗不恐懼，而亦未嘗蘇蘇。蘇蘇之懼非道也。三居下卦之上，位亦高矣，而蘇蘇然，處此位者，不當爾也。孔子曰「古之有天下者必聖人」，則公、侯當大賢，大夫、士當次賢，居三公之位者必賢，不當有此蘇蘇也，故曰「位不當也」。若震恐而行，不居此位，則「無眚」。

九四，震遂泥。《象》曰：「震遂泥」，未光也。

震恐而遂至於沈泥，雖稍異於蘇蘇，而不得其道則均。九四頗剛强而四陰柔，似剛而終於懾懦，陷於二陰之中，遂有泥象。震之遂泥者不可謂光。若孔子「臨事而懼」，如日月之光，雖有照用而無所思爲心不動，此惟道心内明者自覺自信。「光」之一言，所以明道也。

六五，震往來厲，億无喪，有事。《象》曰：「震往來厲」，危行也。其事在中，大无喪也。

二、五之乘剛同，而二不可億、五則宜億者，直君位得中，又六與五剛柔全德，無乘剛之畏，故異乎六二，故六五有億安之象。因億安之象，明中道之義，不明避難之義。夫人心未始不中，惟因物有遷，意有所倚，有所倚則不可謂中。意在於此則倚於此，意在於彼則倚於彼，意在於此則來，意在於彼則往。意慮紛紛若此，故昏亂，故偏黨，而人之道心始失而事大喪矣，故此以往來爲危厲。但安焉，則吾心自無所倚，自無喪有事。《象》曰「震往來厲，危行也」，行則危矣，微動則意有所倚而失中矣。六五之事，自在乎中，但勿他求，勿動意。堯「安安」，禹「安止」，豈有在乎中道之中而尚有所喪也哉？曰「大無喪」，斷斷之辭也。舉天地之間皆此亨也，天下無二也，此惟能安者自信自知。其憧憧往來者，雖提耳而誨之，如水投石。

上六，震索索，視矍矍，征凶。震不于其躬，于其鄰，无咎。婚媾有言。《象》曰：「震索索」，中未得也。雖凶无咎，畏鄰戒也。

索索矍矍，驚懼之甚。懼而至於驚則亂矣，如此而往，安得不凶。然上六之懼，因鄰而懼，不以躬而懼。九四迫於六五，故有「於鄰」之象，未至於上六，故有「不於其躬」之象。畏鄰而戒，則爲無咎。若難及躬而始懼，又驚喪失道，則凶之道也。上六雖以畏鄰戒而「無咎」，而「索索」者必未得中道矣，違道者必有所失。六三「婚媾」也，而不應，而有言，此亦見上六失道。

# 楊氏易傳卷十七

宋慈谿楊簡敬仲撰

䷳ 艮下艮上

艮其背，不獲其身，行其庭，不見其人，无咎。

《彖》曰：艮，止也。時止則止，時行則行，動静不失其時，其道光明。艮其止，止其所也。上下敵應，不相與也。是以「不獲其身，行其庭，不見其人，无咎」也。

善止者行，善行者止。知止而不行者實不知止，知行而不知止者實不知行。知行止之非二而未能一一皆當其時，猶未爲光明；如四時之錯行，如日月之代明，而後爲光明，而後爲得易之道。人精神盡在乎面，不在乎背；盡在乎前，不在乎後。凡此皆動乎意，逐乎物，失吾本有寂然不動之性，故聖人教之曰「艮其背」。使其面之所向，耳目鼻口手足之所爲，一如其背，則得其道矣。雖則應用交錯，❶擾擾萬緒，未始

❶「錯」，原作「措」，今據明刻本、四庫本改。

不寂然矣。視聽言動心思曲折如天地之變化矣，惟此爲艮，惟此爲「止其所」。苟艮其面，雖止猶動，知其動而强止之，終不止也。惟「艮其背」，則面如背，前如後，動如静，寂然無我。「不獲其身」，雖「行其庭」，與人交際，實「不見其人」。蓋吾本有寂然不動之性，自是無思無爲，如水鑑，如日月，光明四達，靡所不照。目雖視而不流於色也，耳雖聽而不流於聲也，作用如此，雖謂之「不獲其身」、「不見其人」可也。水鑑之中，萬象畢見而實無也，萬變畢見而實虚也。止得其所者無所也，無止也，非所有而無之也，非本不止而强止之也，本無止，本無所，今曰「止其所」者，姑爲之言也。孔子曰「言不盡意」，謂此類也，使有我則有所矣。不獲其身，雖形體猶不獲也，非實有形體而强不獲也，形體自非有無之所不可言也。夫天下何一物之不妙也，豈獨無形者爲道，而有形者非道？豈獨無形者爲妙，而有形者不妙邪？未始不一，人自不一，故「不獲其身，行其庭，不見其人」。庭者，堂之前，兩階之間，正人物交際之地，而曰「行其庭，不見其人」，非果無人也。人不可以有無論，本無所見也，見則意動而遷矣，非止也。天地之變化，豈有所動哉？日月之靡所不照，豈有所見哉？三才一也，動静一也，有無一也。故孔子曰「哀樂相生，是故明目而視之，不可得而見也。傾耳而聽之，不可得而聞也」。又曰「二三子以我爲隱乎？吾無隱乎爾。吾無行而不與二三子者，是丘也」。孔子之言止於此，而不復詳其所以然者，正以非有無、動静、思爲之可言，而無所容其言也。子擊磬於衛，所警告於人者也，昭昭明明而不可復言也。凡孔子之所已言者，則又曰「予欲無言」，則言非孔子之所欲也。以爲言非夫子之所欲，而又曰「繫辭焉以盡其言」，則言又可盡，又非所不欲。然則道豈有無、動静、可否之所可論哉？道豈有無、動静、可否之所不可論哉？光明者，言有亦可，言無亦可，言動静亦可，言可否亦可。不光明者，言有不可，言無不可，言動静不可，言可否不可。曰「上下敵應，不相與」者，以是卦上下皆敵，初與四皆陰，二與五皆陰，三與上皆陽，非「相與」之象也。既曰敵矣，何以言應？非謂截然不與物應也，雖應而不動也，猶未嘗相與也。如水鑑中之萬象，交錯紛然，而水鑑未嘗有交錯紛然也，如此則「無咎」。苟惟不然，則意起而私，物我裂而怨咎交作矣。此道昭然。必取「上下敵應，不相與」之象者，昏蔽者多，必疑必駭，故必指象以爲證也。

《象》曰：兼山，艮。君子以思不出其位。

抱關自有抱關之位，君子所思，不出抱關。乘田自有乘田之位，君子所思，不出乘田。大舜耕於歷山，則安乎歷山。「及其爲天子，被袗衣，鼓琴，若固有之」，則又安乎南面。子思曰：「素富貴行乎富貴，素貧賤行乎貧賤，素夷狄行乎夷狄，素患難行乎患難。」以至於我自有我之位，彼自有彼之位。今有人犯之，則忿然怒曰：「彼何得而犯我？」是思出其位也。彼自出而犯我，我安可復出位而怒之？己有善有能，彼不我知，自彼之失職，我何與焉？而悶悶自不安其位，焉得之有？是位也大矣，天地範圍其中，萬物發育其中，無畔無際，常清常明，思輒失之，非果無思也，慈愛恭敬，應酬交錯，變化云爲，如四時寒暑，未嘗不寂然。苟微起思焉，即爲出位，即失艮之道矣。艮之道即易之道，卦於此及以示人耳。

初六，艮其趾，无咎，利永貞。《象》曰：「艮其趾」，未失正也。

艮諸爻取身爲象。以人情所以好動而不能静止者，由有己也。初六最下，爲趾欲行也，而居位下，未可行也。初六能止之，故「無咎」，行則失正矣，今止之則未至於失正也。然人心易放，止不行，雖爲貞正，未必能久也，故「利永貞」。

六二，艮其腓，不拯其隨，其心不快。《象》曰：「不拯其隨」，未退聽也。

腓，隨上而動者也。上止而不見拯，不得不隨而動，故「心不快」。《象》曰「未退聽」者，言其心未之休止，未肯退聽也。誠能退休而遂止，一聽天命之如何，則其行天也，其止亦天也。皆天而不以人爲參焉，則不失其本有之天性矣。

九三，艮其限，裂其夤，厲薰心。《象》曰：「艮其限」，危薰心也。

三居下體之上，上下之限也。身雖有上下之限，而氣血未嘗不通和。今九三失中，截然固塞，艮止不復通和，如「裂其夤」。夤，齊也，不可裂也，裂則爲厲薰其心矣，言其心之病也。《象》又曰「危薰心」者，再言其心之病，當反求諸心，不可求諸外也。此爻乃固塞不通，執艮止之迹，失艮止之道。道也者，通也，無不通也。孔子曰：「上下用情，禮之至也。」今九三艮其上下之限而不用其情，不可行也。

六四，艮其身，无咎。《象》曰：「艮其身」，止諸躬也。

千愆萬繆，皆起於身。能止其身，如絲而理其總，如火而沃其薪。截然寂然，本無可言，本無所始。身氣血爾，氣血何所思？氣血之中，亦何所有？聖人於是不言心而言身，於以見心乃虚名，本無所有。苟言心，則人以心爲實有，立我立私，禍本益固，故聖人於此不言心，於咸之四亦不言心。《象》曰「止諸躬也」，亦初無義理可言，申言之而已。正而已，無可復言者。聖人之教人，何其直而無隱，何其直而無盡。

六五，艮其輔，言有序，悔亡。《象》曰：「艮其輔」，以中正也。

五當身之上，有輔頰之象。「艮其輔」，謹其言，則「言有序」，不妄發矣。用艮於輔，未能不動於意念，則不能無悔。謀諸心，則悔亦亡矣，不復放逸於外矣。然輔頰亦未易於艮止，亦以其中正也，故能止之。不然，則如制驛馬，如遏決川，安得而止之？

上九，敦艮，吉。《象》曰：「敦艮」之吉，以厚終也。

敦有厚義，又有不動義。《書》曰「惟民生厚」，其因本厚而不動之，則其厚固自若也。人之德性，固未始或動也。《中庸》曰「大德敦化」，言不動而自化也。《復》曰「敦復」，不動而自復也。《臨》曰「敦臨」，雖臨乎人而不動也。是其不動非彊爲是不動也，人之德性，自不動也。德性亦曰「道心」，道心即意念不動之心。曰「以厚終也」者，人性本厚，因物有遷，今不遷動，則不失其厚如初矣。厚者，不薄之稱爾，非有實狀也。

䷴ 艮下巽上

漸，女歸吉，利貞。

《象》曰：漸之進也，「女歸吉」也。進得位，往有功也。進以正，可以正邦也。其位剛得中也。止而巽，動不窮也。

漸之所以名卦者，山上有木也。下艮山，上巽木。木在山下，則其長也速；木在山上，則其長也漸。

而《彖》不及之者，於漸進之義，非所切也，故徑以漸進之義釋「女歸」之象。納采、問名、納徵、請期、親迎，而後女至，以禮而進也。天下之事皆然，其進也貴乎漸。士進而事君不以漸，則疏，則近利，則不正，如女之歸則吉，進得位而後可以有功。此位，剛得中之位也。君體剛而又中天下而立，而後可以大有爲，可以有功。若夫人臣雖進，皆不足以言位。人臣之位，皆君之所命。人臣之功，亦君之所用。使君不用之，臣何能爲？故臣之功，皆君之功也，臣無功。臣之位，皆君之位也，臣無位。故此慮斯義之未白，繼曰「其位剛得中也」，明乎非人臣之位也。人臣而必欲成功業於天下者，皆妄也。不明斯義，則懷必欲致功業之意於胸中，終妄作而已矣。舜、禹之進也以正，故可以正邦。彼莽、操亦有繼迹往古之意，豈有暴取而可以正邦者乎？人心不可以彊而服也，「行一不義，殺一不辜，而得天下」，湯、武不爲也，故邦可正也。唐太宗假竊義兵之名以欺天下後世，而奸利之穢不可掩也。雖力假仁義以杇糞牆人心，終不可彊之使化也，故太宗頗有治迹而無治化。此所謂「正邦」者，人心正也，非徒飾其迹而已也。「止而巽，動不窮」者，復發明乎漸進之道。止者，寂然不動也。巽隨時順理，不汲汲然也。止非彊止，未始不止。道心無體，本無可動，變化進退，巽動無窮，雖動猶不動也，不動者其動無窮。以斯而進，所以能漸歟？以斯道而進，所以能正歟？

《象》曰：山上有木，漸。君子以居賢德善俗。

山上有木，其長以漸，於《彖》已言之。風俗不可以遽而善也，其化也有漸。俗不自化，視上之德。君子久居賢德，則俗斯漸化而善矣。不曰聖德者，聖德之所化爲速，孔子爲三月而俗已化，故止曰「賢德」。

然商之頑民，周公亦不能遽化。天下固自有習固難化者，又不可一概論。

初六，鴻漸于干，小子厲有言，无咎。《象》曰：「小子」之厲，義无咎也。

進欲其知時，故鴻爲象。進欲其漸，故以於磐、陸、木、陵爲象。有道則漸進，無道則急於進。「漸鴻於干」，君子之漸進也。彼小子不知君子之心，惡其遲遲，以爲不亟從也，厲而「有言」。然君子之心初無他，輿論之所服也，何咎？故曰「小子之厲，義無咎也」。言六四雖居上，實小子也，不知君子之心。四與初二陰，無相應之象，故有「厲有言」之象。干，水涯也。

六二，鴻漸于磐，飲食衎衎，吉。《象》曰：「飲食衎衎」，不素飽也。

六二稍進於初矣，故漸於磐，然位猶在下，六二無求進之意，「飲食衎衎」，和樂安暇，若將終身焉，故吉。人情大抵好進，惟有道者不然。飲食衎衎，疑於不事事而素飽，故《象》釋人之疑曰「不素飽也」。

九三，鴻漸于陸，夫征不復，婦孕不育，凶。利禦寇。《象》曰：「夫征不復」，離羣醜也。「婦孕不育」，失其道也。「利用禦寇」，順相保也。

《爾雅》「高平曰陸」，又進於磐矣。「夫征不復」，上九不應。「離羣醜也」，上與三乃其醜類。「婦孕不育」，九三失其所以爲婦也。三不中，有「失道」之象，故凶。「利禦寇」，非其正也。非正者足以害我，故曰寇，利於禦之。慮二之失道，或親於寇而不能禦也，故教之能「禦寇」，則我不失於正順，則夫婦可以「相保」矣。

六四，鴻漸于木，或得其桷，无咎。《象》曰：「或得其桷」，順以巽也。

木則又進於陸矣。木非鴻之所居，「或得其桷」則安，則「無咎」。木有横向者爲桷，象似安平可居。其所以得桷者，順巽故也。順巽則不貪進，不忤物，一無己私，惟有道則然。六與四俱柔，又入巽卦，有順巽之象。榱亦曰桷。古以大者爲檻爲棟，以桷爲榱，故榱亦名桷。

九五，鴻漸于陵，婦三歲不孕，終莫之勝，吉。《象》曰：「終莫之勝，吉」，得所願也。

《爾雅》：「高平曰陸，大陸曰阜，大阜曰陵。」大則愈高矣，故阜高，陵又高於阜。以序而觀，則陵高於木。夫婦，六二之象。❶ 六二之進也漸，又九三阻之，故有不孕之象。然六二之「不孕」，異乎九三之「不育」。九三不中，六二中正，終不與不正合，故九三「終莫之勝」。二、五正應，邪不可以干正，中正者卒得所願，天地鬼神之所共與，人心之所同歸也，安得不吉？

上九，鴻漸于陸，其羽可用爲儀，吉。《象》曰：「其羽可用爲儀，吉」，不可亂也。

上九又在九五之上，若不可言陸而曰陸者，上九之應在三，三爲六，上居巽體之上，故降而從陸歟？退巽如此，故其羽可以爲人之儀則。其曰「不可亂」者，人心爲進退得失所亂，則貪進不克退巽，能退者必其心不爲進退得失所亂者。近世安定胡公以「陸」爲「逵」，晦庵謂是卦諸爻皆協韻，於協韻則宜。但重於改舊而不改，義亦通，未敢遽從，姑存是説。「未敢遽從，姑存是説」者，易之道也。苟以爲易之道未必在是者，是人爲事所亂。

❶ 「二」，原作「三」，今據文義改。

䷵ 兑下震上

歸妹，征凶，无攸利。

《彖》曰：歸妹，天地之大義也。天地不交，而萬物不興。歸妹，人之終始也。説以動，所歸妹也。「征凶」，位不當也。「无攸利」，柔乘剛也。

兑以少女居内，震以長男居外，有歸妹之象焉。「歸妹，天地之大義也」，人知是義者有幾，知是義而信是義者又有幾？吁！人皆有夜光明月之珠而不自知。不自知者，泥塗砂礫蒙之也，不自知者，雖明告之曰汝自有此珠也，必掉頭斷斷乎直不信，往往繼之以嗤也，而自知自信者少。大哉！聖言曰「天地不交，而萬物不興」，歸妹之義，何愧於天地？而歆然自以爲不足當也，意動而昏之則亂，亂則放僻邪蕩，靡不爲矣。宜其斷斷直不信，此非告語之所及也，亦非果有甚高甚難之實也。人心即道，故曰「道心」。道心無體，動者爲誰？至神至明，我所自有。變化云爲，何動何静？不可度思，矧可射思。天地此得以範圍之，萬物此得以發育之，其爲歸妹「爲天地之大義也」何疑？「歸妹，人之終始」，嗣續之義也，所以明人道之大也。「説以動，所歸妹也」，以少女而説之，衆人之情也，非正大之情也，而亦未至爲邪也。「征凶」者，柔宜居陰，上下二卦皆然，二、四偶而以九居之，三、五奇而以六居之，位皆不當，故征則凶。「無攸利」者，柔乘剛也，震二柔乘一剛，兑一柔乘二剛，不順也，何以能利？歸妹之義大，而卦象則凶，不可執一論也。

《象》曰：澤上有雷，歸妹。君子以永終知敝。

「澤上有雷」，陰陽之際也。「永終知敝」，有偕老之義，無乖落色衰而復相棄背之敝也。道有淺深，義有邪正，皆易之變也。

初九，歸妹以娣，跛能履，征吉。《象》曰：「歸妹以娣」，以恒也。「跛能履吉」，相承也。

初九位在下，有妹之象，娣則不可專行。「跛能履」者，難於行之象。知此而往，則得娣之道，故吉。征，往也。「以恒」者，恒，久也，當以久於娣爲心，當有終其身爲娣之心，不可有他念也。「跛能履，征吉」，以其相承而不敢專故也，是皆易之正道也。大抵由道而行，則無利心，由利心而行，則必失乎道。謀利者多害，不謀利者多利。

九二，眇能視，利幽人之貞。《象》曰：「利幽人之貞」，未變常也。

「闚觀，利女貞」，則「眇能視」爲歸妹之貞。婦人所知，不出房闥，正也，是正惟幽人有之。心未始不正，意動而亂故失之。意不動則静，静則幽，幽則貞。或者往往以所視不廣爲非，聖人於是正之曰未爲變失常道也，斯乃婦人之常也。

六三，歸妹以須，反歸以娣。《象》曰：「歸妹以須」，未當也。

「歸妹以須」，不見應於上六也，須待而終不獲，反歸以娣，不蒙以敵見禮，而退處於娣，以六三有當於理者故也。六三不中，惟中有得理之象，《坤・文言》曰「黄中通理」。

九四，歸妹愆期，遲歸有時。《象》曰：「愆期」之志，有待而行也。

三與上兩陰不應，四與初兩陽不應，三與四皆有不應之象。三在内卦，故爲已歸而須。四在外卦，故爲未歸而愆期。愆期，失時也。雖遲其歸，終有其時。九四所以愆期，不爲苟就，有所待而行也。

六五，帝乙歸妹，其君之袂，不如其娣之袂良。月幾望，吉。《象》曰：「帝乙歸妹，不如其娣之袂良」也，其位在中，以貴行也。

君，女君也，《儀禮》亦云。女君之袂，何以不如其娣之袂良？帝女不嫁，其體貴也，又其位在中，爲嫡，爲女君，其體又尊也。尊與貴非執婦道者之所宜也，故以不如其娣之袂取象，以明謙恭之義。當如月之幾望，無敢盈滿，則吉。

上六，女承筐无實，士刲羊无血，无攸利。《象》曰：上六「无實」，承虚筐也。

歸妹所以承祭祀，而上六居外居上，故不言婦。「承筐無實」，徒有承祭之名，而無承祭之實。「士刲羊無血」，不能制狼壯之妻也。羊有狼壯之象。不能制婦，不成爲夫，故不言夫。上與三不應，夫婦不協順之象。三，兑卦爲羊。

䷶ 離下震上

豐，亨，王假之，勿憂，宜日中。

《彖》曰：豐，大也。明以動，故豐。「王假之」，尚大也。「勿憂，宜日中」，宜照天下也。日中則昃，月盈則食，天地盈虛，與時消息，而況於人乎，況於鬼神乎？

觀卦之象，雷電皆至，豐之象也。離明震動，以明而動，故豐，故亨。以昏而動，則反是矣。「王假之」，假，大。孔子曰：「古之治天下者必聖人。」上則天，下則地，中則大人之聖者爲王。王者代天理物，日月所照，霜露所墜，皆王者之所統。伊尹「思天下之民，匹夫匹婦有不與被堯舜之澤者，如己推而内之溝中」。《周官》職方氏盡掌天下，極於「四夷、八蠻、七閩、九貉、五戎、六狄之人民，與其才用九穀、六畜之數要，周知其利害」，王者之職，乃如此其大也。是故，王者惟恐其不大，故《彖》曰「尚大也」，❶「勿憂」其智力不足以給，宜如日之中天，日無思無爲，自無所不照。王者德性未始不光明，帝堯「光宅天下」，文王「光於四方」，皆無爲而光照天下，治無不舉，此日中無所不照之旨也。然而自夏后氏以來，繼世之君，豈能皆聖？又豈能皆賢？故孔子於此致盈盛之戒，恐繼世之君，恃廣大之勢，多滿盈之患，故孔子復發滿盈之義，而致戒曰「日中則昃，月盈則食」，自天地不能常盈常盛，「而況於人乎，況於鬼神乎」？使知其不能長有而懼之也。然豈無保豐持久之道，使繼世之王，皆不失道，皆不昏而能照，則歷年何止於八百？雖至今可也。此天地之造化，所以至於今不已也。「假，大」，詳釋見家人九五。

《象》曰：雷電皆至，豐。君子以折獄致刑。

---

❶「彖」，原作「象」，今據文義改。

雷自下而作於下，電自上而照於下，其用皆至，其在治道則爲「折獄致刑」。明以折獄，威以致刑。君子之於刑獄，所不忍也，方民困窮，未敢致刑也，禮樂教化未孚，未敢致刑也，不得已而刑之，猶不敢盡。今也世道豐亨，家給人足，禮行政成，教孚化至，而猶有故犯，君子不得已致之刑，不得而宥也。

初九，遇其配主，雖旬无咎，往有尚。《象》曰：「雖旬无咎」，過旬災也。

他卦兩陰不應，兩陽不應，此卦初與四皆九兩陽，而曰「遇其配主」者，何也？不期而會曰遇。❶不出於所期，兩剛相遇合者，彼此皆陽明故也。陽明配合，「雖旬無咎」，往有嘉尚。然初居下而體剛，非居下之常道，可旬而不可久。十日爲旬。《象》曰「過旬災也」，人若不自覺，他日禍忽至，謂自外至，故曰災。四以初爲「夷主」，初以四爲「配主」，皆陽明也，以四在上，故曰配。

六二，豐其蔀，日中見斗。往得疑疾，有孚發若，吉。《象》曰：「有孚發若」，信以發志也。

蔀，草也。馬云：「蔀，小也。」蔀雖豐，亦小矣。六二之所以爲豐者，如斯而已矣。人臣言業之小大，一視夫君之所以用之者如何。日中而見斗，則日失其明，陰闇之極，故「見斗」也。斗在北，北亦幽陰之方。六五之君，不明如此，則六二之功業，安得豐大？六二雖往，必得「疑疾」，言見疑於其君也。二五兩陰，無相應之象。使六二有忠信以啟發其君心則吉。

九三，豐其沛，日中見沬，折其右肱，无咎。《象》曰：「豐其沛」，不可大事也。「折其右肱」，終不可用也。

❶「曰」，原作「四」，今據四庫本改。

草生水曰沛，水生之草尤其不茂。人臣事業，一視夫人君之如何，君明則臣始得展盡所藴，君不明則人臣安得致功業之大？故六二之事業已小，而九三所事乃上六極闇之君，則九三之所謂豐者，如沛而已，其小有甚於蔀，《象》曰「不可大事也」。沬，子夏謂星之小者。日中而見小星，則日之失其光明爲甚。上六之陰闇爲甚，則九三安得而大有所事？不止於往得疑疾而已，遂至於「折其右肱」。肱左不如右力，以明其終不可用，不用則無咎，用則有咎。

九四，豐其蔀，日中見斗，遇其夷主，吉。《象》曰：「豐其蔀」，位不當也。「日中見斗」，幽不明也。「遇其夷主」，吉行也。

九四處大臣之位，其事豈可如蔀而已，殊爲不常也，以六五之君，陰幽不明故也。若遇其同德之主，則往而從之爲吉也。行，往也。應在初九，九陽明，夷平也，皆陽明，故曰「夷主」。

六五，來章，有慶譽，吉。《象》曰：六五之吉，有慶也。

自二與四觀六五，則有陰闇之象。然聖人作《易》，取象不一，於六五爻又發其中正之義，能招來賢俊而用之，則民被其澤爲有慶，民感其德爲有譽，吉可知也。章，賢俊之稱也。《象》曰：「六五之吉，有慶也。」民被其澤則爲吉，民不被其澤，則雖善不爲吉也。

上六，豐其屋，蔀其家，闚其户，闃其无人。三歲不覿，凶。《象》曰：「豐其屋」，天際翔也。「闚其户，闃其无人」，自藏也。

「豐其屋」，自高大也，如鳥之翔於天際然。「蔀其家」，自藏蔽其家，使其人不得至也。「闚其户，闃其無人」，雖三歲之久，亦不得而見，明其自藏之深固也。爲人上不能謙虚禮賢，自大自足至於此，其禍可勝言哉？

# 楊氏易傳卷十八

宋慈谿楊簡敬仲撰

䷷ 艮下離上

旅，小亨，旅貞吉。

《彖》曰：「旅，小亨」，柔得中乎外而順乎剛，止而麗乎明，是以「小亨，旅貞吉」也。旅之時義大矣哉！

山上之火，行而不止，旅之象也。觀卦之象，是以小亨。六五「柔得中乎外」，外，卦也，外有旅之象焉。旅體不剛，惟順乎剛得中，則不失乎道。止則止而不動，禹曰「安汝止」，《艮》曰「艮，止也」，人之道心，未始不止也。所麗者明哲，則得所依矣。體本柔，是以「小亨」。旅處乎外，窮而不得志，成者往往多失正，惟其得道者不失正。夫人情之所以多失正者，以困窮進之，苟於趨利也。不肯遵道者，以爲非利之所在也。而今「貞吉」，明由正者吉，失正者不吉。然則小人爲不正也何益哉？苟於目前，不知禍隨其後也。今由正而行者，得中順乎剛，止而麗乎明，自足以亨，自足以致吉。然則貞正者何患乎不獲吉？人情於旅，多窮悴無聊，安知旅之時義有「大矣哉」之妙？前所謂得中者即大矣哉之妙也，所謂正者即大矣哉之妙也。所旅於外，順乎剛，麗乎明，皆大矣哉。人於旅微動於意，則有所倚，有所遷，失其大矣。人心即道，故曰「道心」。道心無體，孰動孰靜？孰行孰止？變化云爲，如四時之錯行，如水鑑中之萬象，猶恐大矣哉未足以盡斯義，孔子曰「言不盡意」，而或者忽略斯卦，以爲小末，是惡足與言易之道哉！

《象》曰：山上有火，旅。君子以明慎用刑，而不留獄。

山上有火，明無不照，又火行山上，不留止。君子之明慎於用刑，如火之無不照，而不留獄，如火行之不留止，亦憫旅者困窮犯法而念之。凡此皆易之道也。易之道顯於上離下艮之六畫，而行於君子之明慎而不留獄，此不可止以比擬言之，心通内明者知其無所不該，無俟乎貫通。六十四卦之象，聖人姑以導昏者而漸通之，不昏者知六十四卦一象也，三百八十四爻一事也。明者自信，昏者自不信。

初六，旅瑣瑣，斯其所取災。《象》曰：「旅瑣瑣」，志窮災也。

初六陰柔狹小，有「瑣瑣」之象，斯其所以取災歟，志窮故也。《坎》「維心亨」，❶「困而不失其所，亨」。隨物而遷，自昏自失，不昏者本不失。

六二，旅即次，懷其資，得童僕貞。《象》曰：「得童僕貞」，終无尤也。

六二得中，得旅之道者，故即次而安，懷資而利，又得童僕之貞忠。得童僕之心，則無所不得矣，故曰「終無尤也」。

❶「維」，原作「惟」，今據坎卦辭改。

九三，旅焚其次，喪其童僕貞，厲。《象》曰：「旅焚其次」，亦以傷矣。以旅與下，其義喪也。

九三不中，用剛而過。自居位得勢者，尚不可以免禍，而况於旅乎？宜其焚次矣。在旅而以此與下，必喪童僕之貞，危厲之道也。

九四，旅于處，得其資斧，我心不快。《象》曰：「旅于處」，未得位也。「得其資斧」，心未快也。

以陽居陽，以陰居陰，則安。故六二則安爲「即次」。以九居四，則不安，爲「旅於處」，爲未得其位。旅之道，非止於柔弱而已，亦有剛斷之道焉。九四剛，有斧象。居弱離明，非昏妄者，故曰「得其資斧」。然非中非得道者，故未能安，有不快之心焉。

六五，射雉，一矢亡，終以譽命。《象》曰：「終以譽命」，上逮也。

六五中正文明之士，欲以致文明之業。離爲雉，文明之象也。射之而亡其矢，無應之者，道不行也。六二不應，故有此象。然六五文明之德，終不可掩没，人皆服之譽之，故雖非所求，自有命之者。《象》曰「上逮也」，以上九相比，陰陽有相親之象。

上九，鳥焚其巢，旅人先笑後號咷。喪牛于易，凶。《象》曰：以旅在上，其義焚也。「喪牛于易」，終莫之聞也。

上九與九三略相似，而上九爲甚焉，以剛居上，而離火性上炎，剛躁爲甚。「鳥焚其巢」，旅而以此居上，焚巢之道也。鳥高翔，有自高亢之象。其未焚也，愚不知其禍至，故笑，及其焚則號咷矣。蓋不知柔順之足以致福免禍，而忽略輕易，無故喪之，故凶。牛有柔順之象。其曰「終莫之聞也」者，昏愚雖被禍尤，不悟其所以致此之由，雖終其身不悟也。

䷸ 巽下巽上

巽，小亨，利有攸往，利見大人。

《彖》曰：重巽以申命。剛巽乎中正而志行。柔皆順乎剛，是以「小亨，利有攸往，利見大人」。

巽，小者之道也，「申命」之道也。剛爲大，柔爲小。君爲大，臣爲小。上爲大，下爲小。上命之，下行之，是爲申命。申命者，巽順而行之。天下之事，徒柔不足以立，必有剛焉。二五皆剛，有剛之象，皆巽體，皆中正。剛巽「中正」，備此衆德，非得道不能。又重巽卦，柔皆順乎剛，又道之所當然也，「是以小亨，利有攸往，利見大人」。小者固當依乎大，往而依乎大人。小者當從乎大，不往則失小者之義。然其往也必中正，所見必「大人」。如不中正，則爲邪矣；不見大人，則見小人矣，非巽之道也。

《象》曰：隨風，巽。君子以申命行事。

風相隨而至，即君子之「申命行事」。人臣知申命行事而已，未必知其爲易之道也，故《大傳》曰「百姓日用而不知」。

初六，進退，利武人之貞。《象》曰：「進退」，志疑也。「利武人之貞」，志治也。

巽爲進退，況初爻尤有「進退」未定不決之象。「利武人之貞」，教之決也。貞，正也。決而不失正，易之道也。乾九四以疑而無咎，此則以疑而不治。當疑而不疑，非道也。不必疑而疑，疑之過，亦非道也。

九二，巽在牀下，用史巫紛若，吉，无咎。《象》曰：「紛若」之吉，得中也。

九二巽體，而又居下卦，又二爲柔，有巽在牀下之象，過於巽也。史巫以言通誠於神，「紛若」之多，巽順之甚，發諸言辭，其多若。此疑其大過，不能致吉，而此「吉無咎」者，於其過巽而出於中誠，不致於大過也。天下事皆不可執一論，過雖非中，就過亦有得中者，九二之謂也，是謂變易之道。

九三，頻巽，吝。《象》曰：「頻巽」之吝，志窮也。

以九居三，剛而過中。質非巽者，巽不出於本心，勉彊而行之，故曰「頻巽」。頻巽則知頻失之矣，故吝。吝，不足也。夫其實不能巽，至於不得已而後巽，頻失頻巽，其志亦已窮矣。夫豈知本有之性，清明無體，何者爲我？無我無意，自知自巽，何窮之有？

六四，悔亡，田獲三品。《象》曰：「田獲三品」，有功也。

以六居四，柔順之至，況又巽體？教之田焉，春蒐夏苗，秋獮冬狩。先王以習武備，有剛德之象，於以濟六四之所不足也。曰「悔亡」，尤慮其有悔也。第往而田，可以「獲三品」：一曰乾豆，二曰賓客及充庖，三曰班其徒御。夫人性未始不大中，或動於意而過剛，或動於意而過柔，約其過，彊其所不及，去其害性者，庶乎復其本中矣。曰「悔亡」，所以啟諭之於先；曰「有功」，所以誘掖之於後，即堯之所以「輔之翼之」之意。

九五，貞吉，悔亡，无不利。无初有終。先庚三日，後庚三日，吉。《象》曰：九五之吉，位正中也。

九五正得中正之道，不偏於剛，亦不偏於柔，爲貞正，必吉，悔亦亡。「無不利」者，凡此屢言，皆所以釋人之疑，定其中正之道也。人情喜於柔巽，不樂於剛德，故曰「無初」。然中正之道，終必獲吉，然亦不可不謹戒。庚，剛道也。先三日而圖其始，後三日以圖其終，謹之戒之則吉。《象》曰「九五之吉，位正中也」，明夫九五之道，允爲正中，蓋其居尊位，不可過於柔巽，過於柔巽則失柄，故曰「位正中也」。《洪範》曰「惟辟作福，惟辟作威」，非爲暴也。自道心而發，無作好作惡，❶無偏無倚，自不可巽懦無制也。

上九，巽在牀下，喪其資斧，貞凶。《象》曰：「巽在牀下」，上窮也。「喪其資斧」，正乎凶也。

上九居巽卦之上，❷爲巽之過，故亦曰「巽在牀下」。喪其資則失利，喪其斧則無斷制，雖其事出於正亦凶。《象》曰「上窮也」，言巽之過也。既喪其資斧矣，可以爲正乎？凶也。未有由正而行而失利而無斷制者也，失利無斷，足以見其失正之驗。

兑下兑上

兑，亨，利貞。

❶ 下「作」，四庫本無此字。

❷ 下「上」，原作「吉」，今據文義改。

《象》曰：兑，説也。剛中而柔外，説以利貞，是以順乎天而應乎人。説以先民，民忘其勞。説以犯難，民忘其死。説之大，民勸矣哉！

兑，説也。得人歡心，豈不亨通？然利於貞，以不正説人者有失，壞人心於無窮，大致禍於後日。剛中柔外，其説之道乎？剛之爲德，不可以利動也，不可以害動也。大中至正，不可移奪，是爲剛也。其中則剛，外則柔，以此得人之歡心，必不失乎貞正。得人之歡心而不失其正者，順乎天道，應乎人心，何則？三才一道故也。如此「説以先民」，則民咸從之，咸忘其勞。「説以犯難」，則民咸死之，咸忘其身，説之大至於民咸勸於善，豈不大哉！此説非有術以使之也，非違道以干之也，由正而行。而正者人心之所同有，故上之人倡之，而下之人自翕然應之，幾於神矣，故曰「敬一人而千萬人説，所敬寡而説者衆」，得其道故也。故曰：「道也者，通也，無不通也。」故又不止於民説之，又死之，不止於死之，又勸於善。感民之所同有者，故無所不通也。

《象》曰：麗澤，兑。君子以朋友講習。

澤之相附麗，即朋友之相親麗而講習。自古朋友之講習者多矣，皆《易》之兑卦也，而知之者有幾？知其説者，未足以爲知也。心通内明，自知自信，而後爲知。知之者何獨知朋友講習之即麗澤也，即六十四卦，即三百八十四爻，即天地萬物，即日月四時。麗澤非彼，朋友非此。「不可度思，矧可射思」。

初九，和兑，吉。《象》曰：「和兑」之吉，行未疑也。

兑之初，莫之適從也，泛然和説而已，故吉。《象》曰「行未疑」者，所行未有可疑之迹也。

九二，孚兑，吉，悔亡。《象》曰：「孚兑」之吉，信志也。

二五本爲正應，而兩陽無相應之象，然陽實有誠信之義，故有相孚之象。惟相孚而和説，則「吉，悔亡」。志不相孚，斷無和説之理，故《象》曰「信志也」，言心相信。

六三，來兑，凶。《象》曰：「來兑」之凶，位不當也。

六三之正應在上六，今不從其正而從其不正，來比於二，是説於不正也。六三之位，亦稍高矣，惟賢者宜在高位，而説於不正，不當爾也。上六初二，不必以人言，惟以正不正言。陰陽相應，兩陰不相應也。

九四，商兑，未寧，介疾有喜。《象》曰：九四之「喜」，有慶也。

九剛四柔，若有立者而不固，其正應在初而未應，近比六三諛佞之小人，心知其非，而實樂其柔媚，故商度所説，去取交戰於胸中而未寧。聖人於是勉之曰：介然疾惡小人則有喜。《象》曰「有慶」者，言九四居大臣之位，國之治亂係焉，能不近小人，則澤及民矣。

九五，孚于剥，有厲。《象》曰：「孚于剥」，位正當也。

九五本與九二正應，今乃不應九二，而親信上六柔媚不正之小人，又置之高位，故曰「孚於剥」。剥之爲卦，小人剥君子，又剥喪其國家，故謂小人爲剥。信小人，危厲之道也。《象》曰「位正當也」者，聖人推原所以孚於剥之由，由乎以位爲己之位，正當其位，以位爲樂，故人欲熾而邪媚得志也。此如水有源則必有流，如木有根則必有枝葉實，以己處富貴崇高之位，未有不親信小人，致危亂也。黄屋非堯心，舜視天下如敝屣，禹有天下而不與。故君子進用，小人退遠。

上六，引兑。《象》曰：「上六引兑」，未光也。

上六超然一卦之外，不應於三，有高尚之象，宜不爲富貴利達所動，然非中，無得道之象，近比乎九五，陰陽有相親之象，則亦有引之説之之象。引之斯説，未爲光明也。子夏出見紛華盛麗而説，孔子戒之以「毋爲小人儒」，知其未光明也。及孔子没，乃以有若似聖人，欲以所事孔子事之，强曾子，曾子不可。曾子光明，子夏不光明也。又使西河之民疑子夏於夫子，曾子數其罪爲第一，光明者固如此乎？

䷺ 坎下巽上

渙，亨。王假有廟，利涉大川，利貞。

《象》曰：渙，亨，剛來而不窮，柔得位乎外而上同。「王假有廟」，王乃在中也。「利涉大川」，乘木有功也。

渙，散也，離也，其象則風行水上，其卦變則本以九四之剛來爲九二而成坎，故曰「剛來」，六二之柔往爲六四而成巽，故曰「柔得位乎外」。一剛一柔，皆有亨之象。剛來得中，故不陷於坎險，故曰「不窮」。不窮者亨之道，窮則非道矣。柔得位，順承九五，陰陽相親，有上同之象，故曰「上同」。上同者亨之道也，不和同則離散非道矣。大抵得乎道者，無所往而不亨；失乎道者，無所往而能亨。假，大也。惟王者大其有廟之道。廟必有尊也，必有親也，慈愛恭敬之心也。慈愛恭敬，人心之所同有也。上者行其恭敬慈愛之心於上，舉而措之天下，則舉天下慈愛恭敬之心，無不觀感於下，是爲大其有廟之道。夫人心之所以離散者，由其上無慈愛恭敬之心，是以下亦無慈愛恭敬之心而爲離也。有王者作，「綏之斯來，動之斯和」，必可以中天下而定四海之民也，故曰「王乃在中」，明非王者則不能宅中也。王者即此有廟之道而推之，可以涉大川，濟大險。曰「乘木有功」者，取象乘木，惟以明濟險有道而已。濟險之道非他也，大其有廟之道而已。大其有廟之道非他也，即慈愛恭敬之心，乃人之本心，乃天下同然之心。此心即道心。道心者，無所不通之心，以之修身則身修，以之齊家則家齊，以之治國則國治，以之平天下則天下平，以之濟大險則無所不濟。此心人之所自有，人所自存，而有昏有明，有濟有不濟者，何也？惟民生厚，因物有遷，意動則昏，不動乎意，則道心無體，自明自神，自正自中，自無所不通，自無所不濟。「不學而能，是謂良能；不慮而知，是謂良知」，此假有廟之道也，此乘木之道也。彼謂假有廟自有一道、乘木自有一道者，何以能感動天下同然之心？何以能使「自西自東，自南自北，無思不服」？此非智術之所能致也。

《象》曰：風行水上，渙。先王以享于帝，立廟。

「風行水上」，渙散之象。享帝立廟，即「王假有廟」之道。於卦《彖》已詳釋其義，此則其事也。恭敬慈愛之心，必達於事，則爲享帝，爲立廟，此始舉二事以發其端爾，非謂止此二事足以定天下之渙散。《孝經》曰：「愛親者，不敢惡於人；敬親者，不敢慢於人。」凡慈愛恭敬，有一失焉，即失人心。王心之誠愛誠敬，雖已自足，達之深入乎民之心，又著之於禮樂政事、聲名文物，則觀感亦深，動化益敏。夫所以合天下離散之心者，在此而已，而或者求諸權術，良可鄙笑。其有以力假仁，僅足小濟，岌岌危懼，禍亂繼作，安得不去彼取此？

初六，用拯馬壯，吉。《象》曰：初六之吉，順也。

時方離散，不可出而仕也，拯壯馬而亟遯，則吉矣。《象》曰「初六之吉，順也」者，以初六未得位，又涣散之始，難未成，則早遯爲順爲宜也。

九二，涣奔其机，悔亡。《象》曰：「涣奔其机」，得願也。

涣散之時，而九二稍得位，出非其時也。涣離其所，而奔其机，棄位而就下，遯世而貧賤，則安也，則悔可亡也。机居下而安，人皆以進而得位爲得願，明者則以退而即安爲得願。

六三，涣其躬，无悔。《象》曰：「涣其躬」，志在外也。

躬有俯而就下之象。六三近比於九二，陰陽有相得之象，而六三不然，「涣其躬」，不就下乃應上九，志不在内而在外，斯其所以「無悔」歟？內雖有難，戀戀於利禄者未必能涣其躬而退處於遠外也。今何以知六三之志在外？以六三與上九，一陰一陽有相應之象，是故知六三之「志在外也」。九二、上九不必言人，九二有内象，上九有外象而已，諸儒率多誤認。

六四，涣其羣，元吉。涣有丘，匪夷所思。《象》曰：「涣其羣，元吉」，光大也。

六四居大臣之位，取涣離其羣黨之義。夫士之窮而在下也，則有親黨，有朋友之黨，急難相救，利害相同，及其事君當大任，則當行天下之大公，不當用其私黨，故「涣其羣，元吉」，此非小賢之所能也。丘，聚也。於涣散之中有聚合人心之事業，而非其故，匪夷所思，其故匪夷，皆深信其大公，知不可干以私，不復思念，足以見其誠實篤志。夫是之謂道心，夫是之謂易之道，夫是之謂「光大」。

九五，涣汗其大號，涣王居，无咎。《象》曰：「王居无咎」，正位也。

九五又發涣汗大號之義。聖人作《易》，衆義畢備，不可執一論。大君涣散於四方，曰「汗」者并以著一出不可復反之義，凡此皆易之道也。若謂號令者，號令而已，疑大易之道未必在是，則不惟不知易道，亦不識號令。「大號」者，易之大號。「涣汗」者，易之涣汗也。涣離之時，惟王者乃能居其中而「無咎」。所謂王者，非空名而已，實有王者之德，乃名爲王。既有王者之德，則何患乎民心之涣散？一麾而定矣。蓋王者之心即兆民之心，兆民之身即王者之身，雖驅之使離散，不可得矣。曰「正位」者，明爲王而後可以正居其位也，斯乃爲王者之正位也。

上九，涣其血，去逖出，无咎。《象》曰：「涣其血」，遠害也。

上九應六三，三爲内卦。坎體險難，又坎爲血卦，故告之以「涣其血」。離其難，去而逖出，則「無咎」。逖，遠也，言其不當應乎内也。

# 楊氏易傳卷十九

宋慈谿楊簡敬仲撰

䷻ 兑下坎上

節，亨。苦節不可貞。

《彖》曰：節，亨，剛柔分而剛得中。「苦節不可貞」，其道窮也。説以行險，當位以節，中正以通。天地節，而四時成。節以制度，不傷財，不害民。

節，止也，止其過也。節之止異乎艮之止，止雖不同而其道同，天下無二道也。内以節己，外以節物，凡天下之有所謂節止也。觀節卦象，有亨之道焉。三剛三柔中分而不偏，節制爲剛柔不偏。不偏則人心和而可行，爲亨矣。二、五皆剛而得中，亦制節不過之象也，亦亨之象。苟「苦節」而過之，則人將不堪，將不行。苦節非其道也，不可以爲貞，其過窮則不通。制節非人之所樂也，聖人以爲行險人心易縱，既縱則難於節，節之是拂其所欲，拂人之所欲大難，故必和説以行之，又必當位，其勢可以行，又中而一無所偏倚，正而不入於邪，則人心説誠服，通行而無阻，斯備節之道。兑，説也。坎，險也。九五當位中正也。不和說則人心不從，不居勢人亦不從。不得「中正」之道，人心不服。天地亦有節：夏暑之極秋節之，冬寒之極春節之，故「四時成」。爲國則「節以制度」，有制度，則財不妄用，不妄用，則不橫斂害民。言「天地」似無與乎人，而聖人必並言之，何也？人道即天地之道，節以制度即四時寒暑暄涼之宜，聖人以此開萬世之明，其曰不無小異焉者，不惟不知天地，亦不知人，實不識節以制度。天下無二道，一通則無所不通，一有不通，則皆不通。

《象》曰：澤上有水，節。君子以制數度，議德行。

「澤上有水」，水節乎澤中而不潰，故聖人於是又發品節之義。「天子之堂九尺，諸侯七尺，大夫五尺，士三尺」，凡此類，度也，不可亂也。孔子「與下大夫言，侃侃，與上大夫言，誾誾」，「升堂，屏氣似不息者。出，降一等，則逞顔色，怡怡如也」，去魯曰「遲遲吾行也」，去父母國之道也，去齊「接淅而行」，去他國之道也。凡此皆德行之品節而不可亂者也。自此心光明者行之，則與下大夫言自侃侃，與上大夫言自誾誾，升堂自屏息，出降自怡怡，去父母之國自遲遲，去他國自速，無俟乎議也。自此心未通，與雖通而未大通，未極其光明而行之，苟無議焉，不保其無差也。未至於大聖，皆不可不議。雖議而非外也，皆吾心之所安也，皆吾心之所自有也，是故聖人「以五禮防萬民之僞」。「經禮三百，曲禮三千」，皆人心之誠敬也。自外者非德行也，僞者非德行也。德者直心而出之，非由外鑠我也。

初九，不出户庭，无咎。《象》曰：「不出户庭」，知通塞也。

「不出户庭」，知止節也。九二奇爻，阻其前，户庭有阻。夫有阻之，則不當出，不出則「無咎」。然出處之道，一也。當出斯出，當處斯處，顧其時如何耳，故曰「知通塞也」。

九二，不出門庭，凶。《象》曰：「不出門庭，凶」，失時極也。

九二之前無阻也，異乎初九矣。六三耦爻，有門象，無阻之者。而九二猶止節而不出，則爲失時之凶。然則苦節固塞，亦非道之所貴，孔子疾固，其此類歟？

六三，不節若，則嗟若，无咎。《象》曰：「不節」之嗟，又誰咎也。

六三浮外，縱而過，非能節者。不節則雖快於須臾，即有嗟苦之憂，曰「无咎」者，不可咎他人，乃其自取也。使《象》解非聖人作，則學者必謂「无咎」爲「誰咎」。然則讀古書者，安可不通其道而執其末？

六四，安節，亨。《象》曰：「安節」之亨，承上道也。

六與四純陰，有安象。居近君之位，尤當明於上下之分。正位居體，安止無越，則亨。斯乃承上之道也。

九五，甘節，吉，往有尚。《象》曰：「甘節」之吉，居位中也。

五得中道，故制節不至於過，故曰「甘節」則「吉」，則可以往而有可嘉尚也，言往必利必嘉也。《象》曰「居位中」者，言九五位乎上卦之中，故有得中之象，亦猶《艮・象》言「上下敵應，不相與」者，亦言其象耳。

上六，苦節，貞凶，悔亡。《象》曰：「苦節，貞凶」，其道窮也。

上卦之極，節之極苦，節而不中，雖貞正亦凶。能悔則亡，言悔而改，則此凶可亡也。此悔亡猶六三之「無咎」。聖人之言及此，亦以破後學執固守信之蔽，言上六道之窮者也。

䷼ 兑下巽上

中孚，豚魚吉。利涉大川，利貞。

《彖》曰：中孚，柔在内而剛得中，説而巽，孚乃化邦也。「豚魚吉」，信及豚魚也。「利涉大川」，乘木舟虚也。中孚以「利貞」，乃應乎天也。

中，内也；孚，誠也，其中心誠信也。觀卦之象，三、四陰爻在中，爲「柔在内」。夫何取乎柔也？人心非氣血，無體狀，至虚至柔，雖有作用視聽言動，其實無我。我意猶無，安得有僞，是謂中孚，豈不甚柔？而又曰「剛得中」，何也？二、五皆剛皆中。天下之至剛生於天下之至柔，惟空洞無我，無我爲至柔，故外物不得而移，富貴不得而淫，貧賤不得而移，威武不得而屈。使己私微立，則外物舉得而轉移之，安得剛？至剛至虚，至虚至實，無我無雜，純一誠實。中者無所倚，無所偏。惟意不作，故無倚無偏，惟意不作，故無僞無詐，無偏無倚。必誠必僞皆主於意，意起則必倚，不倚乎此，必倚乎彼。曰柔曰剛曰中，足以發明中孚之實也。而又曰「説而巽」者，又何也？所以備言中孚之道也。卦象兑巽，爲説而巽，中孚無我，和説自生，自柔巽不忤，苟微立己意於其間，則必有不和説不巽者矣。如此備言，則中孚之全，明白無虧，中孚之用，邦民自化。此豈五霸之權術，漢道之雜霸哉？一於誠而已矣。「豚魚吉，信及豚魚也」，豚魚猶信之，豈雜以權術者之所能哉？豈較計揣度之所爲哉？純然一誠靡輟，無間無雜，故能及之。

能信及豚魚，則可以濟大險矣。「乘木舟虛」，即柔在内之道也，惟虛故柔，惟虛故無所忤，即説而巽之道也，惟虛故不可移奪，惟虛故不動乎意而不倚，即剛得中之道。「天之所助者，順也。人之所助者，信也」，信足以得人心，而未必出於貞正者亦有之，未足以盡中孚之道。既信既正，則人欲盡釋，「乃應乎天」，即豚魚之吉也，即舟虛之道也。即柔即剛即中即説巽，而聖人屢言之不憚煩，何也？何特舉此？《易》之書，皆此一言也，舉五經皆此一言也。天下安得有二道？聖人安得有二言？

《象》曰：澤上有風，中孚。君子以議獄緩死。

「澤上有風」，水波雖興，而水之大體不動。君子憫獄囚之將死，惻然動心，誠心求之，誠心議之，惟詳惟審，謂之動心可也，然此動心乃道心之變化，雖動而實未嘗動。孔子曰：「哀樂相生，是故，正明目而視之不可得而見。傾耳而聽之不可得而聞。」惑者惟覩其動心，不知其實不動。訊羣吏，訊萬民，如此其詳矣，而又有議親、議賢、議能、議貴、議勤、議賓之法，又王命三公參聽，文王又三宥之，然後制刑，而君子於此猶惻念無已。《易》曰「變化云爲」，變化，不動之動，無爲之爲。

初九，虞吉，有他不燕。《象》曰：初九「虞吉」，志未變也。

中孚之心，人皆有之，而民之顛倒詐妄，至於不可勝窮者，非其惡驟至於此也，其發也有端，生於因物有遷而已。有他者遷化，有他者意動也，意不動則純誠純白，百年如一日也。「虞吉」者，恐懼之異稱。曾子戰戰兢兢，如臨深淵，如履薄冰，如此者終其身，此之謂虞也。《易》曰：「君子敬以直内。」敬者，虞之謂也。禹曰「安汝止」，即虞也，虞未作於思慮也，使作於思慮，則有他矣，則不燕安矣，則動則不止矣，則變矣，變則漸入於詐。《老子》亦曰：「我獨怕兮其未兆。」未兆者意未作未有他之時也。而《老子》曰「獨怕」云者，戰戰兢兢，恐懼而非思慮也，故《象》曰「志未變」。

九二，鳴鶴在陰，其子和之。我有好爵，吾與爾靡之。《象》曰：「其子和之」，中心願也。

二在下卦，有「在陰」之象。兑爲口舌，有「鳴鶴」之象。居中，有由中而發之象。聖人作《易》，雖觀象亦取其大旨爾，非拘拘諓諓者。鶴鳴於陰而子和之者，誠之所感也。「我有好爵，吾與爾靡之」者，君臣一心一德之言也，亦猶鶴鳴而子和。《象》曰「中心願也」，此足以明中孚之道矣。孔子曰：「君子居其室，出其言善，則千里之外應之，況其邇者乎？居其室，出其言不善，則千里之外違之，況其邇者乎？言出乎身，加乎民。行發乎邇，見乎遠。言行，君子之樞機。樞機之發，榮辱之主也。言行，君子之所以動天地也，可不慎乎？」慎者，慎其中孚之主，不可動乎意而失之也。何思何慮，自誠自一。

六三，得敵，或鼓或罷，或泣或歌。《象》曰：「或鼓或罷」，位不當也。

六三之近而相得者六四爾。兩陰不相得，故曰「得敵」。而六三「或鼓」而進，「或罷」而止，「或泣」而悲，「或歌」而喜，心之不誠，故進退悲喜不常至於此。三之位稍高矣，惟賢者宜在高位。居是位者，不當爾也。六三失中，六柔而退，三剛而進，進退静躁不常，其象則然。

六四，月幾望，馬匹亡，无咎。《象》曰：「馬匹亡」，絶類上也。

六四居大臣之位。月陰類，幾於望，不敢盈也。如馬匹其匹，絶其朋類之私。惟上而事君，則誠心著達，君臣交孚矣。

九五，有孚攣如，无咎。《象》曰：「有孚攣如」，位正當也。

九五陽實，有孚信之象，近惟六四，陰陽有相得之象，故曰「有孚攣如，無咎」者，君臣和而不乖違也。《象》曰「有孚攣如，位正當也」，言近君之位，其君臣相孚，正當爾也，不然則何以爲君臣？

上九，翰音登于天，貞凶。《象》曰：「翰音登于天」，何可長也。

巽爲雞，雞爲「翰音」。上九巽卦之上，有「翰音登於天」之象。夫雞振羽而飛，不過尋丈，今乃過其常，登於天，言其飛之大高也。斯乃不由乎中孚，彊力而上，雖貞正亦凶。何則？彊過其力，「何可長也」，必墜無疑矣。斯可以爲彊矯過力之戒。

䷽ 艮下震上

小過，亨，利貞。可小事，不可大事。飛鳥遺之音，不宜上，宜下，大吉。

《象》曰：小過，小者過而亨也。過以利貞，與時行也。柔得中，是以小事吉也。剛失位而不中，是以「不可大事」也。有飛鳥之象焉，「飛鳥遺之音，不宜上，宜下，大吉」，上逆而下順也。

陽爲大，陰爲小。四陰盛而得位，故小者力盛而過，足以亨也。力過而亨，未爲失道，過而不正，斯失道矣，是故利於貞正。過而貞正，與時行也。正者之過，不以己私，隨時而行，非人欲也。二、五雖得中道，柔體小，可以小事而已。剛體大，二剛失位，又失中道，故「不可大事」。事之大者，必剛者而後能爲之。筮者雖一人，而一卦之象，非止於一人也。人豈獨立，必有與也。是故，是卦有柔者，又有剛者，有得中道者，又有不得中道者。六畫有飛鳥之象，鳥飛已過，遺音在空，過之象也。「不宜上，宜下，大吉」，鳥飛上則逆，下則順也。人情事理猶是也，上則逆，下則順也，上則犯分忤物，下則不犯不忤。聖人所以諄諄及此，良以人情好進而惡退，好高而惡卑。而天道不然，高者抑之，下者舉之，盈者虧之，謙者益之。人之天性即天道，動於意則爲人欲，動不以意是謂道心。道無體無我，寂然不動，而變化無方，如水鑑之象，象有升降往來，而水鑑無升降往來，如天地陰陽之氣有升降上下，而道無升降上下，至動而常靜，至變而常一。人皆有是道心，皆有是變化，而自不知，而惟執浮動之意以爲己私，所以率好進惡退，好高惡卑，好動惡静。其間雖有知静之爲善者，欲静而又自不能也，不欲則未始不知，則亦無所不知。

《象》曰：山上有雷，小過。君子以行過乎恭，喪過乎哀，用過乎儉。

此言過失之小者，又異乎卦辭與《象》所言，所以通於他義也。能通則無所不能矣，❶能通則六十四卦皆小過之卦也。

初六，飛鳥以凶。《象》曰：「飛鳥以凶」，不可如何也。

小過有飛鳥之象，而初六在下而用之，有高舉上進之意，凶之道也。夫人心既已放逸而有勇進之志矣，今知其凶而遏之曰「不可」，又曰「如何也」，所以問之甚之之辭也。

---

❶ 下「能」，明刻本、四庫本作「通」。

六二，過其祖，遇其妣，不及其君，遇其臣，无咎。《象》曰：「不及其君」，臣不可過也。

祖者始，初六有祖之象，故六二有「過其祖」之象。祖不可過也，其德或可過之，其事業或可過之，而非孫之所當言，自他人則可，言如是而過其祖，何咎？六二以陰柔內居卦之中，有妣之象，故曰「遇其妣」。遇其妣則不過，固「無咎」。五君象，在上，二固不及也。二臣象，而其臣何咎？此言天下事變不一，有可過者，有不可過者。臣則斷不可以過其君，雖德亦不可以言過之，曰過之，往往遭禍。人君操生殺之柄，一國之所尊也，苟曰過之，大禍之招也。尊尊貴貴，天下之達道也。

九三，弗過防之，從或戕之，凶。《象》曰：「從或戕之」，凶如何也。

三下卦之上，而以九居之，重剛不中。「弗過防之」，則將有從而戕之者矣，凶之道也。《象》曰「凶如何也」，蓋戒之使過防，防慎不嫌於過。曰「凶」，又曰「如何也」，亦深戒之辭也。

九四，无咎，弗過遇之，往厲必戒，勿用，永貞。《象》曰：「弗過遇之」，位不當也。「往厲必戒」，終不可長也。

小過之時，六五柔在上，九四乃以陽剛居人臣之位，疑其過而爲咎也，而九四應於初，其志乃在下，故「無咎」。弗過而犯分，其與六五非本應，乃若適相遇然，雖不敢深自遠嫌，大臣之位，當任國事，不當爾也。而小過之時，柔者得位而過，九四又以陽體居當位，疑過疑犯，非所宜往，則危厲必戒乃可，勿有所用，永守貞正，無至愆違。《象》曰「終不可長也」，言終不可久處斯位，義當退也。

六五，密雲不雨，自我西郊，公弋取彼在穴。《象》曰：「密雲不雨」，已上也。

九四以六五爲君象，而六五本爻又自取大臣之象。《易》取象不可執一，六五陰爲臣爲小，而居位甚尊，有公之象。公，大臣也。雲升而不爲雨者，陰陽和則雨，今陽氣已上，未與陰和，故「密雲」惟在「西郊」而已。西，陰方，臣象也，象與小畜同。此六五無應，故也密雲不雨。大臣竭誠事上，而君心猶未應，君臣之心未通協，則大臣僅可以小事。弋取在穴，小事之象。

上六，弗遇過之，飛鳥離之，凶，是謂災眚。《象》曰：「弗遇過之」，已亢也。

居卦之上，不中，有過之象。過則「弗遇」矣，如鳥飛而離其所，有大過之凶「是謂災眚」，蓋曰此正所謂「凶」也。天降之災，不可避也，雖然，自戢而已，亢故也，不亢則何災？

䷾ 離下坎上

既濟，亨小，利貞，初吉終亂。

《象》曰：「既濟，亨」，小者亨也。「利貞」，剛柔正而位當也。「初吉」，柔得中也。終止則亂，其道窮也。

既，盡也，既濟無所不濟。曰「亨小」者，及其小也，「小者亨」則餘皆亨可知矣。其曰「利貞」者，何也？初、三、五皆奇，剛純而無雜。二、四、上皆耦，柔純而無雜。又九五當位於上，六二當位乎下，餘剛柔咸當位，正當如此，非貞正乎？貞正如此，非利乎？其所以「初吉」者，柔順得中。中，道也，六二之象也。其「終亂」者，水遇坎則止而不進，其義則人情狃於既濟，怠止而荒，故亂也。能慎終如始，無怠無荒，常如欲濟之初，則何由而亂也？「人能弘道，非道弘人。」

《象》曰：水在火上，既濟。君子以思患而豫防之。

「水在火上」，陰陽之氣交而和，既濟之象也，泰之天地交亦如之。孔子曰「君子安而不忘危，治而不忘亂」，「思患豫防」之道也。如此則無終亂之患，此易之道也。

初九，曳其輪，濡其尾，无咎。《象》曰：「曳其輪」，義无咎也。

初濟而未離乎下，有曳輪、濡尾，不輕進、不欲速之象。欲速有不達之理，然大勢已濟，異乎濡首而方入於險者矣。

六二，婦喪其茀，勿逐，七日得。《象》曰：「七日得」，以中道也。

茀者，婦車之蔽。「婦喪其茀」，則無得而行。二、五正應，九三阻二之前，故有喪茀之象。天下事不得其行者，有其過在己，亦有其患在外。今六二之不得行，乃其患在外，非己之罪也。非己之罪者，無所致其力焉，一聽其如何，久之當自定，故曰「無逐，七日得」。七日，一卦之變，歷六爻而至於七，則得之矣。蓋得「中道」者，無有不利，不得於今日，必得於他日。

九三，高宗伐鬼方，三年克之，小人勿用。《象》曰：「三年克之」，憊也。

高宗，既濟之主也。鬼方，幽遠之國也。既濟之世，大業已就，其有幽遠之國猶未從，則益脩文德以來之可也，今乃伐之，雖以既濟之勢，高宗之賢，三年而後克之，則亦憊矣。武夫勇士，安能一一皆賢？或因小人成功，則惟當厚賞之，不可用也。用小人，他日必致禍。三爻有「三年」之象。離爲戈兵，離上九亦言「出征」。

六四，繻有衣袽，終日戒。《象》曰：「終日戒」，有所疑也。

子夏作「繻」，即「襦」字。《内則》言：孺子之禮，衣不帛襦。《説文》云：「襦，短衣也。」茹衣破敗如茹也。《易》曰拔茅連茹，誠有零落之狀。孺子之衣，易於破敗，故必終日戒視，或可以免。大抵四爻以離内卦變爲外卦，故多變。《乾》九四云「乾道乃革」，《泰》六四「翩翩不富以其鄰」，謂羣陰已至，《否》九四「有命無咎，疇離」，皆有變。濟至於四，誠患生之，懼人心既安，則易於怠忽，誠有所疑，疑其衰敗之至也。「襦」，《易》作「繻」，或改作「濡」。「茹」，《易》作「袽」。及引《廣雅》「絮塞」，皆假借不正實，今從子夏本。

九五，東鄰殺牛，不如西鄰之禴祭，實受其福。《象》曰：「東鄰殺牛」，不如西鄰之時也。「實受其福」，吉大來也。

「東鄰」，言陽位。「殺牛」，盛禮，九五之象也。「西鄰」，陰位。「禴祭」，薄禮，六二之象也。既濟盛極則衰至，君子當思患豫防，持盈以虚，保益以損。六四已有「終日」之戒矣，而況於五乎？西鄰之時，守以損約，故終受福。

上六，濡其首，厲。《象》曰：「濡其首，厲」，何可久也？

上六不能豫防於早，至一卦之極，猶陰闇而不悟，至「濡其首」，危厲矣。「何可久也」，言其行没溺矣。

䷿ 坎下離上

未濟，亨，小狐汔濟，濡其尾，无攸利。

《象》曰：「未濟，亨」，柔得中也。「小狐汔濟」，未出中也。「濡其尾，无攸利」，不續終也。雖不當位，剛柔應也。

觀卦之象，六五柔得中，有亨之道焉。柔順得道，亦可以亨，然柔亦有柔弱疑懦之象。狐好疑，小其弱者。「汔濟」，微濟也。疑貳不決，欲往復疑，故未出于難中。六五猶爲上九奇畫所制，故有「未出中」之象，亦有「濡其尾，無攸利」，「不續終」之象。雖剛不當位，柔亦然，而剛柔皆相應，人心和也。

《象》曰：火在水上，未濟。君子以慎辨物居方。

「火在水上」，陰陽之氣不交和，故爲「未濟」。惟治斯濟，惟不治不濟。「辨物居方」，亦所以治也。各當其所而不亂，是爲治。惟治辨而後可以言和同，有禮而後可以言樂，未有淆亂而能致人心之和者也。

初六，濡其尾，吝。《象》曰：「濡其尾」，亦不知極也。

卦言「小狐汔濟」而「濡其尾」，則爲害猶小。今初六不言「汔濟」而曰「濡其尾」，是濡其首及身以至於尾，故《象》曰「亦不知極也」，而爻止曰「吝」，何也？聖人推明其患，本於文過自是，不受人言，故其禍至於此極也。文過曰「吝」。初六以陰柔居下，當未濟之時，自以爲能濟，而冒昧以往，其凶甚明，不待言而明，必其文過遂非，恥於中改，覬其或濟，故終至於濡尾。《象》言昏愚大甚，爲不知之極。遯初亦曰「尾」。

九二，曳其輪，貞吉。《象》曰：九二「貞吉」，中以行正也。

「曳其輪」，未濟也。勢未可濟，不敢欲速。易之道也，貞正之道也，不出於貞正，以怠而不濟，以私意而不濟，則凶道也。中者，無過不及之謂。九二之「曳輪」，雖無過，亦無不及，中以行正，與時偕行，故吉。

六三，未濟，征凶，利涉大川。《象》曰：「未濟，征凶」，位不當也。

六三，其才柔弱，其時未可，彊欲往焉，凶之道也。此論事之常者，若夫已在大險之中，則又以速濟爲利，不可以一概論也。「差之毫釐，繆以千里」，若其當事非險，則斷不可往，所處之位不當征往也。言「位」者，明其位在此，不可出位而往也。三陽體，有動意，居坎卦之上，有「涉大川」之象。

九四，貞吉，悔亡。震用伐鬼方，三年有賞於大國。《象》曰：「貞吉，悔亡」，志行也。

九爲陽，爲君子，爲正。四，卦之變。乾卦至九四乃革，❶泰卦至四爻而否來，小人翩翩而來，則此卦可以動而濟矣，況此六五陰陽有相得之象。大國命我以「伐鬼方」，志可行也。而四有遲疑退悔之象，故釋之曰「悔亡」，言所悔者亡也。四應初，初六有陰遠鬼方之象。坎水趨下，不應乎上，故大國命伐之。猶必「三年」者，事有未可遽，濟不可急也。與既濟之九三異矣，既濟九三，既濟而不知止，故三年爲憊，未濟之九四，伐此乃濟，故「三年有賞於大國」。曰「用」曰「賞」，是之也。

六五，貞吉，无悔。君子之光有孚，吉。《象》曰：「君子之光」，其暉吉也。

---

❶「至」，原作「之」，今據明刻本、四庫本改。

六五得中，中即正即道，故詳明道濟天下之義。夫人心所以咸服者，以其正故也，正故吉，雖小疵亦無，故「無悔」。道心發用，寂然不動，雖無思無爲，而萬物畢照，萬里洞見，如日月之光，雖無心而畢照天下。豈一無所用其心力哉？禹治水征苗，而孟子曰禹「行其所無事」，禹告舜以「安汝止」，豈禹不有諸己而姑爲空言哉？道心本静止，安而勿動乎意，則本静本明，萬事自理，此大中至正之道，失之則凶則悔。君子不動乎意，而人咸孚信心服。暉者光之散，孚猶暉也。大哉聖言！惟自明道心者乃自信，其道心不明者，斷斷不信，以爲必思必爲乃濟。吁！可憫哉。

上九，有孚于飲酒，无咎，濡其首，有孚失是。《象》曰：「飲酒，濡首」，亦不知節也。

「飲酒」者，獲濟而樂也。未濟之極，必可以濟。孚，必也，信也。消息盈虚，天道也。必濟而「無咎」，若又居樂而忘憂，縱肆至於「濡首」，則又信其必失之。《象》曰「飲酒，濡首，亦不知節也」，言其太甚也。獲濟而樂，未爲失道也，樂而縱，則失道矣，失道則無所不失。夫未濟消之極必息，則曰「有孚於飲酒」足矣，何又慮他日既濟之後而不知敬戒而復失之，何其贅也！此亦猶《否》之九五方「休否」而又有「其亡其亡」之戒。人心易放，故聖人諄告。六十四卦，終於未濟，於以明事變之無窮，何止於六十四而止也？

# 楊氏易傳卷二十

宋慈谿楊簡敬仲撰

今人言易者，必本於乾坤，陋矣！但見《周易》之書，不見《連山》、《歸藏》之書，故必首乾次坤。不知《連山》首艮，重艮故曰《連山》；《歸藏》首坤，故曰「乾坤之義」。《連山》，夏后氏之易；《歸藏》，商人之易。至矣哉！合三易而觀之，而後八卦之妙，大易之用，混然一貫之道，昭昭於天下矣。三才皆易也，三才之變，非一實一，或雜焉，或純焉。純焉其名乾坤，雜焉其名震、坎、艮、巽、離、兑，皆是物也，一物而八名也，初無大小優劣之間也。形則有大小，道無大小。德則有優劣，道無優劣。或首艮，或首坤，明乎八卦之皆易也。易道則變而爲八，其變雖八，其道實一。曰「《連山》宓戲，《歸藏》黄帝」。

《易》卦諸《彖》言「大矣哉」者，十二卦而已。豫、遯、姤、旅言「時義」，隨言「隨時」之義，豈他卦皆無「時義」哉？豈他卦之「時義」皆不大哉？坎、睽、蹇言「時用」，豈他卦皆無「時用」哉？豈他卦之「時用」皆不大哉？頤、大過、解、革言「時」，豈他卦皆非「時」哉？豈他卦之「時」皆不大哉？六十四卦皆時也，皆有義也，皆有用也，皆大也。「大矣哉」，蓋歎其道之大，有言不能盡之意。事無大小，無非易道之妙。聖人偶於此十二卦發其歎，非此十二卦與他卦特異也。使每卦而言，則不勝其言，愚者執其言，智者通其意。豈特六十四卦皆可稱「大矣哉」，雖三百八十四爻亦皆可稱「大矣哉」。聖人於豫、隨、遯、姤、旅，則猶有「義」之可言，於坎、睽、蹇，則猶有「用」之可言，至於頤、大過、解、革，則既不曰「義」，又不曰「用」，止曰「時」而已。夫何以曰「大矣哉」？於戲！此正以明天地無一物一事一時之非易。學者溺於思慮，必求其義，聖人於頤、大過、解、革，盡捐「義」、「用」，止言其「時」，而歎之曰「大矣哉」，使學者無所求索，不容鉤深，即時而悟大哉之妙，則事理一貫，精麤一體。孔子「何思何慮」，文王「不識不知」，信矣。

《需》「有孚，光亨，貞吉」，言需得其道，必得所需。需，待也，彼此相孚則應矣。所需待，多動乎意，非光也。光如日月之光，無思無爲，而無所不照，此之謂道。如此，人咸信之，故曰「孚」。如此，則得所需矣，亨矣。得所需亨通，或放逸失正，故又曰貞乃吉。孚與光與正本非三事，以三言發明道心。一動乎意，則不孚不光不正，謂之人心，故舜曰「人心惟危」，明其即入於邪，入於凶禍。

《坤》六二「直方大，不習無不利」。直心而往，即易之道，意起則支而入於邪矣。直心而行，雖遇萬變，未嘗轉易，❶是之謂「方」。圓則轉，方則不轉。方者特明不轉之義，非於直之外又有方也。夫道一而已矣，言之不同，初無二致，是道甚大，故曰「大」。是道非學習之所能，故曰「不習」。孟子曰：「人之所不學而能者，其良能也。所不慮而知者，其良知也。」習者勉彊，本有者奚俟乎習？此雖人道，即地之道，故曰「地道光也」。光如日月之光，無思無爲，而無所不照。不光明者也，必入於意，必支而他，必不直方，必昏，必不

❶「未嘗」，四庫本作「而不」。

利。六三「含章可貞」，「陰雖有美，含之以從王事，弗敢成也。地道也，妻道也，臣道也。地道無成，而代有終也」。惑者往往於是疑其爲小，故聖人特發之曰「智光大也」。道一而已，初無小大。六四「括囊，無咎無譽」，亦此道也，方時閉塞，義當「括囊」而謹。易道之見於坤，見於謹者也。二言坤道之正，五言坤道之盛。他卦之五，多明君象，至于坤，明臣道也，故五止言臣位之極盛。黄者，中之義，言乎其得中道也，故曰「通理」，言理以明中，非中自中，理自理也。裳者下服，言乎正人臣之位，居人臣之體也，故曰「正位居體」，明乎得道者必守常分而不犯。此非設飾者所能，由中而發於文爲，故曰「元吉，文在中也」。言乎文非外飾，乃自中誠而著也。伊、周之事，人咸信之，不疑其爲非，信其誠也。王莽設飾，故卒罹大禍。初之「履霜」，謹微之道也，上六之「龍戰」，❶道之窮也，皆易之道，而有昏明邪正之辨也。坤之「用六」，即乾之「用九」，九六不同而用同。乾造始，坤代終，始終不同而其大則同，故曰「以大終也」。至哉之坤，即大哉之乾也，名分不同而道同也。爲妻爲臣而失道，則不永，則不貞。得其道者，必永必貞。二、三、四、五皆能用六，惟上六不能用六，反爲六所用，爲形體所使，爲勢位所動，故凶。初亦不能用六，故爲霜爲冰。爲不善之積，能辨之於早，則能用之矣。

「小畜，柔得位而上下應之，曰小畜。健而巽，剛中而志行，乃亨」。小畜，以臣畜君之道也。畜有養義，有止義。以下畜上，非勢之順者，而有道焉。非柔則不敬不順，非得位則不可以有所行，豈有居下位而可以

❶「六」，原無，今據四庫本補。

行畜君之事者乎？柔雖得位，使人心不悦，雖悦而不至於上下皆悦而應之，亦不能以畜君。天下事未有人心不悦而能行者，而況於畜君乎？故必上下之心咸應之乃可。其德健則力足以行其事，而無困懾不繼之患。巽則順入乎君心，剛則物莫能變，中則不偏不倚。剛中兩言，足以發明道心之本。人臣能健能巽，而中無其本，亦不能致亨。健矣，巽矣，剛矣，中矣，或所畜之君，雖略相應，而諫不盡行，言不盡聽，則臣亦不可謂得行其志，亦不能亨。於戲！物情事理，如上所序，節節如此，曲折如此，乃易之道也。惟柔得位，以明六四之象。衆陽咸應，有上下應之象。下乾，健象。上巽，巽象。剛中，二五之象。四、五剛柔相得，有志行之象。非象自象，道自道也，此正易道之見於小畜六畫者然也。象著其義，《彖》發其義。柔也，得位也，上下應也，健也，巽也，剛也，中也，志行也，非每事而致其力也，合是數者，以發明《易》小畜之道。得易道全者，自能當小畜之時，盡小畜之義，自與此《彖》辭無不合也。有一不合，必於道有虧焉。齊景公悦晏子之對，作「君臣相悦之樂」，其詩曰「畜君何尤」。畜君者，好君也。此亦小畜之小亨也。何者？晏子猶未有剛中之大本故也。易者，天下之大道，聖人之大道，雖甚賢者未能盡也，雖高明之士，已得大本，而物情事理，委曲萬變，往往疏畧，不能皆盡。孔子自謂「加我數年，五十以學《易》，可以無大過」，明知夫《易》者，大聖人之事，應變無窮之道，晚年成德，乃可學也。

少讀《易大傳》，深愛「無思也，無爲也，寂然不動，感而遂通天下之故」，竊自念學道必造此妙。及他日讀《論語》，孔子哭顔淵至於慟，從者曰：「子慟矣。」曰：「有慟乎？」則孔子自不知其爲慟，殆非所謂無思無爲、寂然不動者，至於不自知，則又幾於不清明。疑懷於中，❶往往一二十年，及承教於象山陸先生，聞舉扇訟之是非，忽覺某心乃如此清明虛靈，妙用之應，無不可者。及後居姚氏喪，❷哀慟切痛，不可云喻。既久，略省察曩正哀慟時，乃亦寂然不動，自然不自知。方悟孔子哭顏淵，至於慟矣而不自知，正合無思無爲之妙。益信吾心有此神用妙用，其哀苦至於如此其極，乃其變化，故《易大傳》又曰「變化云爲」。不獨其有此心，舉天下萬古之人，皆有此心。益信人皆與堯、舜、禹、湯、文、武、周公、孔子同此心，顧人不自知，不自信爾。子曰：「書不盡言，言不盡意。」然則聖人之意，其不可見乎？子曰：「聖人立象以盡意，設卦以盡情僞，繫辭焉以盡其言，變而通以盡利，鼓之舞之以盡神。」至哉聖言！豈訓詁之所能解！既曰「書不盡言」矣，又曰「繫辭以盡言」。既曰「言不盡意」矣，又曰「立象以盡意」。於乎至哉！似矛盾而非矛盾也，似異而實同也。聖人之言意，豈盡不盡之所可言？言盡亦可，言不盡亦可。云「不盡」者，聖人之實言。云「盡」者，亦聖人之實言。此惟智者足以知其解者，始信「天下何思何慮」，始信孔子無隱於二三子，始信六十四卦卦卦齊一，始信三百八十四爻爻爻不昧。

六十四卦皆可以言「元亨利貞」，聖人既於乾言之，又於坤言之，又於屯言之，聖人於此，謂學者可以意通之矣。故自蒙而下，或言其一，或言其二，或言其三，至隨又全言之，臨又言之，無妄、革又言之，亦偶於此

❶「疑懷」，明刻本、四庫本作「懷疑」。

❷「姚」，原作「姚」，今據明刻本、四庫本改。

數卦而復言，非此數卦之特異也，亦恐學者執乾、坤、屯之卦異餘卦，故復於此言之，以破其疑。於《坤》曰「牝馬之貞」者，於以明地道也，妻道也，臣道也，柔順勤行之道也。剛陽在上，無爲而佚，君之道也。柔陰在下，有爲而勞，臣之道也。君臣之分不同而道則同也，在君則剛則佚，在臣則柔則勞，一也。「天下之動，貞夫一者也」，無二貞也。子思曰：「天地之道，其爲物不貳。」使牝馬之貞，果劣於乾，則屯不言牝馬，又其失實者猶多，而況於下焉者乎？

《易大傳》曰：「古者包犧氏之王天下，仰則觀象於天，俯則觀法於地，觀鳥獸之文，與地之宜，近取諸身，遠取諸物，於是始作八卦。」某嘗謂《大傳》非聖人作，於是乎益驗。此一章乃不知道者推測聖人，意其如此。甚矣夫道之不明也久矣，未有一人知《大傳》之非者，惟「子曰」下乃聖人之言，餘則非。何以明此章之非？舜曰「道心」，明此心之即道，動乎意則失天性而爲人心。孔子曰「心之精神是謂聖」，禹曰「安汝止」，正明人心本寂然不動。動靜云爲，乃此心之神用，如明鑑照物，大小遠近，參錯畢見，而非爲也，非動也。天象地法，鳥獸之文，地之宜，與凡在身及在物，皆在乎此心光明之中，非如此一章辭氣之勞也。此可與知道者語，未知道者必不信。

# 跋

余從文瀾閣鈔得《楊氏易傳》，既付刻矣，適馮君孟顓藏有明刻本，因請其覆校。明本序者蔡國珍也，時爲乙未上月人日，據《明史》傳，乙未爲萬曆二十三年。國珍字汝聘，奉新人，贈太子太保，謚恭靖，素以學行稱，而清操爲時望所屬。於是孟顓既補録其序言，更爲補寫其目録，益之以慈湖之象，黄南山、李堇山之象贊。凡原書闕者補之，訛者訂之，始七月朔，終八月五日，凡三十餘日而竣事。余得之大喜，因命梓人一一重修，並刊其校勘語，以誌孟顓讎校之勤且精焉。若夫明本所題校者，盧陵劉日升、豫章陳道亨也，❶同校者漳浦林汝詔、豫章饒伸也，因並及之。

民國二十年十二月張壽鏞跋

❶「盧」，原作「盧」，今據目録後馮氏題記及文義改。

# 「《儒藏》精華編選刊」選目

## 經部

周易鄭注
漢魏二十一家易注
周易注
周易正義
周易口義（與《洪範口義》合册）*
温公易説（與《司馬氏書儀》《孝經注解》《家範》合册）
漢上易傳
誠齋先生易傳
易學啓蒙
周易本義

楊氏易傳
易學啓蒙通釋
周易本義附録纂注
周易啓蒙翼傳
易纂言
周易本義通釋
易經蒙引
周易述
周易述補（江藩）（與李林松《周易述補》合册）
周易述補（李林松）
易漢學
御纂周易折中

周易虞氏義
雕菰樓易學
周易集解纂疏
周易姚氏學
尚書正義（全二册）
鄭氏古文尚書
洪範口義
書傳（與《書疑》《尚書表注》合册）
書疑
尚書表注
書纂言
尚書全解（全二册）
尚書要義

讀書叢説
書傳大全（全二册）
古文尚書攷（與《九經古義》合册）
尚書集注音疏（全二册）
尚書後案
毛詩注疏
詩本義
吕氏家塾讀詩記
慈湖詩傳
詩經世本古義（全四册）
毛詩稽古編
毛詩説
毛詩後箋（全二册）
詩毛氏傳疏（全三册）
詩三家義集疏（全三册）
儀禮注疏

---

儀禮集釋（全二册）
儀禮圖
儀禮鄭註句讀
儀禮章句
儀禮正義（全六册）
禮記正義
禮記集説（衛湜）
禮記集説（陳澔）（全二册）
禮記集解
禮書
五禮通考
禮經釋例
禮經學
司馬氏書儀
春秋左傳正義（全五册）
左氏傳説

---

左氏傳續説
左傳杜解補正
春秋左氏傳賈服注輯述
春秋左氏傳舊注疏證（全四册）
春秋左傳讀（全二册）
公羊義疏
春秋穀梁傳注疏
春秋集傳纂例
春秋權衡（與《七經小傳》合册）
春秋集注
春秋經解
春秋胡氏傳
春秋尊王發微（與《孫明復先生小集》合册）
春秋本義
春秋集傳

春秋集傳大全（全三册）
孝經注解
孝經大全
白虎通德論
七經小傳
九經古義
經典釋文
群經平議（全二册）
新學僞經考
論語集解（正平版）
論語義疏
論語注疏
論語全解
論語學案
孟子注疏
孟子正義（全二册）

四書集編（全二册）
四書纂疏（全三册）
四書集註大全（全三册）
四書蒙引（全二册）
四書近指
四書訓義
四書賸言
四書改錯
四書説
廣雅疏證（全三册）
説文解字注

## 史部

逸周書
國語正義（全二册）
貞觀政要

歷代名臣奏議
御選明臣奏議（全二册）
孔子編年
孟子編年
陳文節公年譜
慈湖先生年譜
宋名臣言行録
伊洛淵源録
道命録
考亭淵源録
道南源委
聖學宗傳
元儒考略
理學宗傳
明儒學案
宋元學案

四先生年譜
洛學編
儒林宗派
程子年譜
學統
伊洛淵源續録
豫章先賢九家年譜
閩中理學淵源考（全三册）
清儒學案
經義考
文史通義

## 子　部

孔子家語（與《曾子注释》合册）
曾子注釋
孔叢子

---

新書
鹽鐵論
新序
説苑
太玄經
論衡
昌言
傅子
大學衍義
大學衍義補
朱子語類
龜山先生語録
胡子知言（與《五峰集》合册）
木鐘集
西山先生真文忠公讀書記
性理大全書（全四册）

---

居業録
困知記
思辨録輯要
家範
小學集註
曾文正公家訓
勸學篇
仁學
習學記言序目
日知録集釋（全三册）

## 集　部

蔡中郎集
李文公集
孫明復先生小集
直講李先生文集

歐陽脩全集
伊川擊壤集
元公周先生濂溪集
張載全集
温國文正公文集
公是集（全二册）
游定夫先生集
和靖尹先生文集
豫章羅先生文集
梁溪先生文集
斐然集（全二册）
五峰集
文定集
渭南文集
誠齋集（全四册）
晦庵先生朱文公文集

---

東萊呂太史集
止齋先生文集
攻媿先生文集
象山先生全集（全二册）
陳亮集（全二册）
絜齋集
文山先生文集（全二册）
勉齋先生黄文肅公文集
北溪先生大全文集（全二册）
西山先生真文忠公文集
鶴山先生大全文集
閑閑老人滏水文集
郝文忠公陵川文集
仁山金先生文集
静修劉先生文集
雲峰胡先生文集

---

許白雲先生文集
吴文正集（全三册）
道園學古録　道園遺稿
師山先生文集
曹月川先生遺書
康齋先生文集
敬齋集
涇野先生文集（全三册）
重鐫心齋王先生全集
雙江聶先生文集（全二册）
歐陽南野先生文集（全二册）
念菴羅先生文集（全二册）
正學堂稿（全二册）
敬和堂集
涇臯藏稿
馮少墟集

高子遺書
劉蕺山先生集（全二册）
霜紅龕集（全二册）
南雷文定（全二册）
桴亭先生文集
西河文集（全六册）
曝書亭集
三魚堂文集外集
紀文達公遺集
考槃集文録
復初齋文集
述學
揅經室集（全三册）
劉禮部集
籀廎述林
左盦集

## 出土文獻

郭店楚墓竹簡十二種校釋
上海博物館藏楚竹書十九種校釋（全二册）
秦漢簡帛木牘十種校釋
武威漢簡儀禮校釋

*合册及分册信息僅限已出版文獻。